KB119232

시장과 협력

사회적기업과 사회적경제의 탐색

나남
nanam

나남신서 2028

시장과 협력
사회적기업과 사회적경제의 탐색

2019년 12월 31일 발행
2019년 12월 31일 1쇄

지은이   조대엽 · 이명진 · 김수한 외
발행자   趙相浩
발행처   (주) 나남
주소   10881 경기도 파주시 회동길 193
전화   (031) 955-4601 (代)
FAX   (031) 955-4555
등록   제 1-71호 (1979.5.12)
홈페이지   http://www.nanam.net
전자우편   post@nanam.net

ISBN 978-89-300-4028-0
ISBN 978-89-300-8001-9 (세트)

나남신서 2028

시장과 협력

사회적기업과 사회적경제의 탐색

조대엽 · 이명진 · 김수한 외 지음

Market and Cooperation
Social Enterprises and Social Economy in Korea

Dae-Yop Cho,

Myoung-Jin Lee,

Soohan Kim et al.

nanam

머리말

협력과 공존의 가치를 담아낼 사회질서를 만들고 실현하는 일은 이 시대의 과제이다. 한국은 식민지배와 한국전쟁의 폐허를 거쳐 산업화, 민주화, 시장화를 경험했다. 산업화를 통해 경제성장을 이루었지만 갈등, 배제, 불평등과 같은 심각한 사회문제를 경험하고 있다. 민주화를 통해 절차적·형식적 민주주의를 이루었지만 민주적 가치를 일상의 삶으로 실천하는 단계에는 이르지 못했다. 신자유주의적 시장화는 경쟁과 승자독식을 증폭시키고 호혜적인 가치를 위축시켰다. 산업화와 시장화를 이끌었던 경쟁과 배제에 기반을 둔 모델은 그 시효가 다 되었지만 이를 대체할 대안적 가치와 사회구성의 원리는 아직 자리를 잡지 못하고 있다.

최근 사회적기업과 사회적경제가 시장과 정부의 한계를 극복할 방안으로 제시되고 있다. 기업, 정부, 시민사회, 지방자치단체는 사회적기업을 통해 자신들이 쉽게 해결하지 못한 사회문제에 대한 해법을 찾고자 한다. 사회적경제 육성을 위한 법률 제정과 재정 투자도 활발히 이뤄지고 있다. 노동자, 소비자, 창업가, 투자자는 사회적협동조합, 마을기업, 사회적기업을 통해 사회혁신과 대안적 삶을 모색하고 있다.

하지만 많은 관심과 지원에도 불구하고 사회적기업과 사회적경제가 어떠한 변화와 가치를 만들어 냈는가에 대한 학술적 연구와 분석은 부족한 상황이다. 사회적기업과 사회적경제는 산업화, 민주화, 시장화가 남겨 놓은 문제를 근본적으로 해결하고 있는가? 이 책은 이러한 물음에서 출발한다. 이 물음에 답을 찾기 위해서는 한국사회가 당면한 문제를 정리하는 것이 필요하다. 개인, 조직, 지역의 차원에서 이 시대의 핵심 문제를 정리해보자.

첫째, 고용과 일자리는 이 시대의 핵심적 사회문제이다. 일과 노동을 통해 삶의 가치와 의미를 발견하기가 어려워진 현실이다. 사회적기업과 사회적경제는 개인들에게 삶의 가치와 직업의 참된 의미를 경험하고 발전시키는 기회를 제공하는가? 사회적기업과 사회적경제가 제공하는 '일자리 질'은 어떠한가?

둘째, 조직의 차원에서 민주적이며 포용적인 가치를 담아내는 것이 요구된다. 산업화 시대에 한국의 많은 조직들은 비민주적인 방식으로 조직의 목적을 달성해왔다. 위계적이고 폐쇄적이라는 측면에서 정부, 기업, 시민단체 모두 근본적인 차이가 없었다. 이러한 방식은 한계에 직면했으며 소통과 다양성을 중시하는 조직이 요청되고 있다. 사회적기업과 사회적경제는 '대안적인 방식'으로 조직을 운영하고 문제를 해결하고 있는가?

셋째, 지역을 활성화하고 사회적 연대를 회복해야 한다. 정치, 경제, 사회, 문화 등 대부분의 활동이 서울과 수도권을 중심으로 이루어진다. 개인, 조직, 지역의 고립이 심화되어 협력과 연대가 어려워지고 있다. 타인에 대한 신뢰가 낮고, 법과 제도에 대한 불신이 높다. 사회적기업과 사회적경제는 지역을 활성화하고 신뢰와 연대를 높이는 데 기여하는가?

고려대학교 한국사회연구소는 최근 5년 동안 심포지엄과 연구를 통해 한국의 사회변동을 성찰하고, 공존의 시대를 향한 패러다임을 모색하였다. 2015년 고려대 사회학콜로키움 200회를 기념하는 특별 심포지엄을 통해 사회의 각 영역에서 공존, 공생, 공감의 시대를 준비하기 위한 과제를 논의하였다. 같은 해 SK텔레콤의 지원을 통해 "사회적기업의 사회적 가치 평가"를 측정하기 위한 지표에 대한 연구에 착수하여 2017년 12월에 사회적기업의 생태계와 지속가능성에 관한 심포지엄을 개최하였다. 이 책에 포함된 5편의 글은 2017년 심포지엄의 성과를 발전시킨 것이다.

이 책은 총 2부 8장으로 이루어졌다. 제1부는 사회적기업에 초점을 둔 4개의 장으로 구성되었고, 제2부는 사회적경제와 지역사회에 초점을 둔 4개의 장으로 이루어졌다. 각 장의 주요한 내용과 발견을 정리하면 다음과 같다.

제1장에서 조대엽과 박정민은 사회변동과 문명사의 관점에서 사회적경제와 사회적기업의 기원과 그 의미를 설명한다. 인류의 역사에서 오랫동안 지속된 협력의 문명사를 정리하고 이를 통해 사회적기업의 출현이 개별적이거나 일회적으로 나타나는 단순한 '선한 경제'

현상이 아님을 설명한다. 사회적경제의 출현은 거대전환의 사회변동이 만들어 내는 구조적 대응으로서 새로운 공공성의 영역이며, 사회적 가치 주도의 가치협력시대를 여는 인류의 문명사적 전환과 결부되어 있다.

제 2장에서 김수한은 사회적기업의 창업에 초점을 두고 창업팀의 구성이 조직성과에 미치는 영향을 분석한다. 사회적기업의 핵심적 창업멤버는 대표자와 친밀한 사회적 관계에 의존하여 구성되며, 동일한 성별끼리 창업팀을 구성하는 경향이 강하게 나타난다. 창업멤버 구성은 사회적기업의 안정적 운영과 성과에 이중적인 영향을 준다. 친밀한 사회적 관계에 기초한 창업팀 구성은 조직의 안정에 기여하지만 조직의 성과에는 부정적 영향을 미친다. 느슨한 사회적 관계에 있는 사람을 포함한 창업팀 구성은 핵심멤버 이탈을 유발하기도 하지만 사회적기업의 경제적, 사회적 성과를 높이는 데 기여를 한다.

제 3장에서 김원섭, 남윤철, 진정란은 사회적기업이 제공하는 일자리의 질에 관해 분석한다. 사회적기업은 임금에서는 일반기업보다 낮지만 장래성과 사회보장의 측면에서 일자리 질은 상대적으로 높았다. 대표자의 직업적 역량과 사회적기업가 정신이 일자리의 질에 영향을 주는 것을 나타났다. 저자들은 향후 정책이 임금 향상, 대표자의 경력 역량 강화, 사회적기업인으로서 정체성 강화에 초점을 둔다면 사회적기업의 일자리 질을 향상하는 데 기여할 것으로 전망하고 있다.

제 4장에서 심재만은 사회적기업 종사자들의 직업만족도를 분석한다. 사회적기업 종사자들은 임금에 대해 가장 낮게 만족하지만, 노동시간에 대해서는 가장 높은 만족도를 보인다. 종사자들의 직업만족

도는 임금, 노동시간, 인사관리 등에 영향을 받을 뿐 아니라 종교, 연령, 결혼지위, 가구 소득, 사회적기업 종사경험 등과 같은 다차원적인 요인에 의해서도 영향을 받는 것으로 나타났다. 이 연구는 사회적기업이 지향하는 사회적·경제적 가치를 함께 달성하는 것이 쉽지 않은 과제임을 의미한다.

제5장에서 이해진은 사회적경제의 원리를 구성하는 요소들과 이들의 상호 연관성이 지역발전과 연결되는 과정을 분석한다. 지역사회에서 전개되는 사회적경제의 가능성과 조건을 규명하기 위해서 사회적경제의 구성요소인 지역사회 기업가주의, 호혜적 분배, 지역사회 사회적 자본을 중심으로 사회적경제가 지역발전에 미치는 효과를 분석한다. 마을권역 단위에서 진행된 사회적경제 활동과 공동의 사업을 대상으로 이에 참여한 지역주민들의 인식과 실천을 경험적으로 분석함으로써 지역사회에서 사회적경제를 구축해 가는 역동적 과정과 사회적경제를 실현하기 위한 조건들을 파악한다.

제6장에서 김흥주와 박혜린은 의료복지사회적협동조합의 사례를 통해 지역사회복지의 영역에서 나타나고 있는 변화를 소개한다. 근래 지역사회의 노인, 이주노동자, 다문화가정 등에 대한 돌봄을 시장기제에 맡기기보다 공공영역에서 맡겨야 한다는 논의가 지역사회복지에서 활발하다. 경쟁과 배제가 아닌 협동과 공생의 원리로 작동하는 대안적 제도들은 경제 생태계를 다양하고 풍성하게 할 뿐 아니라 지역사회의 지속가능한 발전에 매우 중요하다. 의료사협연합회는 지역화와 사회적협동조합의 성격을 강화하여 자유주의 국가의 제도화 정치에 맞서는 대항 헤게모니를 구축하는 전략을 제시하고 있다.

제 7장에서 김태완과 김철규는 완주로컬푸드협동조합에 관한 사례연구를 통해 로컬푸드 직매장이 참여 지역농민들에게 어떤 영향을 주는지를 분석한다. 지역먹거리 사업은 고령의 소농들에게 경제적·사회적으로 긍정적인 영향을 주며, 귀농자와 전업농민이 증가하면서, 농촌사회의 유지에도 기여한다. 지역먹거리 사업은 소량판매를 가능하게 하고, 심리적 자존감을 높였으며, 소득의 증가에도 도움을 주었다. 지역사회에서의 관계에도 긍정적인 변화가 나타났는데, 상호작용이 증가했고, 소비자들에 대한 민감성 역시 높아졌다.

제 8장에서 이명진과 천희주는 사회적기업이 지역사회에서 창출하는 사회적 가치를 분석하고, 사회적기업의 기여를 평가할 바람직한 기관에 대해 논의한다. 사회적기업은 고용창출을 통해 지역사회의 경제 활성화에 긍정적인 기여를 하지만 지역주민의 소비생활 향상과 환경이라는 측면과 관련된 영역에서의 기여는 제한적이다. 사회적기업 종사자들은 사회적 가치 평가가 필요하다고 생각하고 있으며, 지방자치단체, 연구기관, 시민단체, 중앙정부 순으로 사회적기업의 사회적 가치 평가 주체로 선호하는 것으로 나타났다.

이 책이 나오기까지 다양한 기관과 연구자들의 도움이 있었다. 무엇보다 사회적기업 연구를 지원한 SK그룹 관계자분들께 감사드린다. 연구를 함께 수행했던 고려대 사회학과 대학원 박사과정 남윤철, 박정민, 이재경, 최지영의 노고에 감사드린다. 2017년 12월 "사회적기업의 생태계와 지속가능성"에 관한 특별심포지엄을 조직한 이명진 한국사회연구소 소장, 기조연설을 맡아 주신 고려대 노동대학원 조대엽 원장께 감사드린다. 박길성 고려대 부총장님과 김영배 성북구

청장님의 축사가 참여자들에게 많은 격려가 되었다. 사회를 맡아 주신 이병훈(중앙대 사회학과), 김철규(고려대 사회학과) 선생님, 발표해 주신 김의영(서울대 정치외교학부), 송관철(사회적기업진흥원), 이은애(서울시 사회적경제지원센터) 선생님, 토론자로 참여해 주신 김정욱(KDI 경제정책연구부), 고형면(고려대 노동대학원), 고동현(서울대 사회발전연구소), 김성희(고려대 노동대학원) 선생님께 감사드린다. 특별심포지엄을 후원해 주신 한국사회적기업진흥원과 한국갤럽에도 감사를 드린다.

고려대학교 노동문제연구소가 발간하는 〈노동연구〉는 2018년 6월 사회적기업에 관한 특집을 기획하여 특별심포지엄 발표문을 학술논문으로 심화시킬 기회를 주셨다. 〈노동연구〉 특집에 게재된 4편의 글이 단행본으로 출간되는 것을 허락해 주신 이종선 편집장님께 감사드린다. 사회적경제와 협동조합에 관한 연구를 축적하신 김철규, 김홍주, 이해진 선생님의 참여로 이 책이 사회적기업과 사회적경제를 균형 있게 다룰 수 있었다. 연구서 발간에 흔쾌히 함께해 주신 세 분의 선생님께 특별히 감사드린다.

본 연구서의 출간을 허락해 주시고 편집과정에 도움을 주신 나남출판 조상호 회장님, 방순영 이사님, 권준 선생님과 관계자 분들께 감사드린다. 이 책이 산업화, 민주화, 시장화 시대를 넘어 협력과 공존의 시대로 향한 작은 밑거름이 되길 바란다.

2019년 12월
저자들을 대표하여 김수한 씀

나남신서 2028

시장과 협력
사회적기업과 사회적경제의 탐색

차례

제 1 부

사회적기업

제1장

가치협력과 사회적기업
사회적기업의 사회변동론적 기원에 관한 탐색

조대엽 · 박정민

1. 이중의 서사 [1]

사회적 가치를 지향하는 사회적경제와 사회적기업에 대한 관심이 뜨겁다. 유럽에서 사회적경제의 전통은 19세기로 거슬러 올라가지만 현재적 경향으로서의 사회적경제와 사회적기업에 대한 관심은 세계적으로 1980년대 이후 확대되었으며 한국에서는 대체로 2000년대 이후 크게 주목받았다. 1990년대 들어 세계경제는 신자유주의 시장질서가 고도로 팽창하면서 대량해고로 인한 실업과 불황의 늪으로 빠져들기 시작했다. 이 시기에 시장영역의 주목할 만한 변화가 일어났다.

---

1 이 절은 권소진 외 (2014). 《현대문명의 위기》. 나남 제 10장에 실린 조대엽의 논문 "분산혁명의 시대: 생활민주주의와 사회생태주의 정치의 실천과제" 중 448~451쪽에서 발췌한 내용을 포함한다.

바로 팽창하는 시장질서의 한가운데에서 시민사회의 가치에 눈을 돌리거나 시민사회의 가치와 시장이 결합하는 경향이 확대된 것이다. 기업의 투명경영이나 사회적 책임, 사회공헌활동이 강조되는 한편, 보다 적극적으로 시장과 사회적 가치가 결합하는 사회적경제영역이 주목받았다.

　시장영역에서 나타난 이 같은 사회적 가치현상은 '시장공공성'으로 개념화할 수 있고, 우리 시대의 시장공공성은 다른 무엇보다 신자유주의의 팽창과 공공성의 위기 징후에 대한 사회구성체의 자기조절적 대응이라 할 수 있다. 우리 시대에 확장 중인 시장영역과 사회적 가치의 결합은 공공성의 위기와 '사회의 죽음'에 대한 사회구조적 반응이란 점에서 거대전환의 사회변동과정으로 이해되어야 한다. 이 같은 사회변동은 어쩌면 인류의 문명사적 거대경향과도 결부되어 있다.

　인류 문명사는 집중문명과 분산문명이라는 두 개의 서사로 전개되었다. 인류문명을 지배한 하나의 거대서사는 '집중화' 과정으로 이해할 수 있다. 원시 부족에서 고대문명을 가능하게 한 국가 공동체로의 발전, 종교권력으로 통합된 중세를 거쳐, 근대 국민국가에 이르기까지 인류문명은 정치권력과 경제권력의 집중화, 재화와 문화자원의 집중화라는 거대경향을 보였다. 그 정점은 근대사회의 국가주의 정치질서와 함께 자본의 지구적 집중화를 가능하게 한 글로벌 자본주의 질서에 있었다. 글로벌 자본주의가 고도화되는 가운데 국가주의 정치가 여전히 위력적으로 남아 21세기로 진입하는 시기를 '집중문명의 시대'라고 말할 수 있다면, 이 시대를 관통한 것은 국가라는 운명의 관리자에게 일체화된 민족과 이념을 바탕으로 구성된 거대한 목적론적 서사였다(리프킨, 2005: 293). 말하자면 집중문명의 시대는 국가와 민족과 이념에 국민의 충성이 결합된 단일 거대서사가 작동하는 시대였던 것이다. 이 같은 단일 거대서사는 성장제일주의의 신화와 함께 일국 내적으로는 계급, 인종, 성적 불평등과 착취로 인한 균열과 갈등을 드러냈으며, 밖으로는 침략과 약탈로 인한 분쟁을 끊임없이 일으켰다. 다른 한편 글로벌 자본주의의 확산은 일국주의를 넘어선 탈영토주의의 거대경향을 재촉했으나 지구적 수준에서 자본의 집중화와 부의 극단적 편중을 야기했다(조대엽, 2014: 448).

새로운 문명의 가능성은 현대문명의 '집중화'가 드러낸 공동체 해체와 파괴적 삶, 나아가 생태살해2의 현실에 대한 성찰에서 시작되었다. 이러한 성찰은 국가주의의 거대서사를 넘어 지구생명권의 문명사적 초거대서사를 만들었다. 3차 산업혁명(*third industrial revolution*)과 분산자본주의(*distributed capitalism*; 리프킨, 2012), 자연자본주의(*natural capitalism*; 호큰 외, 2011), 영성자본주의(*conscious capitalism*; Aburdene, 2007), 생명자본주의(이어령, 2014), 자본주의 4.0(칼레츠키, 2011) 등 대안문명에 접근하는 다양한 초거대 담론에는 무엇보다도 공감과 공생의 가치, 협력과 평화, 생명의 가치가 내재되어 있고, 권력과 자원의 분산적 시스템이 강조되고 있다. 리프킨은 인류문명의 서사가 커뮤니케이션 기술과 에너지원의 유기적 결합으로 형성된

---

2 브로스위머(F. J. Broswimmer)는 생물종의 대량멸종위기를 생태살해(*ecocide*)라고 부르는데 이것은 인간이 초래한 위기와 환경 파괴가 광대한 지역에 영향을 미치고 있으며, 그 영향이 계속 축적되고 있다는 점을 강조하는 표현이다(프란츠 브로스위머, 2006: 12).

다고 보았다(리프킨, 2012: 56). 에너지체계는 문명의 조직방식, 부의 분배방식, 정치권력 행사방식, 사회관계의 관리방식과 긴밀하게 결합되어 있다. 무엇보다도 21세기의 에너지체계는 화석연료에 기반을 둔 중앙집권형 거대 에너지기업을 넘어 분산된 소규모 에너지 생산자에 주목하게 한다. 재생 가능한 녹색에너지에 기반을 둔 수백만의 분산된 소규모 에너지 생산자는 정치, 경제, 사회 권력의 분배방식 또한 분산시키는 '분산자본주의'를 주도하는 주체가 될 수 있다(리프킨, 2012: 159). 집중문명의 시대를 넘어서는 대안의 문명체계는 무엇보다도 사회생태적 질서의 '분산화 과정'을 통해 실현될 수 있다. 이제 집중문명의 시대에서 분산문명의 시대로 전환하는 초거대 서사는 지구 생명권의 지속가능성을 보장하는 우리 시대의 핵심 담론이 되었다. 말하자면 우리 시대는 집중문명의 서사가 여전히 위력적인 가운데 분산문명의 서사가 새로운 문명담론의 흐름을 만들고 있는 '이중서사의 시대'라고 말할 수 있는 것이다.

다른 한편, 대안문명으로서의 분산문명을 모색하는 현실적 과제는 다른 무엇보다도 정치적 실천에 있다. 지구 생명권의 다양한 지역과 서로 다른 삶의 조건에서 만드는 공감과 공생, 협력과 평화의 사회적이고 정치적인 실천들은 분산문명의 초거대 담론을 구체화하는 실천의 서사라고 할 수 있다. 전제정치, 귀족정치, 대의정치 등 집중화된 권력구조의 시대를 넘어 우리 시대에 새롭게 실천되고 있는 공존, 공감, 협력, 평화의 실천방식에는 집중문명에서 배제되었던 '자아실현의 정치'가 반영되어 있다. 개인의 삶이 국가주의에 포섭된 집중문명의 단일서사와는 달리 협력을 통해 자아실현의 수준을 높이는 새로운 삶의 실험이 새로운 서사를 형성하고 있는 것이다.

이 같은 이중서사의 시대는 문명사의 눈으로 볼 때 과도적이다. 우리 시대는 여전히 집중문명이 주류인 가운데 초거대 문명전환의 담론이 인도하는 협력의 생활정치가 이러한 주류적 존재양식을 아래로부터 균열시키고 있는 것이다. 집중문명의 서사와 분산문명의 서사가 공존하는 우리 시대의 현실은 대안문명으로서의 분산문명이 새로운 주류를 지향하는 '분산혁명의 시대'를 맞고 있다는 점에서 과도적이라고 할 수 있다. 따라서 이 같은 이중서사의 시대를 넘어서는 것은 지구생명권을 분산문명의 시대로 전환시킨다는 의미가 있다. 무엇보다도 분산문명의 서사를 현실로 만드는 것은 삶의 양식을 협력적으로 바꾸는 구체적인 실천이다(조대엽, 2014: 449~451).

오늘날 분산문명의 새로운 서사는 인류에 내재된 협력의 DNA가 문명사적으로 신주류의 거대 경향을 만드는 과정이라고도 할 수 있다. 말하자면 협력의 문명사야말로 인류가 새로운 대안적 세계를 여는 위대한 여정인 것이다. 이 글은 우리 시대에 주목되는 사회적 가치, 사회적경제, 사회적기업 현상이 자본주의 시장경제를 조율하는 '협력문명'의 효과라는 점을 강조하고, 이러한 경향은 거대전환의 사회변동이 보여 주는 구조적 압박이자 구조적 요청이라는 사실을 설명하는 데 목적이 있다.

2. 협력의 문명사

인류문명에서 가장 오랜 협력의 전통은 일을 통한 협력이다. 인간의 생존과 생산을 위한 일과 작업을 통한 협력은 문명사적으로 근본적이면서도 가장 오랜 협력의 기원이란 점에서 '제1의 협력문명'이라고 말할 수 있다. 인류문명의 초기 수렵채집경제에서부터 자본주의 시장경제, 나아가 글로벌 시장경제에 이르기까지 작업협력은 문명사적으로 가장 '긴 협력의 시대'를 만들었다.

작업협력의 원초적 형태는 꿀벌이나 개미가 집을 짓는 데서 볼 수 있는 동물적인 협력의 본능에서 찾을 수 있다. 동물들의 이 같은 협력이 작업협력의 원초적 형태라고 할 수 있지만 그러나 이는 본능적 수준의 생물학적 반복에 머물기 때문에 인류의 작업협력과는 구분된다. 인류의 작업협력을 동물적이고 본능적인 작업협력과 구분하는 가장 핵심적인 차이는 인간노동의 의식적이고 합목적적인 특징에 있다. 인간노동은 일을 시작하기 전에 작업을 구상하고 그 구상을 일의 결과로 실현하는 과정이다. 마르크스의 표현으로는 자신의 작업방식에 법칙을 부여하고 자신의 의식을 여기에 종속시킴으로써 목적을 달성하는 것이다. 무엇보다도 작업협력은 목적을 훨씬 더 쉽고 빠르게 이루는 방식이고 협력을 통해 자기를 실현하는 과정이라고 할 수 있다. 따라서 인류의 작업협력은 의식적이고 합목적적이자 협력적인 자기실현의 과정이다. 작업협력은 오늘날 기술혁명으로 도래한 인공지능시대와 글로벌 자본주의, 네트워크 경제시대에 이르기까지 끊임없이 진화했다.

작업협력은 사회적 분업에서 출발하는 분업적 협력으로 진화했다. 원시인류의 수렵채집시대에 작업협력은 남성과 여성의 성별 분업으로 시작되었다. 사회가 복잡해지고 하나의 직종에 많은 시간을 보내게 되면서 직종별 분업의 경향이 나타났다. 고대와 중세, 근대를 거치며 직종별 분업과 전문화의 경향은 점점 더 세분화되었다. 이 같은 사회적 분업은 사회적 협력의 다른 모습이었다. 적어도 인류의 문명사에서 무력과 부에 의한 강제적 작업협력의 질서가 강력하게 작동되기 전까지 분업과 협력은 동전의 양면과도 같은 것이었다. 문제는 강제적 작업협력에 있었다. 노예노동을 근간으로 하는 고대국가의 강제적인 작업협력이 군사적이고 생존적으로 작동했다면, 중세적 작업협력은 종교적 강제에 기초한 것이었다. 자본주의적 노동통제를 고도화한 이른바 테일러리즘의 진화는 작업협력의 질서를 고도로 분절적이고 해체적으로 재구성했다. 노예적으로 강제하든, 종교적으로 강제하든, 자본주의적으로 강제하든 강제적 협력은 노동을 통한 협력으로 자기실현을 확대하고자 했던 인류 협력의 유전자를 점점 더 저항과 적대의 유전자로 변질시켰다. 적어도 집중문명이 강화되고 확대되면서 일과 노동은 인간의 자아실현을 확장하고 진화하는 과정이 아니라 오히려 자의식적 인간노동이 강제되고 해체되는 결과를 드러냈다.

'제2의 협력문명'은 종교를 통한 협력으로 나타났다. 주지하듯이 종교의 사회적 기능은 공동체의 유지와 결속에 있다. 신성한 것에 대한 숭배는 세속적인 것의 유지와 존속을 위한 기능적 요건인 셈이다. 말하자면 종교는 사회적 협력의 가장 강력한 도구다. 신앙을 통한 공감의 확대는 사회적 결속을 그만큼 강화시키고 이러한 결속은 협력의 질서를 구축한다. 종교는 인간의 기복적 본성과 결부되어 있다는 점에서 작업협력만큼이나 원초적이다. 동시에 종교는 세속적인 인간 삶의 바깥에 위치하는 신성한 것에 대한 숭배로써 결속을 추구하기 때문에 외재적이며 강제적인 협력의 수단이기도 하다. 인류의 문명사적 맥락에서 종교협력은 원시인류의 원시종교에 닿아 있다는 점에서 작업협력문명에 비견되는 오랜 기원을 갖는다. 그러나 종교협력의 광범한 문명사적 출현은 오늘날 세계종교의 기원과 함께한다.

메소포타미아, 이집트, 인도와 중국에 이르는 거대한 관개문명은 유일신 사상과 세계 주요 종교 탄생의 토대가 되었다. 유대교와 기독교, 이슬람교, 불교, 유교와 같은 세계종교는 예외 없이 고대국가의 관개문명을 중심으로 출현했다. 기원전 3천 년을 전후한 시기로 추정되는 고대국가의 관개문명은 억압적이고 강제적인 노예노동을 기반으로 생산물을 축적하는 한편, 통상과 전쟁을 통해 서로 다른 종족 간 통합과 해체를 거듭함으로써 부족의 순수성과 정체성 해체를 극단적으로 체험하게 했다. 강제이주와 전란, 부족의 병합과 소멸과정에서 인류는 가장 가혹한 정체성의 위기를 겪게 되었다. 세계종교는 이 같은 고대문명의 출현과 동시에 등장한 인류의 견딜 수 없는 고통 속에서 탄생했다. 혼돈과 억압과 착취의 가혹한 고대적 현실에서 인류에 내재된 사랑과 결속 및 협력에 대한 갈망이 세계종교를 태동시켰다.

유대교, 유교, 불교, 기독교 등 세계종교 사상은 예외 없이 '이웃을 사랑하라'는 메시지를 공유한다. 협력의 질서에 대한 인류의 강력한 갈망이 세계종교의 황금률에 반영되어 있다는 사실은 세계종교사

상이야말로 가장 광범한 협력사상이라는 점을 말해 준다. 그러나 로마제국의 몰락과 함께 유럽은 봉건사회로 추락했고, 봉건질서에 복종하고 기독교 신앙과 교부에 순종하면 구원될 수 있다는 믿음이 강요되었다(리프킨, 2010: 321~322). 기독교가 가장 강력한 사회적 결속의 기반이 되는 시대였다. 중세의 기독교는 종교권력이자 정치권력이었다. 영주와 성직자, 기사를 제외한 농노와 반자유민들을 종교적 협력의 질서로 강제하는 보편적 권력이 된 것이다. 중세의 기독교는 더 이상 협력사회를 위한 수단이 아니었다. 기독교는 그 자체가 목적이 되어 종교를 위한 강제적 협력의 질서를 구축했다.

제2의 협력문명을 이끌었던 세계종교의 황금률은 중세 기독교와 같은 강력하고도 광범한 종교권력에 의해 무력화되었다. 근대적 종교는 개인화되어 협력의 질서와는 멀어지는 경향을 보였다. 종교를 통한 협력문명은 위로부터의 억압적 종교권력과 자본주의적 개인화, 그리고 이성의 시대를 맞으며 위축되었다. 17~18세기 계몽의 시대를 맞으며 종교협력을 넘어서는 이념의 협력이 '제3의 협력문명'의 문을 열었다. 자유주의 이념은 개인의 자유와 계약에 기초한 시장경제와 자유민주적 정치질서를 지향함으로써 이념을 통한 새로운 협력의 질서를 추구했다. 19세기 들어 사회주의 이념은 이념협력의 새로운 구심을 만들었다. 그러나 제2차 세계대전 이후 냉전의 개막은 이념을 더 이상 협력의 수단이 아니라 적대와 대결의 수단으로 만들었다. 20세기 말 동유럽 사회주의의 붕괴로 이른바 탈냉전의 시대가 도래했다. 탈냉전의 시대는 이념의 시효가 만료되었음을 알렸으나 세계질서가 자본주의의 원형이라고 할 수 있는 신자유주의 시장경제로 전환되었음을 알리는 것이기도 했다. 협력 수단으로서의 이념이 해체되고 분열의 시대가 다시 열린 것이다. 신자유주의 시장질서는 구래의 이념으로 결속된 협력적 질서를 파괴시켰다.

협력문명의 쇠퇴와 공동성의 붕괴가 인류의 견딜 수 없는 고통을 확산시킬 때 새로운 협력문명은 반드시 등장하게 된다. 작업협력과 종교협력, 이념협력의 문명사적 전환은 이를 말해 준다. 제3의 협력문명인 이념협력의 시효가 만료되고 다시 대부분의 인류가 양극화와 분열, 정글식 욕망의 세계에 버려져 견딜 수 없는 고통이 확장되는 현실이야말로 제4의 협력문명을 요청하는 필연적 징후다.

3. 가치협력과 시장공공성

이념을 기반으로 한 인류의 협력문명은 제2차 세계대전 이후 유럽의 사민주의 정책을 통해 계급타협과 복지국가의 실험으로 살아남는 듯했다. 그러나 미소의 냉전과 1980년대 이후 신자유주의의 세계화, 반복적 세계경제위기에 이르기까지 문명의 집중화 경향이 드러내는 적대와 균열, 분쟁과 각축, 지구생태계 파괴의 현실은 점점 더 심각해지고 있다. 이 같은 분열과 해체의 진원에 글로벌 자본주의질서에서 전개되는 양극적 불평등의 지구화가 자리 잡고 있다. 이미 토마 피케티(Thomas Piketty)는 지난 1백 년간 미국을 비롯한 주요국의 부의 집중현상을 이른바 'U자 곡선'으로 보여 주었다(피케티, 2014). 빈부격차와 세습자본주의가 지구적으로 고도화됨으로써 마침내 인류가 견디기 힘든 고통이 되고 있는 것이다.

협력적 질서의 해체는 한국사회에서 더 심각하게 나타나고 있다. 한국사회의 지난 1백 년은 일제의 강점과 수탈의 시기였던 '식민의 시대'를 기점으로 한다. 해방 후 미군정기와 한국전쟁 및 분단을 겪으며 우리는 좌와 우로 나뉘어 적대하는 '이념의 시대'를 맞았다. 산업화와 민주화의 기적을 이루었으나, 민주주의가 내면으로 정착되기도 전에 신자유주의의 거센 파도가 외환위기로 덮쳤다. 가혹한 경쟁과 이익으로 쪼개진 '욕망의 시대'가 열렸다. 이명박 정부와 박근혜 정부는 시장의 욕망을 탐욕으로 부추기며 가진 자가 횡포를 일삼는 '갑질'과 가학의 문화를 자리 잡게 했다. 마침내 대한민국은 정치적 적대와 경제적 탐욕과 문화적 가학이 중첩된 '분열의 시대'를 맞았다. 극대화된 불평등이 그 중심에 똬리를 틀고 있다(조대엽, 2019: 9).

우리 시대를 이 같은 조건에서 문명사적 전환기라고 할 수 있다면 새로운 협력문명은 문명사적이고 시대적인 요청이다. 제3의 협력문명으로서의 이념협력의 시효가 만료되고 우리 시대가 요구하는 제4의 협력문명은 무엇보다 '가치'를 중심으로 결속하는 '가치협력문명'을 전망할 수 있다. 종교와 이념의 외피를 벗은 인류에게 남은 과제는 실존적 삶의 문제이다. 오늘날 일상적 삶과 관련된 이슈들이 다양하게 정치화되고 있는 이유다. 생태, 노동, 교육, 주택, 보건의료, 전기, 물, 통신, 교통 등과 같은 일상적 삶과 관련된 이슈들이나, 성, 장애, 여가, 예술, 건축, 소비 등과 같은 정체성과 문화정치에 관련된 이슈들이 오늘날 해체사회적 징후나 갈등사회적 징후를 만들고 있다. 이 같은 해체와 갈등의 보편화는 우리 시대의 사회적 복잡성과 불확실성을 증대시키고 있다. 이러한 복잡성과 불확실성의 문화적 근저에 다양한 삶의 영역과 삶의 가치들이 있다. 새로운 협력문명의 과제는 이처럼 다양한 생활가치를 협력적 질서로 만드는 데 있다. 비교적 주관적이고 개인적 요소일 수 있는 '가치'가 협력의 구심이 되기 위해서는 공동체의 유지와 존속에 필수적이고 보편적인 생활가치를 공유할 필요가 있다.

사회적 공존과 공생에 필요한 보편생활가치 혹은 핵심생활가치는 노동가치와 생태가치, 평화가치를 들 수 있다. 노동가치는 좋은 일자리와 삶의 질 및 복지 관련 제도로 실현되고, 생태가치는 환경보존과 생태친화적 삶, 에너지 및 자원 관리와 관련된 다양한 제도로 구현된다. 평화가치는 반전, 군사안보, 국방 관련 제도로 체계화되지만 보다 적극적인 의미에서는 사회구성원의 안전한 삶과 관련된 제도들을 포괄할 수 있다. 3대 보편생활가치와 아울러 인권가치, 공정가치, 공존가치, 포용가치, 반부패가치 등 공존과 공생을 위한 다양한 가치들을 '사회적 가치'라고 할 수 있다. 보편생활가치를 포괄하는 사회적 가치는 개인의 가치지향을 넘어서는 공유가치라는 점에서 공공적 가치라고 할 수 있으며 이를 '사회공공가치'라 부를 수도 있다.

사회공공가치를 실현하는 제도들 중 보다 근본적인 것은 국가부문과 공공부문에서 관리한다. 민간에서는 시민사회영역에서 사회공공가치를 추구하려는 경향이 있다. 그러나 1990년대 이후 신자유주의 시장경제와 같은 원형적 자본주의가 가속화함으로써 벌거벗은 이익만이 추구되는 정글식 시장주의가 지구화되었고, 이는 사회의 시장화 경향을 팽창시켰다. 이러한 경향 속에서 공공부문의 민영화와 사유화가 동반적으로 확장되었고 시민사회의 개인화 경향이 가속되었다. 국가와 시민사회 및 시장영역이 재구성되는 구조적 전환기를 맞은 것이다. 이 같은 구조적 전환을 '공공성의 재구성'이라고 말할 수 있다면 무엇보다도 시장영역의 공공성 확장에 주목해야 한다. 20세기 말 이후 공동체의 해체와 소멸, 사회의 죽음을 우려하는 공공성 위기의 현실은 자본주의 시장질서의 구조적 자기성찰을 초래했으며 '시장공공성'의 확대는 이러한 구조적 성찰과 공공성의 재구성 효과였다. 이제 우리 시대 가치협력의 가장 뜨거운 지점은 시장영역이 되었다. 시장과 사회, 기업과 시민사회, 경영과 노동, 사익과 공익이 작동하는 지점이 사회적 가치를 중심으로 하는 가치협력의 가장 의미 있는 영역이 된 것이다.

시장영역에서 사회공공가치가 확장되는 시장공공성은 몇 가지로 유형화할 수 있다(조대엽·홍성태, 2015: 3~49). 시장은 적어도 이념형적으로는 공공성이 작동하는 영역이 아니다. 시장은 사회구성영역 가운데 오로지 사적 이익이 추구되는 영역이기 때문에 국가나 시민사회와 같은 공공성의 영역과는 구분된다. 그러나 시장을 포함한 어떤 사회구성영역이든 공동체의 유지존속을 위하여 법적 규제와 같은 규범을 공유해야 한다는 점에서 공적 질서로부터 예외적일 수는 없다. 시장영역의 생산과 유통, 소비, 투자와 거래에 관련된 법적·제도적 규범은 공공성의 요소라는 점에서 이를 '시장공공성의 제1유형'이라고 할 수 있다. 이 유형의 공공성은 시장영역도 다른 사회구성요소와 같이 법규범의 예외가 될 수 없다는 점에서 '규범적 시장공공성'을 의미한다. 법규범을 준수하는 데서 더 나아가 이른바 투명경영과 윤리

경영의 요소 또한 이러한 유형에 포함된다고 하겠다.

'시장공공성의 제2유형'은 공공성의 재구성 효과를 낮은 수준에서 반영하는 것으로, 이른바 기업의 사회공헌 혹은 사회적 책임 활동을 포괄하는 기업의 시민성(corporate citizenship) 영역이다. 1990년대 들어 신자유주의 시장화 경향이 점점 더 고도화되면서 기업은 시민사회 영역에서 공익재단활동을 비롯한 다양한 자선과 기부활동을 최소화하고 공익활동을 기업내부화하는 경향을 보였다. 취약계층에 대한 다양한 후원활동이나 공익사업을 박애적 수준에서 추구하는 것을 지양하고, 기업의 고유활동이라고 할 수 있는 마케팅과 연계하거나 기업경영과 연계해서 추구하는 전략적 사회공헌방식을 확대했던 것이다. 기업의 사회공헌활동은 공동체가 파괴되고 사회가 해체되어 공공성이 무너질 위기에 기업도 사회적 평판과 사회적 책임을 공유함으로써 사회통합에 기여하는 공적 시민이라는 새로운 관점의 효과다. 이 같은 사회공헌활동은 기업의 이익추구와 공적활동을 결합한 전략적 사회공헌이라는 점에서 이윤추구적 시장체계를 벗어나지 않는 '제한적 시장공공성'이라고 말할 수 있다.

'시장공공성의 제3유형'은 가장 적극적인 형태의 시장공공성으로 사회적경제와 사회적기업을 포괄한다. 사회적경제는 사회적 가치와 사회적 연대를 기반으로 하는 경제를 의미한다. 따라서 사회적경제 현상은 20세기 말 이념협력의 시효가 만료된 후 가장 적극적 형태로 전개되는 가치협력의 지표다. 사회적경제는 집합적 부의 확대에 기여하는 기업의 재화와 서비스 생산을 추구하기 때문에 시장을 기반으로 하는 경제이지만, 단순한 경제적 이익을 넘어 기업활동이 만드는 사회적 이익이 강조된다는 점에서는 시장경제와 다르다. 협동조합, 마을기업, 자활기업, 상호공제회 등 다양한 형태로 활동하는 사회적 기업 혹은 사회적경제기업은 기업활동이 수익창출에 그치는 것이 아니라 사회적 가치의 실현을 위한 수단이다. 사회구성체의 공동성과 공공성이 지구적 수준에서 해체되는 위기의 반영이자 효과라고 할 수 있는 공공성의 재구성 과정에서 시장공공성의 확대는 협력문명의 새로운 서사를 반영하고 있다. 특히 시장공공성의 제3의 유형이라고 할 수 있는 사회적경제와 사회적기업은 20세기 말 극대화된 집중문명화의 거대경향을 견제하거나 대체하는 가치협력시대를 여는 새로운 구심일 수 있다.

4. 사회적경제와 사회적기업[3]

사회적경제는 사람의 가치와 연대의 원칙에 기반을 둔 경제다. 사회적경제는 협동조합과 상호공제회, 공동의 사회적 목표를 달성하기 위해 기업활동을 하는 조직 등 협동기업체제와 관련된 모든 활동과 단체를 포괄한다(샤렛·도리옹, 2019: 29). 사회적경제를 주도하는 사회적기업 혹은 사회적경제기업은 사회통합, 일자리 통합, 고용창출, 지속적 지역서비스, 지역문화의 보존과 같은 사회적 요구를 충족

---

3 이 절의 내용은 샤렛·도리옹의 저서(2019) 29쪽, 조대엽·홍성태의 논문(2015) 34, 35쪽, 김의영·히로키의 편서(2015) 5~6쪽에서 발췌인용한 부분을 포함하고 있다.

함과 동시에 차별화된 가치를 지닌 제품과 서비스를 제공한다. 사회적경제기업의 상업활동은 단순히 수익창출에 끝나는 것이 아니라 사회적 미션의 수행을 위한 수단이기도 하다. 지역경제와 커뮤니티에 편익을 제공하는 것도 그 특징 중 하나다.4 사회적경제는 기업의 사업적 수완을 발휘하면서 커뮤니티의 이익을 동시에 수행하는 '사회적'과 '경제'라는 상충되는 두 가지 개념의 결합이다. '경제'는 주지하듯이 기업이 생산하는 상품과 재화를 통해 이익과 부의 축적을 추구하는 시장영역의 활동을 의미한다. '사회적'이라는 의미는 단순한 경제적 이익을 넘어 기업활동이 낳은 사회적 이익을 말하는 것으로 이는 서비스의 접근성, 민주적 시스템 발전의 기여, 시민참여 지원, 개인 및 집단의 권한분산을 조성하는 가치를 토대로 평가된다(샤렛·도리옹, 2019: 29).

사회적기업의 종국적 목표는 이윤추구가 아니라 사회적 가치와 사회적 미션의 추구다. 사회적기업이 추구하는 사회적 가치의 핵심은 공동체의 해체와 양극화를 막기 위한 협력과 연대의 가치다. 따라서 사회적기업은 사회협력경제와 사회연대경제 혹은 가치경제를 주도하는 가치주도기업이라고 말할 수 있다. 20세기 말 거센 시장주의적 거대경향에 대한 구조적 성찰이 공공성의 재구성으로 드러나고 시장영역에서 공적 질서가 구축되는 새로운 경향이 나타나기 시작했다. 시

---

4 캐나다 퀘벡 경제통상부(2015). 《사회적경제 액션플랜 2015~2020》; 피에르 샤렛·끌로드 도리옹(Pierre Charette & Claude Dorin), 신명호·유은희 역(2019). 《사회적경제기업 분석가이드》. (재) 한국사회적가치연대기금에서 재인용.

장공공성은 다양한 형태로 전개되었는데 자본주의 시장경제의 오랜 전통 속에서도 자선적이고 박애적인 공익활동은 있었다. 그러나 시장공공성의 제2유형이라고 할 수 있는 기업의 사회공헌활동과 같은 제한적 공공성이나, 사회적경제 및 사회적기업과 같은 적극적 형태의 제3유형의 시장공공성은 20세기 말의 새로운 협력적 질서라고 볼 수 있다. 이 가운데 제2유형의 시장공공성은 무엇보다도 기업의 사회적 정당성을 구하기 위한 일종의 정치적 목적이 없지 않으며, 사회적 가치보다 경제적 가치를 높이기 위한 전략적 선택이라는 측면, 그리고 사회적 미션효과가 약하다는 점에서 제한적이다(조대엽·홍성태, 2015: 33). 이에 비해 사회적경제영역에서 경제적 가치와 경제적 생존은 사회적 가치를 추구하는 수단일 뿐이고 사회적 가치와 사회적 미션이 목적이기 때문에 시장영역에서 구축된 가치협력의 가장 적극적 형태라고도 할 수 있다. 인류의 문명사에서 이념이 더 이상 협력을 매개하는 수단이 아니라 대결과 적대의 수단으로 바뀌면서 20세기 후반 세계사적으로 격렬한 이념대결을 거친 후, 양극화와 고도분열의 모습을 드러낸 시장의 시대는 새로운 협력문명에 대한 강렬한 열망을 배태했다. 사회적 가치를 추구하는 적극적 공공성의 구축은 탐욕과 승자독식의 가혹한 정글자본주의를 넘어 가치협력을 통해 새로운 공공의 질서를 추구하는 제4의 협력문명 효과라고 할 수 있다.

가치협력시대 새로운 협력문명의 징후로 읽을 수 있는 우리 시대의 사회적경제는 1830년 프랑스 자유주의 경제학자 샤를 뒤느와이에(Charles Dunoyer)가 경제학에 관한 도덕적 접근을 주창한《사회적 경제에 관한 논고》(Treatise on Social Economy)에서 처음 언급한 것으로 알려져 있다. 이후 사회적경제는 유럽을 중심으로 시장경제체제에 대한 대안적 제도로 인지되기 시작했다. 이처럼 사회적경제는 하나의 경제사상에서 보다 사회적이고 공정한 시장경제로의 이행을 가능하게 하는 제도로서의 중요성이 강조되었다. 이 점에서 오늘날 유럽으로부터 확산되어 세계적으로 주목되는 사회적경제의 기원은 19세기 후반 프랑스에서 전개된 협동조합, 결사체, 공제조합, 재단 등의 사회경제적 활동에 있다고 할 수 있다(European Economic and Social Committee, 2012: 13~20).

한편으로, 사회적기업(social enterprise)은 유럽의 '사회적경제'와 미국의 '비영리부문' 개념을 연결하는 모델로 주목되었다(Defourny & Nyssens, 2006: 7~9). 미국의 경우 사회적기업은 영리기업의 사회공헌에서 비영리조직의 도구적 영리활동에 이르는 넓은 범주를 갖는다. 반면에 유럽의 사회적기업은 훨씬 더 직접적으로 사회적 가치와 사회적 미션에 초점을 둔다. 유럽에서는 사회적경제라는 배경과 협동조합이라는 토대 위에 사회적기업이 등장하였고, 미국에서는 비영리 부문이라는 배경과 민간단체라는 토대 위에 사회적기업이 나타난 것이다. 또한, 유럽의 사회적기업은 국가와 시장 모두와 밀접한 관계를 맺으며 발전하였지만, 미국의 사회적기업은 두 영역 모두와 구분되는 독립적 영역에서 성장하였다. 즉, 유럽과 미국의 사회적기업은 서로 다른 배경 속에서 각기 다른 사회적 과정을 거치며 발전했고, 그 결과 각 지역의 사회·문화·역사적 특성이 반영된 집합적인 정의로 규정되고 있다. 그럼에도 불구하고 사회적기업은 시민사회의 공공적 가치창출과 시장의 경제적 가치창출을 동시에 지향하는 경제조직이라는 점에서 고유한 특성을 지닌다. 사회적기업은 기본적으로 기업의 성격을 갖고 있기 때문에 이윤창출을 목적으로 하지만, 궁극적으로는 사회적이고 공공적인 가치창출을 핵심 목표로 삼고 있다. 따라서 사회적기업의 제도화는 고용창출이라는 노동의 가치와 사회통합이라는 협력의 가치를 추구함으로써, 시장에 내재된 공공성을 적극적으로 일깨우게 된 것이다(조대엽·홍성태, 2015: 34~35).

사회적기업이 작동하는 사회적경제의 장은 이윤보다는 '일하는 사람'의 가치와 사회적 연대의 가치가 경제활동의 궁극적 목적으로 설정된다(엄형식, 2007; 노대명, 2009; Lipietz, 2001; Biewener, 2006; Münkner & Kang, 2006). 이 점에서 전통적으로 사회적기업은 민주적 의사결정구조와 공정한 수익배분의 원칙이 강조되었다. 여기에 최근 사회적기업은 고용창출과 사회통합의 가치가 강조되는데, 일반적으로 영리기업이 떠맡았던 고용창출과 지역사회의 통합효과를 사회적기업이 분점하기 시작한 것이다(조대엽·홍성태. 2015: 35). 실제로 사람과 협력, 연대의 가치는 조직특성과 운영방식에 있어서 다양한 하위의 가치와 혼종적 조직형태로 분화되었다.

사회적경제와 사회적기업의 이처럼 다층적이고 혼종적인 양상들은 대체로 경제성, 사회성, 민주성의 세 가지 측면이 혼재되어 나타나는 경향이 있다(김의영·히로키 편, 2015: 5). 첫째로, 경제적 측면은 혁신적이고 창의적인 사업 비즈니스의 방식이다. 특히 경제적 이윤과 사회적 가치를 동시에 추구하는 새로운 비즈니스 방식이나 사업체가 각광을 받으며, 공정무역이나 마이크로크레디트, 사회임팩트투자, 사회통합형 기업, 공유가치창출 등 새로운 비즈니스 모델이 잇

따라 등장하고 있다. 둘째, 공감과 자립, 연대와 호혜, 그리고 사회
문제해결 등 사업의 근본적 목적이나 사업을 통해 나타나는 중요한
사회적 가치의 내용이다. 사회적경제는 명백하게 윤리적 목적의식을
갖고 수행되는 경우가 많다. 예컨대, 장애인이나 고령자, 여성, 청소
년, 이주민 등 사회적 약자의 삶의 질을 개선하거나 협력적 노동을 통
해 상호신뢰나 공동체정신을 회복함으로써 교육, 문화, 환경분야의
사회문제해결에 기여하고 있다. 셋째, 정치적 기능으로 조직의 자발
적 설립이나 사업의 자율적이고 협동적 운영과정에 수반되는 시민정
신의 함양이나 민주주의의 실천 등을 들 수 있다. 1인 1표의 의사결
정을 직접 경험하거나 지역 공동체에 대한 적극적인 참여, 정부와의
관계 형성 등을 통해 시민 한 사람 한 사람의 역량강화가 이루어진다
(김의영·히로키 편, 2015: 5).

이처럼 사회적기업은 경제성과 사회성과 민주성이 혼재되어 협력
과 연대의 가치를 실현하는 조직의 다양성을 드러내게 된다. 여기서
한걸음 더 나아가 사회적경제 조직들은 새로운 환경에 조응하여 기존
조직들이 변화하거나 새로운 조직 유형이 등장하면서 사회적경제의
생태계가 지속적으로 진화하고 확대하는 동태적 모습을 보인다. 외
적으로 다양하고 복잡한 새로운 사회문제들이 등장하고, 이에 대응
하여 정부의 새로운 사회경제 관련 법과 제도 및 정책이 도입되기도
하고, 또 이에 조응하여 기존 조직들의 형태와 활동 방식이 융합하거
나 진화하는 양상을 보이면서 사회적경제의 생태계가 확대·재구성
되는 것이다(김의영·히로키 편, 2015: 6).

사회적경제 생태계는 오늘날 세계적으로 진화하고 있다. UN은 새

로운 국제 공동목표로 포용성과 보편성 등 사회적 가치를 포함한 "지속가능개발목표"(SDGs, 2016~2030)를 수립했다. 영국, 프랑스, 이탈리아, 캐나다 퀘벡주 등에서는 사회적경제 관련 법률을 제정함으로써 사회적기업, 협동조합 등의 활동을 지원하여 사회적경제를 활성화시키고 있다. 2009~2010년 유럽 15개국 조사결과에 따르면, 전체 임금노동자 중 사회적경제 분야에 종사하는 노동자의 비율이 스웨덴의 경우에는 11.2%, 벨기에는 10.3%, 네덜란드는 10.2%, 이탈리아는 9.7%, 프랑스는 9.0%였다. 이 중 프랑스는 2013년에 이르러 사회적경제 관련 조직이 약 20만 개로 늘어나고, 이 분야에 고용된 유급근로자는 236만 명으로 증가하며, 사회적경제의 고용 규모가 전체 임금 부분 일자리의 12.6%를 차지하게 되었다. 그리고 2015년 기준으로 전체 EU 국가들의 사회적경제 분야 고용규모 평균은 6.5%로, 우리나라 사회적경제 분야 고용규모인 1,4%[5]의 4배가 넘는다.

우리나라에서도 사회적기업의 수가 점차 늘어나며 사회적경제영역이 활발해지고 있다. 2019년 9월 기준 2,306개소의 사회적기업이 활동 중이다. 2007년 〈사회적기업육성법〉이 제정된 후 2019년 9월까지 총 65번의 인증심사가 있었고, 총 4,331개소의 기업이 신청하여 2,712개소의 기업이 사회적기업으로 인증받았다. 그중에서 인증이 취소되거나 활동을 중단한 406개소를 제외한 2,306개소의 사회적

---

5 통계청 경제활동인구조사 결과에 따르면, 2015년 취업자 수는 2만 6,178명으로 〈사회적경제기본법〉상 사회적경제기업 종사자 수 36만 8,268명은 전체 고용의 1.4%를 차지하고 있다(대통령직속 일자리위원회, 2017).

기업이 활동 중인 것이다.

　지역별로는 서울이 441개소(19.1%)로 가장 많다. 그다음으로는 경기도가 383개소(16.6%)이고, 경북이 150개소(6.5%), 인천이 139개소(6.0%), 전북이 137개소(6.0%), 강원이 125개소(5.4%)이며 전남이 121개소(5.2%)로 가장 적었다. 서울, 인천, 경기에서 현재 활동하는 사회적기업은 총 963개소로 전체의 41.8%를 차지할 정도로 수도권의 비중이 높다. 유형별로는 〈사회적기업육성법〉에 따라 설립 및 활동 목적을 기준으로 다섯 가지로 구분된다. 첫 번째는 일자리제공형이다. 조직의 주된 목적이 취약계층에게 일자리를 제공하는 것인 경우이다. 현재 1,537개소가 활동하고 있으며, 전체의 66.7%를 차지하고 있을 정도로 가장 많은 유형이다. 두 번째는 사회서비스제공형이다. 취약계층에게 사회서비스를 제공하는 것이 주된 목적인 경우이다. 현재 140개소(6.1%)가 활동하고 있다. 세 번째는 지역사회공헌형이다. 조직의 주된 목적이 지역사회 발전에 공헌하는 것인 기업에 해당한다. 현재 144개소(6.2%)가 활동 중이다. 네 번째는 혼합형이다. 앞서 소개한 일자리제공형과 사회서비스제공형이 혼합된 형태로, 현재 192개소(8.3%)가 활동하고 있다. 마지막 다섯 번째는 창의·혁신형이다. 이는 사회적기업이 목표로 하는 사회적 목적의 실현 여부를 계량화하여 판단하기 어려운 경우에 해당한다. 현재 293개소가 활동 중이며, 전체의 12.7%로 일자리제공형에 이어 두 번째로 많은 비중을 차지하고 있다(한국사회적기업진흥원, 2019).

　사회적기업은 점차 영업이익에서도 흑자를 기록하는 사례가 늘고 있다. 영업이익에서 흑자를 보인 사회적기업은 2016년에는 823개소

(50.1%)였으나, 2017년에는 1,008개소(55.2%)로 늘어났으며, 평균 매출액도 2016년 15억 8천만 원에서 2017년 19억 5천만 원으로 늘어났다. 생존율에 있어서도 사회적기업은 일반기업에 비해 높다. 사회적기업의 3년 생존율은 2017년과 2018년에 각각 90.2%, 90.5%를 기록한 반면에, 일반기업의 생존율은 2016년 말 기준으로 41.5% 정도에 그쳤다(고용노동부, 2019). 물론 사회적기업은 인건비, 세금 혜택 등 다양한 정부 지원을 받고 있기 때문이기도 하고, 일반기업은 새로 시장에 진입하는 기업의 수가 훨씬 많은 요인이 있기는 하다. 그러나 이러한 변화들은 한국사회에서도 사회적기업의 영역과 활동이 점차 늘어나고 있는 것을 보여 주는 지표라고 할 수 있다.

5. 사회적 시장과 가치협력시대의 전망

20세기 말 이후 세계적으로 장기화되고 있는 저성장시대에 가장 강력한 사회문제는 양극화와 일자리 문제다. 불안한 일자리 문제는 자본주의의 쇠퇴 때문이 아니라 오늘날 글로벌 자본주의의 팽창이 만들어 내는 공유의 문제가 되었다. 특히 고도의 기술발전이 열고 있는 인공지능시대는 인간노동을 일터에서 점점 더 배제시킴으로써 인간노동의 존재 자체를 위태롭게 하고 있다. 20세기 말 이후 가혹하게 전개되는 노동의 해체, 사람의 해체, 공동체의 해체라는 위기적 징후는 일하는 사람의 가치와 사회공동의 가치를 시장영역에서 추구하는 사회적 시장에 대한 관심을 증폭시켰다.

이 글은 우리 시대에 점점 더 관심이 확대되고 있는 사회적경제와 사회적기업 현상이 개별적이거나 일회적이고 분절적으로 나타나는 단순한 '선한 경제' 현상이 아니라 거대전환의 사회변동이 만들어 내는 구조적 대응으로서의 새로운 공공성 영역이라는 점을 강조했다. 더 나아가 사회적경제와 사회적 시장 현상이 보다 근원적으로 사회적 가치 주도의 가치협력시대를 여는 인류의 문명사적 전환과 결부되어 있다는 점을 밝히고자 했다. 우선 이 글에서는 인류의 문명사를 집중문명과 분산문명의 이중의 서사가 전개되는 과정으로 보고 분산문명에 내재된 협력의 문명사를 그려 보고자 했다. 인류문명은 한편으로는 정복과 전쟁, 약탈과 착취의 과정을 통해서, 다른 한편으로는 끊임없는 기술발전 속에서 자원과 부와 권력이 집중되는 경향을 보였다. 그러나 집중문명의 문명사적 주류화 과정에서도 인류에 내재된 협력의 DNA는 자율과 공유, 포용과 연대의 가치를 추구하는 협력의 서사를 만들었다.

협력문명의 가장 원초적 형태는 일과 노동을 통한 협력으로 나타났다. 원시인류에게서부터 일찍이 찾아볼 수 있는 협력적 일상은 무엇보다도 일을 통한 작업협력이라고 할 수 있다. 제1의 협력문명이라고 할 수 있는 작업협력은 분업적 협력 형태로 진화했으나 인간노동을 통치권력에 복종시키는 강제화된 노동의 시대와 함께 쇠퇴하기 시작했다. 노예노동을 기반으로 발전한 고대국가에서 일을 통한 협력은 강제와 억압으로 해체되고 귀족과 노예주를 제외한 대부분의 삶은 비참했다. 노예적 삶의 비참함이 고도화되고 극도의 정체성 위기를 겪는 고대인의 인간적 삶에 대한 강렬한 열망은 다양한 종교로 잉태

되었다. 종교를 통한 협력이 인류의 새로운 구원을 약속하는 듯했고 종교협력은 제 2의 협력문명으로 부를 만했다. 그러나 중세의 개막과 함께 기독교의 신이 세상을 재단했고 삶을 속박했다. 종교협력은 종교를 통한 강제와 억압으로 변질되었다. 견딜 수 없는 종교적 억압의 고통에서 인류의 협력적 유전자는 인간 이성이 만들어 낸 이념을 통한 협력의 문명을 출현시켰다. 제 3의 협력문명이라고 할 수 있는 이념협력의 시대가 열린 것이다. 이념은 제 2차 세계대전 이후 냉전의 시대를 겪으면서 협력의 수단이 아니라 다시 대결과 적대의 수단이 되고 말았다. 이념의 시대가 종료된 후 세계는 적나라한 시장경쟁의 광풍 속에서 양극적 불평등을 더욱 뚜렷이 드러냈다. 공동체가 해체되고 공공성이 파괴된 가운데 가혹한 경쟁과 효율의 논리는 사회적 약자들을 위축시켰다.

경쟁과 해체, 균열이 확대될수록 공동체의 귀환과 공공성의 복원에 대한 갈망은 더 절실한 문제가 되었다. 이념협력이 해체된 후 문명의 집중화에 대응하는 새로운 협력은 공공적이고 사회적인 가치를 통해 추구되는 경향을 보이고 있다. 공동체의 해체와 사회의 죽음이라는 거대한 위기 앞에서 사람의 가치와 연대의 가치를 매개로 하는 가치협력문명이 새로운 협력의 질서를 구축하고 있다. 제 4의 협력문명이 우리 시대를 추동하고 있다. 가치협력의 새로운 질서는 우리 시대 공공성의 구조를 재구성하고 있다. 20세기 말 신자유주의의 광풍 속에서 한편으로는 공적 질서가 빠르게 해체되는 집중문명의 경향이 뚜렷했지만, 다른 한편으로는 분산문명의 새로운 경향 속에서 국가공공성이 시장과 시민사회에 분산되는 공공성의 재편 현상을 보이고 있는 것이다. 공공성의 재구성 과정에서는 특히 시장영역에서 새롭게 구축된 공공성의 유형으로 사회적 가치 기반의 사회적경제와 사회적기업이 일종의 생태계를 이루는 '사회적 시장'에 주목할 수 있다.

사회적경제와 사회적기업은 이처럼 인류의 문명사적 전환과 관련된 공공성의 재구성 효과이자 우리 시대 가치협력의 가장 적극적 지표라고도 할 수 있다. 사회적기업은 이윤을 추구하는 시장영역을 거점으로 하지만 무엇보다도 협력과 연대의 사회적 가치추구가 궁극적 목적이다. 협력과 연대의 가치를 우선시하는 사회적경제와 사회적기업은 유럽적 전통과 19세기적 기원을 갖지만 세계적으로는 1980년대 이후 확대되었고 한국에서는 2000년대 이후 적극적 관심을 갖기 시작했다. 최근 늘어나는 사회적기업에 대한 관심은 가속되는 양극화와 고용불안의 위기가 중첩된 위태로운 노동의 시대를 넘어 지속가능한 사회에 대한 열망과 결부되어 있다. 한국에서는 최근 사회적 가치 관련 법안이 제출되고 사회적기업을 돕는 제도를 확대하고 있다. 정부의 더 많은 지원이 필요하지만 사회적기업이 시장과 시민사회 영역을 기반으로 하는 만큼 민간기업의 자발적 확산이 훨씬 더 절실하다. 무엇보다 사회적경제 기반의 기업활동은 유행처럼 등장한 것이 아니라 문명사적이고 시대사적인 조건이 만든 필연적 효과라는 점에서 개별적 실험을 넘어 보다 안정적이고 확장적으로 제도화될 필요가 있다.

사회적기업의 안정적 재생산과 제도화를 위해서는 생태계 조성이 시급하다. 특히 IMF 외환위기 이후 한국사회의 노동유연화와 지역경제의 불안정성 심화는 좋은 일자리와 안정된 삶에 대한 갈증이 어떤 시기보다 깊어지게 만들고 있다. 일자리문제가 가치협력과 사회

통합의 핵심 지점이 되었고 이 같은 문제의 해법을 사회적경제와 사회적기업에서 찾을 수 있다. 사회적기업의 생태계 혹은 사회적 시장이 확장되기 위해서는 사회적 투자가 필요하다. 한국사회에서는 아직 사회적 가치투자가 활발하지 않다는 점에서 사회적기업 생태계는 초기적이고 제한적인 수준이다. 사회적기업이 확산되고 지속가능한 생태계가 조성되어 사회적 시장을 확장시키기 위해서는 사회적기업에 대한 투자를 이끄는 사회적 금융의 역할이 무엇보다 중요하다. 사회적 가치투자와 협력적 가치투자의 확대가 목적인 사회적 금융에 대한 관심이 어느 때보다 절실하다. 요컨대 가치협력의 새로운 시대를 여는 가장 적극적 방향이 사회적경제와 사회적 시장에 있다.

참고문헌

고용노동부. 〈서울신문〉(2019. 9. 26.). "사회적기업 절반 적자 기사관련 설명 자료", 고용노동부홈페이지(http://www.moel.go.kr/news/enews/explain/enewsView.do?news_seq=10338).

김의영·미우라 히로키 편(2015). 《한·중·일 사회적 경제 Mapping》. 진인진.

대통령직속 일자리위원회(2017). "사회적경제 활성화 방안". 제3차 일자리위원회발표자료.

노대명(2009). "사회적경제를 강화해야 할 세 가지 이유". 〈창작과비평〉, 37 (3): 73~93.

아나톨 칼레츠키(Anatole Kaletsky). 위선주 역(2011). 《자본주의 4.0》. 컬처앤스토리.

엄형식 (2007). "한국의 사회적경제와 사회적기업: 유럽 경험과의 비교 및 시사점". 제1차 사회적기업 열린포럼 발표문, 실업극복국민재단.

이어령 (2014). 《생명이 자본이다: 생명자본주의 생각의 시작》. 마로니에북스.

제레미 리프킨 (Jeremy Rifkin). 이원기 역 (2005). 《유러피안 드림》. 민음사.

_____. 이경남 역 (2010). 《공감의 시대》. 민음사.

_____. 안진환 역 (2012). 《3차 산업혁명》. 민음사.

조대엽 (2014). "분산혁명의 시대: 생활민주주의와 사회생태주의 정치의 실천과제". 권소진·박영범 외. 《현대문명의 위기: 공생의 대안문명을 찾아서》. 나남.

_____ (2019). "백년의 시민, 노동의 미래: 공화적 협력의 시대를 어떻게 열 것인가?". 〈노동연구〉, 38.

조대엽·홍성태 (2015). "기업의 시민성과 시장공공성". 〈한국사회〉, 16(2).

토마 피케티 (Thomas Piketty). 장경덕 외 역 (2014). 《21세기 자본》. 글항아리.

폴 호큰·에이머리 로빈스·헌터 로빈스 (Paul G. Hawken, Amory B. Lovins & L. Hunter Lovins). 김명남 역 (2011). 《자연자본주의》. 공존.

프란츠 브로스위머 (Franz Broswimmer), 김승욱 역 (2006). 《문명과 대량멸종의 역사》. 에코리브르.

피에르 샤렛·끌로드 도리옹 (Pierre Charette & Claude Dorin), 신명호·유은희 역 (2019). 《사회적경제기업 분석가이드》. (재) 한국사회적가치연대기금.

한국사회적기업진흥원 (2019). "2019년 9월 사회적기업 인증 현황". 한국사회적기업진흥원홈페이지 (http://www.socialenterprise.or.kr/kosea/selist_country_popup.do).

Aburdene, P. (2007). *Megatrends 2010: The Rise of Conscious Capitalism*, Hampton Roads Publishing Company.

Biewener, C. (2006). "France and Québec: The Progressive Visions Embodied in Different Social Economy Traditions". 126~139 in Clary, B. J., Dolfsma, W. & Figart, D. M. ed., *Ethics and the Market: Insights from Social Economics*. New York: Routledge.

Defourny, J. & Nyssens, M. (2006). "Defining Social Enterprise". 3~26 in Nyssens, M. ed., *Social Enterprise: At the Crossroads of Market, Public Polities and Civil Society*. London: Routledge.

European Economic and Social Committee. (2012). *The Social Economy in the European Union*. Brussel: European Union.

Lipietz, A. (2001). *Pour le Tiers Secteur. L'Économie Sociale et Solidaire: Pourquoi*, Comment. Paris: Éditions La Découverte & Syros.

Münkner, H. H. & Il-Sun Kang. (2006). "Social Economy and Promotion Oriented Economics: How do We Define a Common Denominator for Enterprises in Social Economies, Co-operatives and Non-profit Organisations?". 〈한국협동조합연구〉, 24(1): 203~224.

제 2장

창업팀 구성과 사회적기업의 성과

김수한

1. 머리말

창업은 생존과 사멸의 불확실성에 직면하는 일이다. 일반적으로 신생 조직의 생존 가능성은 매우 낮다고 알려져 있다. 신생 조직은 자본, 기술, 인력 등이 부족할 뿐만 아니라 정당성을 확보하는 데 어려움을 경험하기 때문이다(Stinchcombe, 1965; Hannan & Freeman, 1977). 통계 자료와 경험적 연구도 이를 뒷받침한다. 2015년 기준으로 한국에서 창업한 기업의 5년 생존율은 27.3%에 불과하다(통계청, 2016). 1988~2001년 한국에 존재했던 51,775개 기업에 관한 분석에 의하면 신생 기업의 약 40%가 5년을 넘기지 못했다(이인권 · 홍재범, 2004). 창업은 상당히 높은 수준의 시간적, 재정적, 육체적 헌신과 몰입이 요구되는 일이며, 이러한 노력이 반드시 성공과 생존을 보장하지도 않는다. 따라서 창업을 구상하거나 창업에 참여하려면 신중한 판단과 결정을 거쳐야 한다.

창업팀(*founding team*)은 신생 조직의 생존과 향후 발전에 계속해서 큰 영향을 준다(Baron, Hannan & Diane, 1999; Beckman, Christine & Burton, 2008). 창업팀은 새롭게 만들어진 조직의 가치와 목표, 조직문화, 전략과 같은 근본적이고 핵심적인 토대를 다지는 역할을 한다(Hannan & Freeman, 1984; Schein, 1990; Baron et al., 1999). 그렇다면 창업팀은 어떻게 만들어지며, 창업팀의 구성은 조직의 운영과 성과에 어떤 영향을 줄까? 창업에 관한 사회적, 정책적 관심이 증가하고 있지만 이에 대한 학술적 관심과 이해는 여전히 부족한 편이다.

사회적기업은 창업팀의 구성과 조직성과에 대한 연구를 심화할 수 있는 흥미로운 연구대상이다. 사회적기업은 사회적 목표와 시장적 목표를 동시에 추구하는 혼종조직의 성격이 있다는 점에서 연구자에게 중요한 관심을 받고 있다(Battilana & Lee, 2014; Battilana, Sengul, Pache & Model, 2015; 고형면, 2007; 김수영, 2015; 김의영 외, 2016). 공공적 가치를 추구하는 동시에 시장 경쟁력을 가지는 조직을 만들고 유지하는 것은 매우 어려운 일이다. 시장 경쟁력 향상과 효율성을 강조하다 보면 사회적 목표를 소홀히 할 위험에 빠지고, 사회적 목표와 가치를 강조하다 보면 시장 경쟁에서 도태될 수 있기 때문이다. 실제로 이중적 목표를 추구하는 과정에서 균형점을 찾지 못하고 표류하는 사회적기업들이 적지 않다(Ebrahim, Battilana & Mair, 2014).

따라서 적절한 창업팀을 구성하는 것은 사회적기업이 혼종조직으로서 직면하게 되는 정체성의 혼란을 줄이고 조직의 성과를 거두는

데 있어서 중요한 과제이다. 사회적기업의 창업가들은 사회적기업이 추구하는 공공적 가치를 실현할 강한 의지가 있어야 하며, 동시에 조직의 생존과 경쟁력을 유지하는 일에도 소홀해서는 안 된다. 그렇다면 사회적기업의 창업팀 구성에 핵심적으로 영향을 주는 팀 구성 메커니즘은 무엇이며, 창업팀의 구조적 특성은 사회적기업의 운영과 성과에 어떠한 영향을 주는가? 이 연구의 목적은 창업팀 구성이 조직의 성과에 미치는 영향을 분석하는 것이다. 핵심적인 연구 문제는 두 가지이다. 첫째, 사회적기업의 창업팀은 어떤 특성을 가진 사람들을 중심으로 구성되는가? 둘째, 창업팀의 특성은 사회적기업의 안정과 성과에 어떠한 영향을 주는가? 이 연구는 210개 사회적기업의 창업팀 구성에 관한 자료와 이 기업의 경제적, 사회적 성과에 관한 자료를 이용하여 두 가지 문제를 탐구할 것이다.

2. 이론적 논의

1) 혼종조직으로서의 사회적기업

혼종성(*hybridity*)은 사회적기업의 가장 큰 조직적 특징이다(Evers, 2005; Doherty, Haugh & Lyon, 2014; Ebrahim et al., 2014; Battilana et al., 2015; 김수영, 2015; 김의영 외, 2016). 사회적기업은 상품을 생산하고 서비스를 제공하며 이윤을 추구한다는 점에서는 '기업'의 특성을 가진다. 또한 취약 계층에 대한 고용과 복지제공을 중요한 활동 영역에 포함한다는 점에서는 공공성을 추구하는 '정부'와도 유사한 기능을 수행한다. 동시에 민주주의적 원칙에 기반을 둔 의사결정을 중시하고 공동체의 복원과 같은 시민사회의 가치를 추구한다는 점에서는 '시민단체' 혹은 사회운동 조직의 특성을 가지고 있다.

하지만 사회적기업은 기업과 다르고, 사회복지 기관과 구분되며, 시민사회 조직과도 성격을 달리한다. 취약 계층을 고용하고 사회서비스를 제공하지만 이익을 추구한다는 점에서는 통상적인 사회복지기관과 차이를 보인다. 하지만 거둬들인 수익을 다시 사회적 목적을 위해 재투자한다는 점에서는 순수한 기업과 다르다. 또한 공동체주의와 민주적 운영원리를 통해 조직을 운영한다는 점에서는 관료제적 기업조직 혹은 정부기관과도 구분된다. 사회적기업은 시민사회의 민주성, 국가의 공공성, 시장의 수익성을 동시에 추구한다는 점에서 기존의 다른 조직과 차별성을 보인다(김수영, 2015).

사회적기업의 혼종적 성격은 조직의 통합된 정체성을 형성하고 조직을 안정적으로 운영을 하는 데 어려움을 만들어 낸다. 자신들이 만들고 참여하는 조직이 무엇을 위해 존재하는가? 어떠한 가치와 목적을 위한 활동인가? 등과 같은 근본적인 문제에 대한 답을 조직의 내적 성원뿐 아니라 외부의 다양한 이해당사자들에게 제공해야 한다. 하지만, 사회적·시장적인 목표를 동시에 달성하는 것은 쉽지 않다. 이익을 높이고 생존과 효율성을 추구하는 과정에서 사회적 가치와 목표가 훼손될 가능성이 있다. 반면, 공공성과 민주적 시민성의 가치만을 추구하다 보면 다른 기업 및 조직들과의 경쟁에서 밀려 생존하지 못할 위험에 놓이게 된다. 조직의 목적, 방향, 실행방식을 두고 내적인 긴장과 충돌이 일어날 가능성이 존재한다.

사회적기업이 동시에 추구하는 사회적 목표와 시장적 목표는 기업 조직이나 비영리조직과 다른 지배구조를 필요로 한다. 사회적기업의 핵심적 의사결정자들은 사회적 목표와 시장적 목표를 동시에 추구하는 과정에서 발생할 수 있는 갈등을 해결하고 적절한 균형점을 찾아야 하는 과제를 안고 있다(이인재, 2009; 이창순, 2010). 한편에서는 사회적 목적과 경제적 목적이 별개가 아니라 통합된 것이라고 주장하기도 한다. 다른 한편에서는 사회적 목적과 경제적 목적이 분명히 다른 것이지만 사회적기업은 이 두 가지 목적을 동시에 추구해야 한다는 주장을 펼치기도 한다. 시장 메커니즘을 통해 사회적 사명을 어떻게 달성할 것인가에 대한 명확한 기준과 방법이 없기 때문에 사회적기업에 참여하는 행위자들은 목표, 방법, 과정, 결과에 대한 해석을 두고 갈등과 표류를 반복할 가능성이 높다(Ebrahim et al., 2014).

이처럼 사회적기업은 근본적으로 중첩적이고 모호한 특징을 가지고 있다. 창업멤버는 사회적기업이 추구하는 목표와 가치를 공유해야 할 뿐 아니라, 그 가치와 목표를 구현하는 방법과 절차에 대해서도 합의를 이뤄야 하는 과제를 해결해야 한다. 적절한 창업멤버의 구성은 표류와 갈등을 줄이고 사회적기업의 정체성을 획득하는 데 있어서 결정적으로 중요할 것이다.

2) 동종선호와 창업팀의 구성

모든 유형의 조직에서 창업팀은 새롭게 만들어진 조직의 가치와 목표, 조직문화, 전략과 방법 등 근본적이고 핵심적인 기반을 형성하는 역할을 한다(Hannan & Freeman, 1984; Schein, 1990; Beckman et al., 2008). 또한 창업팀은 조직의 생존과 발전에 큰 영향을 미친다(Eisenhardt & Schoonhoven, 1990). 마찬가지로 사회적기업에서 창업팀의 구성과 역할은 매우 중요하다. 창업과정에 참여하는 사람들은 사회적기업의 경제적 목표와 사회적 목표를 정하고, 두 목표 사이의 적절한 균형점을 찾으며, 이를 성취할 방법을 모색해야 하기 때문이다. 아직까지 사회적기업에 대한 대중의 이해도가 낮고, 기업조직으로서 정당성을 확보하지 못한 한국의 상황을 고려하면 창업팀의 구성은 조직의 생존과 발전에 있어 중요한 역할을 한다(이창순, 2010; 이용탁, 2011).

동종선호(homophily)는 비슷한 특징을 공유하는 사람들끼리 서로 접촉하고 교류할 가능성이 이질적 특징을 가진 사람들과 교류하는 경우보다 높게 나타나는 성향을 의미한다. 동종선호 혹은 유유상종은 인간의 상호작용과 사회조직에서 가장 빈번하게 발견되는 특징이다. 사람들은 나이, 성별, 인종, 종교, 고향, 출신학교 등 자신과 비슷한 특징을 공유하는 타인들에게 친밀감과 호감을 느끼고, 비슷한 배경을 가진 사람들과 긴밀한 인간관계를 형성한다. 동종선호의 경향은 친구관계, 배우자의 선택, 중요한 문제를 상의하는 사람 등 다양한 맥락에서 지속적으로 관찰되어 왔다(Marsden, 1987; McPherson,

Smith-Lovin & Cook, 2001). 다양한 유형의 공식, 비공식 조직에서도 사람들은 자신과 비슷한 조직을 형성하거나, 비슷한 성향을 가진 사람들과 더 긴밀한 관계를 유지하려는 경향이 있다(McPherson & Smith-Lovin, 1987; Ibarra, 1992).

모호하고 불확실한 환경과 상황에는 동종선호가 훨씬 더 강화되는 경향이 있다. 사람들은 불확실성이 높을 때 자신과 비슷한 속성을 가진 개인들과 사회적 관계를 형성하여 불확실한 상황에 대한 사회심리적 대응기제를 찾으려 하기 때문이다. 실제로 불확실성이 높은 상황에서 동종선호의 경향이 높아진다는 것은 다양한 경험적 연구를 통해 관찰된다. 업무의 범위와 경계를 획정하기 어려운 일을 담당하는 고위관리직에 대한 연구(Kanter, 1977), 복잡한 사건을 처리하고 대응해야 하는 변호사의 업무를 다룬 연구(Gorman, 2006), 신속하고 세밀한 소통과 의견교환을 요구하는 전문직에 관한 연구(Turco, 2010; Rivera, 2012) 등에서 성, 인종에 기반을 둔 동종선호가 강화된다는 것이 그러한 예이다.

기업의 창업과정은 높은 수준의 위험과 불확실성에 노출되는 일이다. 동업자와 협력업자들에게 창업과 관련된 중요한 아이디어와 핵심적 기술을 빼앗길 위험이 있으며, 사업구상 및 기업의 발전전략이 외부에 노출될 가능성도 존재한다. 무엇보다 기업의 생존이 담보되지 않는다는 것이 위험과 불확실성의 가장 큰 원천이다. 신생조직은 대부분 자본, 기술, 인력 등이 부족할 뿐만 아니라 조직의 정당성을 확보하는 데 어려움을 경험하기 때문에 생존할 가능성이 매우 낮다(Stinchcombe, 1965). 생존의 가능성을 높이기 위해 창업팀에 참여하는 사람들의 상당한 헌신과 희생 그리고 끊임없는 협력이 요구된다. 신뢰와 불확실성의 문제에 대응하는 과정에서 사람들은 비슷한 사회적, 인구학적 특징을 가지는 사람들과 창업팀을 구성하게 되는 경향이 강하다. 한편으로는 믿고 신뢰할 사람이어야 하며, 다른 한편으로는 실패의 위험을 감수할 수 있는 사람이어야 하기 때문이다. 실제로 미국의 신생기업 창업에 관한 연구에 따르면 남자와 여자는 모두 같은 성별을 가진 사람들과 창업팀을 만들려는 동종선호의 특성을 보였다(Ruef, Aldrich & Carter, 2003).

3) 다양성과 조직성과

조직구성원의 특징은 조직성과에 많은 영향을 끼친다(Williams & O'Reilly, 1998; Reagans, Zuckerman & McEvily, 2004; Guimera, Uzzi, Spiro & Amaral, 2005; 김수한, 2015). 특히 조직성원의 다양성이 문제가 된다. 다양성이 조직의 성과에 미치는 영향에 대해서는 상반된 주장이 존재한다. 한편으로 다양성이 조직성과에 부정적 영향을 준다는 입장이 존재한다. 비슷한 경험과 생각을 가진 사람들은 문제를 인식하고 해결하는 과정에서 쉽게 의견 일치를 볼 수 있지만, 다른 배경을 가진 사람들은 상대방에 대한 오해와 갈등을 경험할 가능성이 높고 의사소통을 하는 데 더 많은 노력과 어려움을 경험할 수 있기 때문이다(Williams & O'Reilly, 1998). 사회적기업과 같이 혼종 성격을 가지는 경우 조직의 가치와 목적, 그리고 수단과 전략을 결정하는 과정에서는 구성원 간의 합의를 이끌어 내는 것이 필수적이다. 이러한 점을 고려하면 다양성이 높은 창업팀은 신생 사회적기업이 안정적으로 출발하는 데 부정적인 영향을 줄 가능성이 있다.

다른 한편으로는 다양성이 조직성과에 긍정적 영향을 준다는 주장이 있다. 이 관점에 의하면 다양성은 문제해결 능력을 높이고, 조직의 창의성을 강화시키며, 다양한 배경을 가진 소비자에 대한 만족을 높일 수 있다는 것이다(Barsade, Ward, Turner & Sonnenfeld, 2000; Page, 2007; 김수한, 2015). 창의성은 서로 다른 경험과 생각을 가진 사람들이 문제의 상황에 대한 의견을 교환하고 합의를 이루는 과정에서 발생하는 경향이 있다(Page, 2007). 이는 다양한 경험연구를 통해 입증되었다. 익숙하지 않은 낯선 눈으로 상황을 접근할 수 있는 팀원을 충원함으로써 다양성을 유지한 연구팀이 혁신적이고 영향력 있는 학술성과를 거두었다. 다양성의 긍정적 효과는 예술과 창작의 영역에서도 확인된다. 예를 들어, 브로드웨이에서 흥행에 성공했던 뮤지컬의 경우에도 팀원의 다양성을 유지하는 것이 중요한 것으로 나타났다(Uzzi & Spiro, 2005).

다양성은 사회적기업의 생존과 성과에 이중적인 영향을 줄 것으로 예상된다. 사회적기업은 혼종적이고 복합적인 특징으로 인하여 창업 초기에 조직의 안정된 정체성을 형성하는 일이 중요하다. 그러한 측면에서는 비슷한 생각과 관점을 공유하고, 쉽게 의사결정에 이를 수 있는 사람들과 함께 창업팀을 구성하는 것이 도움이 될 것으로 생각된다. 즉, 창업팀 구성에서 다양성이 낮은 것이 사회적기업의 안정적 기반을 마련하는 데 유리할 것이다.

하지만, 사회적기업이 기업으로서 경쟁력을 유지하고 생존력을 높이기 위해서는 다양성이 필요하다. 사회적기업은 다른 사회적기업과의 경쟁뿐 아니라 유사한 상품과 서비스를 제공하는 민간기업, 사회복지단체, 정부관련 기관들과의 경쟁에서도 생존해야 한다. 일정한 기간 동안 받을 수 있는 정부지원이 끝나면 사회적기업은 정부와 기업의 후원과 보호에서 벗어나 스스로 자생해야 한다. 한국 사회적기업이 경험하는 경영상의 어려움은 자본력 부족이 61%로 제일 많았고, 그다음으로는 인적자원 취약이 15%, 경영능력 부족이 11%였으며 차별화된 사업전략의 부재가 11%로 가장 낮았다(장원봉, 2009: 63). 사회적기업이 직면하는 이러한 어려움을 고려할 때, 조직의 역량을 높일 수 있는 창업팀 구성이 중요하다. 혁신과 경쟁력을 높이고 다양한 자원을 획득하기 위해서는 다양한 배경을 가진 사람들로 창업팀을 구성하는 것이 궁극적으로 조직성과에 유리할 것이다.

3. 연구자료 및 분석방법

1) 연구자료

이 연구에 사용된 자료는 2015년 9월부터 11월까지 고려대학교 한국사회연구소가 실시한 〈사회적기업의 사회적 가치 평가 조사〉이다. 이 조사는 창업 및 인증과정뿐만 아니라 사회적기업의 경제적 성과, 사회적 기여 등을 포함하고 있기 때문에 이 연구를 수행하는 데 매우 적합한 정보를 가지고 있다. 조사에 사용된 설문문항은 한국사회연구소의 전임연구자들이 만들었고, 조사는 한국리서치를 통하여 시행되었다. 창업과정에 대한 상세한 정보를 제공해 줄 수 있는 사회적기업의 대표자를 대상으로 조사를 진행하였다. 조사 내용은 사회적기업의 창업과 인증과정, 고용, 기업 규모, 경제적 상황, 사회적 가치실현 등을 포함하였다.

2015년 9월 기준 사회적기업진흥원에 의하여 인증받은 사회적기업은 총 1,382개이다. 이 연구에 포함된 표본은 그중 15.6%에 해당하는 216개이다. 조사 대상에 포함된 사회적기업은 전국의 다양한 지역을 포괄함으로써 지역적인 특성을 반영할 수 있도록 하였다. 조사에 포함된 사회적기업은 서울 10개, 인천 11개, 경기 8개, 충남 8개, 충북 15개, 세종 8개, 대전 2개, 경북 26개, 경남 7개, 대구 18개, 부산 9개, 울산 10개, 광주 9개, 전남 18개, 전북 35개, 제주 5개이다.

또한 조사 대상 사회적기업은 다양한 업종을 반영한다. 간병과 가사지원 13개, 관광 7개, 교육 19개, 문화 및 예술 22개, 보건 3개, 보육 2개, 사회복지 20개, 산림관리 2개, 청소 18개, 환경 19개, 기타 88개이다. 조사에 포함된 사회적기업이 인증받은 시기는 2007년부터 2015년 사이에 걸쳐 있다. 2007년에는 7개 기업이 인증을 받았고, 2008년에는 21개, 2009년에는 8개, 2010년에는 25개, 2011년에는 19개, 2012년에는 20개, 2013년에는 35개, 2014년에는 52개, 2015년에는 26개 기업이 인증받았다.

2) 변수의 측정 및 기술통계

이 연구의 종속변수는 두 가지로 구분된다. 첫 번째 종속변수는 사회적기업 창업멤버의 이탈 여부이며, 이항변수(*binary variable*)로 측정했다. 사회적기업의 창업팀에 참여했던 핵심멤버가 그 기업에서 퇴직했으면 "1"로 측정하고, 조사하는 시점까지 재직하고 있으면 "0"으로 측정하였다(〈표 2-1〉 참조). 창업멤버의 이탈은 조직 안정성 측면에서 사회적기업의 성과를 보여주는 것이다.

두 번째 종속변수는 사회적기업의 경제적 성과 및 사회적 성과이다. 경제적 성과는 매출, 이윤, 부채, 기업의 자립전망 등의 네 가지차원으로 나누어 측정했다. 매출, 이윤, 부채 등과 같은 재무적인 경제성과에 대해서는 지난 1년간의 회사 상황을 기준으로 각각의 항목에 대하여 "① 매우 감소 ② 감소 ③ 변동 없음 ④ 증가 ⑤ 매우 증가" 중에서 하나를 고르게 하였다. 기업의 자립전망에 대해서는 "귀사의 경제적 자립이 언제 가능하다고 생각하십니까?"라는 질문을 통하여 측정하였다. "① 불가능하다 ② 3년 이후 ③ 3년 이내 ④ 1년 이내 ⑤ 이미 자립"의 답변 중에서 하나를 선택하게 했다. 큰 값을 가질수록 경제적 자립에 도달했다는 것을 의미한다(〈표 2-1〉 참조). 네 가지변수를 통하여 사회적기업이 경제적인 자립과 수익활동에 얼마나 좋은 성과를 만들어 내는가를 분석할 수 있다.

사회적 성과는 사회문제를 해결하는 데 사회적기업이 어떠한 기여를 하는가를 측정하여 확인하고자 하였다. 보다 구체적으로 "우리 회사는 지역공동체의 문제를 해결하는 데 기여한다"라는 물음에 대해

"① 전혀 그렇지 않다 ② 그렇지 않다 ③ 보통이다 ④ 그렇다 ⑤ 매우
그렇다" 중에서 응답하게 하였다. 값이 작을수록 사회적 성과가 낮은
것을 의미하고, 큰 값에 가까울수록 사회적 성과가 높은 것을 의미한
다(〈표 2-1〉 참조). 이 변수를 통해 사회적기업이 경제적 목표와 사
회적 목표를 균형 있게 달성하는가를 분석할 수 있을 것이다.

〈표 2-1〉 변수의 측정

변수	측정
창업멤버 퇴직	귀사의 설립에 기여한 설립(창업) 멤버가 현재 재직하고 있는가?
매출 증대	지난 1년간 귀사의 경제적 상황을 잘 나타내는 곳에 응답하여 주십시오. "우리 회사의 매출은…" ① 매우 감소 ② 감소 ③ 변동 없음 ④ 증가 ⑤ 매우 증가
이윤 증대	지난 1년간 귀사의 경제적 상황을 잘 나타내는 곳에 응답하여 주십시오. "우리 회사의 이윤은…" ① 매우 감소 ② 감소 ③ 변동 없음 ④ 증가 ⑤ 매우 증가
부채 감소	지난 1년간 귀사의 경제적 상황을 잘 나타내는 곳에 응답하여 주십시오. "우리 회사의 부채는…" ① 매우 증가 ② 증가 ③ 변동 없음 ④ 감소 ⑤ 매우 감소
기업자립 전망	귀사의 경제적 자립이 언제 가능하다고 생각하십니까? ① 불가능하다 ② 3년 이후 ③ 3년 이내 ④ 1년 이내 ⑤ 이미 자립
지역문제 해결	우리 회사는 지역공동체의 문제를 해결하는 데 기여한다. ① 전혀 그렇지 않다 ② 그렇지 않다 ③ 보통이다 ④ 그렇다 ⑤ 매우 그렇다
종업원 수	정규직과 비정규직을 포함한 전체 직원 수
여성CEO	사회적기업의 대표자가 여성
전문부서의 수	① 마케팅/영업 ② 회계/재무 ③ 기술/연구개발 ④ 노무/인사 ⑤ 법무 ⑥ 고객상담 및 대응 등의 분야를 전담하는 부서의 수
매출_ 공공기관 비중	지난 1년간 전체 매출 중 정부나 공공기관이 차지하는 비율 ① 20% 미만 ② 20~40% 미만 ③ 40~60% 미만 ④ 60~80% 미만 ⑤ 80% 이상
매출_ 민간기업 비중	지난 1년간 전체 매출 중 기업이 차지하는 비율 ① 20% 미만 ② 20~40% 미만 ③ 40~60% 미만 ④ 60~80% 미만 ⑤ 80% 이상

자료 조사에서 사회적기업의 창업과정에 대한 상세한 정보를 얻기 위해 관련 문항을 설문지의 첫 페이지에 배치하였다. 먼저 창업멤버의 성별구성 및 멤버 수에 대하여 질문한 뒤에 곧바로 기여도를 기준으로 최대 5명의 창업멤버에 관한 정보를 성별, 연령, 대표자와의 관계, 현재 재직 여부 등으로 구분하여 수집하였다. 이를 통하여 210개 사회적기업의 창업과정에 참여한 핵심멤버 910명에 관한 정보를 파악할 수 있었다. 예시로 제시한 대표자와의 관계는 가족/친척, 이전 직장 동료 또는 업무 파트너, 초중고 동문 혹은 대학원 동문, 소개받은 지인, 동호회 멤버 혹은 시민단체 동료, 기타 등이다. '기타'에 해당하는 사람들의 경우에는 구체적인 관계를 물었는데 직원으로 채용되어 참여하게 되었다는 응답이 많아서 분석과정에서 독립적인 항목으로 만들었다. 마지막으로 해당 핵심멤버가 현재 그 사회적기업에서 퇴직했는가 여부를 조사하였다. 창업멤버와 대표자와의 관계를 제외하고, 이 연구에 사용된 주요한 변수에 관한 측정은 〈표 2-1〉에 제시되어 있다.

　사회적기업의 규모는 정규직과 비정규직을 포함한 종업원의 수로 측정했다. 여성 CEO는 대표자가 여성일 경우에 '1'로, 그렇지 않으면 '0'으로 측정했다. 210개 사회적기업 중에서 39.4%의 기업에서 여성이 대표(CEO)로 재직하고 있었다(〈표 2-2〉 참조). 기업의 나이는 창업 이후 2015년 9월까지 경과한 연수로 측정하였다. 전문부서의 수는 사회적기업이 가진 특정 영역의 전담 부서 수를 의미한다. 마케팅/영업, 회계/재무, 기술/연구개발, 노무/인사, 법무, 고객상담 및 대응 등 총 6개의 부서를 제시하고, 해당부서를 가지고 있는 수를 측정하였다. 마지막으로 사회적기업의 매출에서 정부 혹은 민간기업이 차지하는 비중을 측정하였다. "① 20% 미만 ② 20~40% 미만 ③ 40~60% 미만 ④ 60~80% 미만 ⑤ 80% 이상" 중에서 선택하게 하였다. ①에 가까울수록 매출에서 정부(혹은 기업)가 차지하는 비중이 낮은 것을 의미하고, ⑤에 가까울수록 비중이 높은 것을 의미한다(〈표 2-1〉 참조). 〈표 2-2〉는 이 연구에 사용된 주요한 변수의 평균, 표준편차, 최소, 최대와 같은 기술통계를 제시한 것이다.

〈표 2-2〉 기술 통계 (N = 210)

변수	평균	표준편차	최소	최대
매출 증가	3.385	1.029	1	5
이윤 증가	3.023	0.993	1	5
부채 증가	2.878	0.849	1	5
기업자립 전망	3.376	1.221	1	5
지역문제해결	3.383	0.901	1	5
창업멤버 퇴직	0.671	0.471	0	1
창업멤버_가족	0.239	0.428	0	1
창업멤버_동문	0.136	0.344	0	1
창업멤버_지인	0.390	0.489	0	1
창업멤버_동료	0.498	0.501	0	1
창업멤버_시민단체	0.174	0.380	0	1
창업멤버_직원	0.211	0.409	0	1
창업멤버_여성	0.775	0.419	0	1
기업의 나이	7.169	5.247	2	28
전체 직원 수	22.668	42.984	0	366
여성 CEO	0.394	0.490	0	1
전문부서의 수	2.427	1.524	0	6
매출_정부 및 공공기관 비중	2.657	1.593	1	5
매출_민간기업 비중	1.953	1.334	1	5

3) 분석전략

자료의 분석은 먼저 기술통계를 이용하여 창업멤버의 구성을 살펴보고, 회귀분석을 이용하여 멤버 구성이 팀원의 지속성, 경제적 성과, 사회적 성과에 미치는 영향을 분석하는 순서로 진행한다. 팀의 구성을 시각적으로 확인할 수 있는 그래프를 이용하여 창업팀에 참여한 사람들의 특징을 분석했다. 특히 창업팀의 인적 구성을 젠더 및 사회적관계의 유형으로 나누어 살펴본다.

창업팀원의 이탈 및 존속은 로지스틱 회귀분석(*logistic regression*)을 이용했다. 로지스틱 회귀분석은 종속변수가 0/1의 이항변수(*binary variable*)로 측정된 경우에 주로 사용되는 회귀분석방법이다. 로지스틱 회귀분석의 모형은 다음과 같다.

$$\ln \left(\frac{p}{1-p} \right) = \beta_0 X_0 + \beta_1 X_1 + \beta_2 X_2 + \cdots + \beta_n X_n$$

여기서 p는 관심이 초점이 되는 현상이 일어날 확률을 의미하고, (1 - p)는 그 현상이 일어나지 않을 확률을 의미한다. 이 연구에서 p는 창업팀에 참여한 핵심멤버의 퇴직(*turnover*)이 일어날 확률이며, p/(1 - p)는 퇴직이 발생할 승산(*odds*) 값이다. 창업팀의 인적구성이 기업의 경제적 성과와 사회적 성과에 미치는 영향에 대한 분석에는 중다회귀모형(*multiple regression model*)을 이용하였다. 앞에서 언급했듯이 종속변수는 사회적기업의 매출, 이윤, 부채 등과 같은 재무적인 경제성과, 사회적기업의 경제적 자립에 관한 전망, 그리고 사회문제해결이다. 이 모형의 회귀계수는 독립변수가 한 단위만큼 변화할 때 개별적인 기업성과가 변화하는 크기를 말해 준다.

4. 창업멤버의 구성

1) 핵심 창업멤버와 대표의 관계

창업자는 어떤 관계에 있는 사람들과 사회적기업의 창업팀을 구성하는가? 다시 말해 핵심적인 창업멤버로 참여하는 사람들은 대표자와 어떤 관계에 있는가? 〈그림 2-1〉은 사회적기업의 핵심적 창업멤버로 참여하는 사람들의 특징, 그리고 그 특징을 가진 사람이 참여한 사회적기업의 비율을 막대그래프로 제시한 것이다.

〈그림 2-1〉에서 표시된 "창업멤버 비율" 막대그래프는 210개의 사회적기업의 창업과정에 참여한 핵심멤버 910명과 대표자 사이의 관계를 백분율로 제시한 것이다. 핵심멤버로 참여하는 사람들의 비중은 직장동료, 지인, 고용된 직원, 시민단체 혹은 동호회, 가족, 학교 동문 관계 순으로 나타났다. 보다 구체적으로 전체 창업멤버 912명 중에서 직장동료의 수는 310명으로 전체의 34%를 차지했다. 창업멤버 중에서 이전의 직장 동료 또는 업무파트너가 차지하는 비중이 가장 높다. 그 다음으로는 지인이 핵심멤버로 참여하는 경우가 202명으로 전체의 22%를 차지했다. 흥미롭게도 창업과정에서 채용된 직원

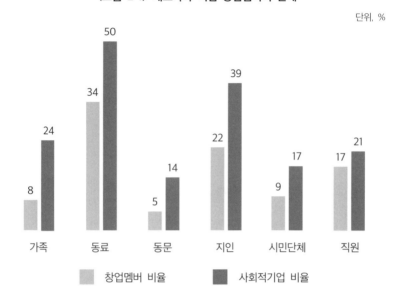

〈그림 2-1〉 대표자와 핵심 창업멤버의 관계

단위, %

창업멤버 비율 사회적기업 비율

이 핵심적인 창업멤버로 간주되는 경우도 155명으로써 전체의 17%를 차지했다. 사회적기업을 창업하는 과정에서 인력고용이 이뤄지는 것을 알 수 있다. 시민단체 혹은 동호회 활동을 통해 관계를 맺은 사람들과 창업을 하는 경우는 83명으로써 전체의 9%를 차지했다. 910명 중에서 대표자와 가족관계인 사람들의 수는 74명으로써, 전체의 8%에 불과했다. 핵심 창업멤버 중에서 학교 동문의 수는 50명으로 전체의 5%를 차지해 가장 낮은 비율을 보였다.

〈그림 2-1〉에서 "사회적기업 비율"로 표시된 막대그래프는 대표자와 각각의 인간관계에 있는 사람들이 창업멤버로 참여한 사회적기업의 분포를 보여준다. 이것은 210개 사회적기업 중에서 특정 인간관계에 있는 사람이 최소 1명이라도 창업팀에 포함된 비율을 의미하는 것

이다. 대표자와 가족관계에 있는 사람들의 창업멤버 참여 비중은 210개의 기업 중에서 24%를 차지한다. 거의 4분의 1에 가까운 사회적기업이 대표자 및 그와 가족관계에 있는 사람들이 참여하여 시작된다는 것을 보여 준다. 전체 사회적기업의 50%는 대표자와 예전의 직장동료 관계에 있는 사람들이 창업멤버로 참여한 것으로 나타났다. 예전의 동료 혹은 업무 파트너 관계에 있는 사람들과 사회적기업을 함께 창업을 하는 것이 가장 흔한 방법이라는 것을 알 수 있다. 대표와 지인관계에 있는 사람들이 핵심적인 창업멤버로 참여한 경우는 39%이며, 대표자와 시민단체 혹은 동호회 관계를 가지고 있는 사람이 창업멤버로 참여한 것은 17%이다. 마지막으로 21%의 사회적기업은 창업과정에서 직원을 선발하여 그들에게 핵심적인 창업멤버의 역할을 부여하는 것으로 나타났다.

2) 창업팀의 성별구성

사회적기업의 창업과정에서 여성이 차지하는 비중은 매우 높은 편이다. 앞서 살펴본 것처럼 210개 기업 중에서 39.4%가 여성이 대표로 재직하고 있다(〈표 2-2〉 참조). 그리고 210개 기업의 창업에 기여한 핵심적인 멤버 921명 중에서 여성의 수는 401명인 것으로 조사되었다. 다시 말해 사회적기업의 창업에 핵심적으로 기여한 사람의 44%가 여성이라는 것을 의미한다. 이는 사회적기업이 여성에게 기업가로서 역량을 발휘하고, 조직을 설계하는 데 중요한 기회를 제공한다는 것을 말해 준다.

그렇다면 여성들의 창업활동은 얼마만큼 남성들과의 협업을 통해 진행될까? 〈표 2-3〉은 창업팀의 성별 구성과 그러한 구성을 가진 기업의 숫자를 제시한 것이다. 표에서 세로축은 개별 사회기업의 창업에 참여한 남성의 수를 나타내고, 가로축은 창업에 참여한 여성의 수를 나타낸다. 마지막으로 표에서 빈도는 남성 창업멤버와 여성 창업멤버의 조합을 가진 기업의 수를 의미한다. 예를 들어, 남성 2명과 여성 3명으로 창업한 사회기업의 수는 26개이다. 예를 들어, 남성 2명, 여성 3명으로 창업팀을 이룬 개별 사회적기업의 수는 26개이다.

사회적기업의 창업에서 성별 분리(gender segregation)가 강하게 나타났다. 다시 말해 실제 창업팀의 구성 과정에서 남성은 남성들과 창업팀을 구성하고 여성은 여성들과 창업팀을 구성하는 것이 혼성팀을 구성하는 경우보다 훨씬 많았다. 여성이 단 한 명도 없이 남성 5명으로 창업팀을 구성한 기업이 27개이며, 남성 4명인 경우는 6개 기업, 남성 3명은 1개 기업, 남성 2명은 7개 기업, 남성 1명이 창업한 경우는 4개 기업인 것으로 나타났으며, 남성만으로 창업팀을 구성한 사회적기업은 210개 기업 중 45개에 이른다. 여성 1명이 창업팀에 참석한 경우, 남성이 2명인 기업은 7개, 남성이 3명인 경우는 8개, 남성이 4명인 경우는 25개에 이른다. 여성 2명이 창업팀에 참석한 경우, 남성이 3명인 경우는 35개 팀으로서 전체 중에서 가장 높은 빈도를 보였다(〈표 2-3〉 참조). 창업팀이 남성만으로 구성되었거나 남성이 여성보다 많은 경우는 210개 기업 중 120개 기업으로 전체의 57%를 차지했다.

남성이 단 한 명도 없이 여성 5명으로 창업팀을 구성한 기업은 17

〈표 2-3〉 핵심 창업멤버의 성별구성

단위: 기업 수

남성 수 \ 여성 수	0	1	2	3	4	5
0	0	3	4	2	0	17
1	1	5	4	4	18	0
2	7	7	7	26	0	0
3	1	8	35	0	0	0
4	6	25	0	0	0	0
5	27	0	0	0	0	0

개이며, 여성 3명으로 창업팀을 구성한 것은 2개, 여성 2명으로 창업한 경우는 4개, 여성 1명으로 창업한 기업은 3개이다. 즉, 남성의 참여 없이 여성만으로 창업팀을 구성한 사회적기업은 26개이다. 남성을 1~2명 포함하더라도 창업팀에서 여성의 수가 더 많은 경우는 52개인 것으로 나타났다. 즉, 창업팀이 여성만으로 구성되었거나 여성의 수가 남성보다 많은 경우는 210개 기업 중 78개이며 전체의 37%를 차지한다. 반면 창업팀에서 성비의 균형을 이룬 경우는 12개 기업에 불과했다. 이는 사회적기업의 창업팀 구성에서 성별에 따른 동종선호(homophily)가 강하게 나타남을 보여 준다.

5. 창업팀 구성이 조직성과에 미치는 영향

1) 창업멤버의 존속 및 이탈

조직이 새롭게 설립되면 조직의 성원들은 지속적인 시행착오를 거치면서 조직을 운영하는 데 필요한 다양한 경험과 지식을 배우고, 역할과 책임을 분담하게 된다. 창업팀은 다양한 시행착오를 함께 경험하면서 조직의 성장과 발전을 이루는 데 요구되는 중요한 의사결정을 내리고, 향후 지속적으로 기업운영의 근간이 될 원칙들과 규칙들을 만들어 간다. 창업팀 간의 원만한 관계와 팀워크는 조직이 만들어지고 생존하는 데 매우 중요한 역할을 한다. 조직의 안정적인 기반을 마련하기 위해서는 무엇보다 창업팀의 안정적인 유지가 중요하다고 볼 수 있다. 그렇다면 창업 당시의 팀 구성에 따라 창업멤버의 지속성은 달라지는가? 보다 구체적으로, 어떤 사람들이 창업팀에 참여했을 때 창업멤버의 이탈이 많이 혹은 적게 발생하는가?

〈표 2-4〉는 창업팀에 참여한 사람의 특징이 팀원 이탈에 어떤 영향을 주는가를 로짓(*logit*) 모델을 통해 분석한 것이다. 〈표 2-4〉에서 모형 1은 기업의 나이, 기업의 규모, 전문부서의 수, 여성 CEO 등과 같은 통제변수를 포함한 것이다. 모형 2는 주요 독립변수를 포함한 것으로써 창업멤버와 대표자 간의 사회적 관계의 특성을 측정한 것이다. 사회적 관계의 측정은 가족, 학교 동문, 지인, 동료, 시민단체 및 동호회, 직원 등의 관계를 가진 사람들이 창업멤버로 참석했는가를 살펴보았다. 이와 더불어 창업멤버에 여성이 참여했는가를 추

가로 포함시켰다. 마지막으로 모형 3A는 통제변수와 독립변수를 동시에 모형에 포함한 것이다. 모형 1, 모형 2, 모형 3A의 비교를 통해 통제변수의 포함 여부에 따라 독립변수의 영향을 주는 방향과 통계적 유의성이 크게 달라지지 않는다는 것을 확인할 수 있다. 마지막으로 모형 3B는 계수의 승산비(*odds ratio*)를 나타내는 EXP(B)를 계산한 값을 모형 3A의 오른편에 제시하였다.

그 결과 대표자와의 사회적 관계의 유형에 따라 창업팀원의 존속 및 이탈에 영향을 받는 것으로 나타났다. 창업멤버와 상대적으로 약한 사회적 관계인 사람이 창업팀에 참여했을 경우 창업멤버가 이탈할 가능성이 높아진다. 소개받은 지인이 창업멤버로 참석했을 때 창업팀에서 이탈이 발생할 승산비는 2.463이다(〈표 2-4〉모형 3). 이는 지인이 창업에 참여한 창업팀에서 팀원이 퇴사할 위험성이 그렇지 않은 경우보다 2.463배 정도 높다는 것을 의미한다. 승산의 퍼센트 변화는 $100 \times (2.463 - 1) = 146.3$이므로, 지인이 창업팀에 참여했을 창업팀에 퇴사가 발생할 확률이 약 146.3% 증가하는 셈이다.

시민단체 혹은 동호회 동료의 관계에 있는 사람이 창업멤버로 참석할 경우에 창업팀원이 퇴사할 승산비는 2.825이다(〈표 2-4〉모형 3). 지인과 마찬가지로 시민단체와 동호회의 관계도 창업팀의 이탈에 상당히 높은 영향을 준다는 것을 알 수 있다. 창업과정에서 직원으로 고용되어 창업멤버로 참석한 경우 창업팀에서 이탈이 발생할 승산비는 5.929로서 다른 참여자가 있을 경우보다 대략 6배 정도 높다(〈표 2-4〉모형 3). 이는 직원 창업멤버가 있는 사회적기업의 창업팀원이 퇴사가 발생할 확률이 약 500% 증가한다는 것을 의미한다.

〈표 2-4〉 창업멤버 구성이 창업멤버 퇴직에 미치는 영향 (로짓 분석)

변수	모형 1	모형 2	모형 3A	모형 3B (승산비)
창업멤버_가족		0.367	0.249	1.282
		(0.376)	(0.384)	
창업멤버_동문		0.343	0.166	1.180
		(0.469)	(0.487)	
창업멤버_지인		0.880*	0.901*	2.463
		(0.350)	(0.363)	
창업멤버_동료		0.433	0.420	1.521
		(0.349)	(0.364)	
창업멤버_시민단체		0.981*	1.038*	2.825
		(0.470)	(0.494)	
창업멤버_직원		1.786***	1.780***	5.929
		(0.512)	(0.517)	
창업멤버_여성		-0.254	-0.372	0.689
		(0.375)	(0.398)	
기업의 나이	0.020		0.014	1.015
	(0.030)		(0.033)	
종업원 수	-0.002		-0.001	0.999
	(0.003)		(0.004)	
여성 CEO	-0.119		0.025	1.025
	(0.303)		(0.331)	
전문부서의 수	-0.099		-0.124	0.884
	(0.103)		(0.110)	
상수	0.916*	-0.230	0.112	1.119
	(0.368)	(0.426)	(0.585)	
-2 Log likelihood	261.002	248.588	240.666	240.666
관찰 수	208	213	208	208

* $p < 0.05$, ** $p < 0.01$, *** $p < 0.001$; 괄호 안의 수는 표준오차.

창업 이후 기업을 안정적인 조직으로 만들어 가는 과정에서 다양한 조율이 필요하고, 상대방의 말과 행동에 대한 오해와 이견을 조정하는 일이 중요하다. 이러한 과정에서 서로에 대한 깊은 이해, 신속하고 긴밀한 의사소통이 요구된다. 가족 및 친척, 함께 근무했던 직장 동료, 학교 동문들은 창업 이전에 형성했던 신뢰가 있고, 상대방의 성향을 파악하고 있을 가능성이 높다. 이들은 신뢰와 상호 이해를 바탕으로 큰 어려움 없이 의견을 교환하고, 오해와 갈등을 조정할 수 있다. 반면, 창업과정에서 사회적기업에 합류한 직원의 경우에는 다른 팀원과의 신뢰관계가 형성되지 않았으며, 신속하고 긴밀한 의사소통을 하는 데 어려움이 있을 것이다. 정도의 차이는 있겠지만 소개받은 지인과 시민단체 혹은 동호회 멤버의 관계로 인하여 창업팀에 참여한 사람들도 이와 비슷한 어려움을 경험할 것으로 생각할 수 있다.

2) 창업멤버 구성과 기업성과

창업멤버의 구성은 사회적기업의 성과에 어떠한 영향을 주는가? 〈표 2-5〉는 창업멤버의 구성이 사회적기업의 성과에 미치는 영향을 회귀모형을 통해 분석한 결과이다. 모형 1에서 종속변수는 사회적기업의 경제적 자립에 관한 전망이고, 모형 2에서 종속변수는 매출 증대, 모형 3은 이윤 증대, 모형 4는 부채 감소, 모형 5는 지역문제해결을 각각 살펴본 것이다.

반면, 시민단체 동료 혹은 동호회 동료는 사회적기업의 경제적 성과에 긍정적인 영향을 주는 것으로 나타났다. 보다 구체적으로, 시민

〈표 2-5〉 창업멤버 구성이 기업성과에 미치는 영향 (중다회귀 분석)

변수		모형 1 경제적 자립	모형 2 매출 증대	모형 3 이윤 증대	모형 4 부채 감소	모형 5 지역문제해결
창업멤버	가족	-0.534**	-0.056	-0.112	-0.255	-0.085
		(0.199)	(0.167)	(0.157)	(0.143)	(0.148)
	동문	-0.015	0.134	-0.034	-0.027	-0.590**
		(0.252)	(0.211)	(0.199)	(0.180)	(0.186)
	지인	-0.402*	-0.034	-0.116	-0.007	-0.050
		(0.180)	(0.152)	(0.142)	(0.129)	(0.134)
	동료	-0.118	-0.294	-0.260	0.042	0.070
		(0.187)	(0.157)	(0.148)	(0.134)	(0.138)
	시민단체	0.319	0.409*	0.512**	0.137	-0.180
		(0.230)	(0.193)	(0.182)	(0.165)	(0.171)
	직원	-0.304	-0.300	-0.125	0.094	0.115
		(0.230)	(0.193)	(0.182)	(0.165)	(0.171)
	여성	0.191	0.072	-0.063	-0.132	-0.024*
		(0.209)	(0.175)	(0.165)	(0.149)	(0.012)
기업의 나이		0.008	-0.058***	-0.065***	-0.018	0.000
		(0.016)	(0.014)	(0.013)	(0.012)	(0.001)
종업원 수		0.004*	0.002	0.001	0.002	-0.004
		(0.002)	(0.002)	(0.002)	(0.001)	(0.129)
여성 CEO		-0.330	0.083	0.003	0.067	-0.045
		(0.174)	(0.146)	(0.137)	(0.124)	(0.043)
전문부서의 수		0.143*	0.136**	0.104*	0.122**	-0.005
		(0.057)	(0.048)	(0.045)	(0.041)	(0.041)
매출비중	공공기관	0.073	0.076	0.114*	-0.010	0.086
		(0.056)	(0.047)	(0.044)	(0.040)	(0.049)
	민간기업	-0.017	0.051	0.064	-0.075	0.258
		(0.066)	(0.055)	(0.052)	(0.047)	(0.154)
상수		3.083***	3.189***	2.990***	2.923***	3.907***
		(0.387)	(0.325)	(0.305)	(0.277)	(0.287)
R-squared		0.151	0.163	0.188	0.109	0.130
관찰 수		208	208	208	208	208

* $p < 0.05$, ** $p < 0.01$, *** $p < 0.001$; 괄호 안의 수는 표준오차.

단체 혹은 동호회 관계로 인하여 창업팀에 참여한 경우 사회적기업의 매출이 증가하고(모형 2), 이윤 증대에 기여하는 것으로 나타났다(모형 3). 시민단체와 동호회 동료는 사회적기업의 경제적 자립(모형 1)과 부채감소(모형 4)에도 긍정적인 영향을 주지만, 그 효과가 통계적으로 유의미한 수준은 아니었다.

가족, 학교 동문, 지인의 경제적 효과가 부정적인 반면에 시민단체 혹은 동호회 동료가 사회적기업 운영에 경제적으로 긍정적 효과를 주는 이유는 몇 가지 차원으로 구분하여 설명할 수 있다. 우선 네트워크의 관점에서 그 원인을 설명해 볼 수 있다. 가족 혹은 학교 동문과 같이 강한 관계(strong ties)에 있는 사람들은 오랫동안 교류하고 이야기를 하면서 비슷한 생각과 경험을 공유할 가능성이 높다. 반면, 상대적으로 약한 관계(weak ties)에 있는 사람들은 새로운 관점과 정보를 제공해 줄 여지가 많다(Granovetter, 1973). 또한 시민단체 혹은 동문회 등과 같은 다양한 조직에 참여하는 사람들은 다양한 정보와 생각을 연결하고 전달해 주는 구조적 혈(structural holes)에 위치할 확률이 높다. 즉, 다양한 조직과 네트워크를 형성한 사람들은 일반적으로 조직의 혁신과 창의성을 높이는 데 기여한다고 한다(Burt, 2004). 조직의 창업과정에서도 약한 연결망의 관계에 있는 사람들은 새로운 관점과 아이디어를 가져다줄 가능성이 높으며, 이는 결과적으로 신생조직이 성공하는 데 기여하게 된다(Ruef et al., 2003: 217~218).

대표자의 사회적 관계 유형에 따라 효과를 살펴보자. 대표자와 가족관계인 사람이 핵심적 창업멤버에 포함될 경우 경제적 자립에 부정적인 영향을 주는 것으로 나타났다(〈표 2-5〉 모형 1). 가족이 창업멤버면 매출 증대, 이윤 증대, 부채 감소, 지역문제해결 등에도 부정적 영향이 있지만 통계적으로 유의미한 수준은 아니었다. 이 발견은 가족이 사회적기업의 창업과 경영과정에 참여할 때, 조직을 운영하는데 안정성은 획득하더라도 경제적 효율성의 측면에서는 사회적기업에 부정적 결과를 가져올 수 있음을 의미한다. 마찬가지로 소개받은 지인이 창업멤버에 포함된 경우도 사회적기업의 경제적 자립에 부정적인 영향을 준다(〈표 2-5〉모형 1). 대표자와 학교 동문관계인 사람이 창업멤버에 포함되었을 경우에 지역문제해결에 부정적 영향을 주는 것으로 나타났다(〈표 2-5〉모형 5). 다양성의 관점에서도 설명이 가능하다. 다시 말해 조직구성원의 다양성이 조직성과에 미치는 영향에 관한 기존의 논의와 연구를 이용하여 창업팀의 구성과 사회적기업의 성과를 설명하는 것이 가능하다. 익숙하고 비슷한 성향을 가진 사람들로 창업팀을 형성하는 것이 궁극적으로 그 기업의 성과에 부정적인 영향을 줄 수 있다. 가족, 동료, 학교 동문은 서로가 일하는 방식이 익숙하고, 문제를 바라보고 해결하는 방식도 비슷할 수 있다. 반면, 시민단체 혹은 동호회 동료는 덜 친숙한 관점과 새로운 조직운영 방식을 도입하는 데 기여할 가능성이 높다. 사회적기업에 관한 이 연구의 발견은 친숙한 사람만으로 협업하는 경우보다는 친숙하지 않은 사람들을 팀에 포함할 경우에 조직의 성과가 향상된다는 기존 연구와도 일치한다(Guimera et al., 2005). 앞에서 살펴보았듯이 시민단체 혹은 동호회 동료 관계는 전체 창업멤버 중에서 9%에 불과하고, 이들이 창업멤버로 참여한 사회적기업은 전체의 17%에 불과하다(〈그림 2-1〉참조). 대부분의 사회적기업 창업가들은 동료, 지인,

가족을 창업멤버에 두거나 혹은 자신과 종속적 관계에 있는 채용된 직원을 멤버로 참여시키려는 경향이 강하다. 하지만 이 연구의 결과는 다소 낯설거나 편하지 않은 관계에 있는 사람을 핵심멤버로 영입하는 것이 기업의 경제적 성과에 기여할 수 있다는 것을 말해 준다.

마지막으로, 다중이해당사자(multi-stakeholder) 지배구조의 관점으로 설명해 볼 수 있다. 사회적기업은 창업가와 종업원 외에 지방자치단체, 기업, 시민단체 등 다양한 이해당사자들의 협력과 참여를 통하여 운영되는 다중이해당사자 조직이다(한상진, 2009; Fransen, 2012). 한국의 재활용 업종 분야의 사회적기업에 대한 사례연구에 의하면, 다양한 이해당사자들의 참여와 지지를 확보하고 파트너십을 형성하는 것이 사회적기업의 긍정적 성과에 매우 중요했다. 무엇보다 사회적기업이 정부와 사기업의 의존에서 벗어나 자립하기 위해서는 시민단체 등 다중이해당사자의 참여가 필수적이었다(한상진, 2009). 또한 시민단체 혹은 비영리단체에 활동경험이 있거나 연계가 있는 사람을 창업멤버에 포함시키는 것은 사회적기업의 정당성(legitimacy)을 획득하는 데 도움이 되며, 이는 궁극적으로 조직의 생존과 성장에 기여하게 된다(Fransen, 2012).

분석에 포함된 통제변수에 관한 효과를 간단히 살펴보면 다음과 같다. 기업이 창업한 지 오래될수록 매출이 감소하고, 이윤이 감소한다. 이는 창업 초기에는 정부의 지원으로 운영비 조달이 가능하지만 일정기간 이후에는 정부의 지원 없이 스스로 자립해야 하는 사회적기업의 특성이 반영된 결과로 해석된다(황정윤·장용석, 2017). 또한 전문부서의 수가 많은 조직일수록 경제적 효과가 향상되는 것으로 나타났다. 전문부서를 통해 사회적기업 운영의 효율성이 증대되는 결과라고 해석할 수 있다. 마지막으로 전체 매출에서 정부 혹은 공공기관이 차지하는 비중이 높아질수록 이윤이 증대되는 것으로 나타났다.

6. 맺음말 및 논의

창업과정은 조직의 성장과 발전에 영향을 주는 각인(*imprinting*)을 남긴다(Stinchcombe, 1965). 창업 초기에 조직이 추구하는 가치, 목표, 실행전략, 의사결정, 인력충원과 같은 근간이 마련되기 때문이다. 창업과정에서 형성된 관행들은 점차 구조적 관성(*structural inertia*)으로 자리 잡기 때문에 일정 시간이 흐른 뒤에 조직의 근본적 관행과 절차를 변화시키는 것은 매우 어렵다(Hannan & Freeman, 1984). 이러한 이유에서 창업 초기의 특징을 관찰하고 분석하는 것은 향후 조직의 생존과 발전을 이해하기 위한 효과적인 방법이다.

특히 창업팀의 구성은 조직의 성격을 이해하는 데 중요한 요소이다. 창업팀을 구성하는 사람들의 특징은 조직의 운영과 발전방향에 결정적으로 영향을 주기 때문이다(Ruef et al., 2003). 그렇다면 창업팀은 어떻게 구성될까? 사람들은 어떠한 기준과 관계를 기준으로 창업을 함께할 동료를 선택하는 것일까? 또한 창업팀의 구성은 신생조직의 안정과 성과에 어떠한 영향을 주는가? 이 연구는 210개 사회적기업의 창업에 참여한 핵심적 멤버에 관한 자료를 이용하여 창업팀 구성의 특징과 팀 구성이 조직성과에 미치는 영향을 분석하였다. 이 연구의 핵심적 발견은 다음과 같이 정리된다.

첫째, 사회적기업은 여성에게 기업조직을 만들고 경영자로서 리더십을 발휘할 사회이동의 기회를 제공하고 있다. 210개 사회적기업 대표자 중에서 39%가 여성이었고, 910명의 핵심 창업멤버 중 44%가 여성이다. 이는 한국의 일반기업에서 여성관리자의 비중, 특히 고위직 여성 비율이 10% 미만에 머문다는 점과 비교된다(김수한, 2012). 이는 기업조직에서 여성이 리더십을 발휘할 기회가 매우 제한적인 것을 고려해 볼 때, 사회적기업이 여성의 사회적, 경제적 지위를 향상시키는 사회이동의 기회가 될 수 있음을 보여 준다. 그럼에도 불구하고 여성의 사회적기업 창업 시 주로 여성들끼리 창업팀을 형성하는 특징이 있다는 것을 주목해야 한다. 이는 성별에 따른 동종선호가 창업팀을 형성하는 중심적 메커니즘으로 작동한다는 것을 보여 줄 뿐 아니라 성불평등이라는 사회질서가 창업과정에도 재생산되고 있음을 말해 준다.

둘째, 사회적기업의 핵심적 창업멤버는 대표자와 친밀한 사회적 관계에 의존하여 충원되었다. 보다 구체적으로 창업멤버로 참여하는 사람들의 빈도는 직장동료, 소개받은 지인, 고용된 직원, 시민단체 혹은 동호회 동료, 가족, 학교 동문의 순으로 나타났다. 시민단체 및 동호회의 관계, 또는 채용을 통해 창업멤버로 참여하는 비율도 전체 사회적기업의 25%이지만 상대적으로 소수에 해당하는 편이다. 가족은 전체 창업멤버 910명 중에서 8%에 불과하지만, 가족이 창업멤버로 참여한 기업은 210개에 달하는 전체 사회적기업의 약 24%를 차지한다.

셋째, 창업멤버 구성은 사회적기업의 안정적 운영과 성과에 이중적인 영향을 준다. 대표자와 약하고 느슨한 사회적 관계를 가지는 사람들은 창업팀의 안정적 운영에 부정적 영향을 주었다. 고용된 직원, 시민사회 및 동호회 관계자의 자격으로 창업팀에 참여한 사람이 있을 경우에 창업팀에서 이탈이 발생할 가능성이 높아졌다. 창업과 그 이후에 조직의 기반을 다지는 과정에서는 창업멤버 사이에 긴밀한 의견조율과 협의가 필요하다. 또한 아직까지 조직의 관행과 절차가 정해지지 않았기 때문에 의견의 충돌과 갈등의 가능성이 매우 높은 시기이기도 하다. 예전부터 긴밀한 관계를 형성해 왔던 가족, 학교동문, 직장의 동료들은 의견조율과 합의를 만들어 내는 것이 용이하므로 이들이 참여한 창업팀에서 이탈이 일어날 가능성은 낮다. 반면, 창업과정에서 고용된 직원, 시민사회 및 동호회의 관계로 창업팀에 합류한 경우에는 창업멤버들과 긴밀한 신뢰관계가 형성되지 않았기 때문에 초창기의 의견조율에 더 많은 어려움을 경험할 것으로 생각된다.

조직성과 측면에서 약한 사회적 관계를 가진 사람들은 긍정적 기여를 하는 것으로 나타났다. 가족, 학교 동문, 지인의 관계를 기반으로 창업팀이 만들어질 경우 조직성과에 부정적인 효과가 있지만, 시민단체 혹은 동호회 동료의 관계로 창업팀이 구성될 경우에는 긍정적 효과를 주었다. 다시 말해 친밀한 인간관계에 기초한 창업팀 구성은 조직의 안정적 출발에 기여하지만, 조직의 자립과 성과에는 부정적 결과를 가져올 수 있다는 것이다. 반면, 상대적으로 덜 친밀한 사회적 관계를 가지는 사람이 포함된 창업팀은 상대적으로 조직의 핵심멤버가 이탈할 가능성이 높지만, 우수한 성과를 내는 경향이 있다.

이 결과는 몇 가지 관점에서 해석될 수 있다. 우선, 약한 연결망을 통해 새로운 정보와 지식이 확산된다는 것을 생각해 보면, 느슨한 관계에 기반을 둔 사람이 창업팀에 참여할 경우에 사회적기업의 조직성과에 도움이 됨을 확인할 수 있다. 또한 이 결과는 다양성과 조직성과에 관한 기존 연구와도 일치한다. 즉, 새롭고 낯선 생각, 경험, 의견을 제시할 수 있는 사람들이 창업팀에 참여하는 것이 조직의 성과에 긍정적인 기여를 한다는 것이다. 마지막으로 사회적기업이 가지는 혼종적이고 다중이해당사자적인 특징과 연결시켜 생각해 볼 수 있다. 사회적기업의 지배구조는 기본적으로 정부, 기업, 시민사회, 소비자 등과 같은 다양한 이해당사자의 참여와 협치를 필요로 한다. 가족, 동문, 직장동료와 같은 제한적 행위자를 중심으로 구성된 창업팀은 다중이해당사자 지배구조를 형성하고 유지하는 데 어려움이 있을 수 있다. 반면에 설립 단계에서부터 시민단체의 성원들이 창업팀에 참여한 경우 사회적기업에 요구되는 지배구조를 실현하는 것이 용이할 수 있다.

이 연구는 창업멤버 구성이 기업의 생존과 성장에 미치는 영향이 조직의 성장 및 발전단계에 따라 달라질 수 있다는 것을 말해 준다. 창업 단계에서는 신뢰와 협력의 문제를 해결하는 것이 중요하고, 멤버의 구성도 이러한 당면 과제를 해결하는 데 초점을 둘 수밖에 없다. 하지만, 조직의 자립과 성과를 얻어내기 위해서는 새로운 정보와 의견을 제시해 줄 수 있는 사람들의 역할이 중요하다. 출발 단계에서는 협력과 합의를 쉽게 얻을 수 있는 친밀한 사람들과 창업팀을 구성하는 것이 좋지만, 궁극적으로 조직이 성장하고 발전하기 위해서는 상대적으로 낯선 관계에 있는 사람들을 포함하는 것이 매우 중요하다.

하지만 이러한 모순적 과제를 현실 세계에서 구현하는 것은 생각보다 훨씬 어렵다. 무엇보다 사람들은 자신과 비슷한 배경과 성향을 가진 사람들과 어울리고 사회적 관계를 형성하려는 성향이 매우 강하다. 동종선호가 기업의 성과에는 부정적인 결과를 초래할 수 있지만 대부분의 창업은 비슷한 성향을 가진 사람들과 진행된다(Ruef et al., 2003). 사회적기업의 창업도 예외는 아니다. 이와 더불어 창업 초기 단계에 형성된 조직의 구조와 특징을 이후에 변경하는 것은 매우 어렵다. 비슷하고 친밀한 관계로 창업팀을 만들었던 조직이 다른 배경과 성향을 가진 사람을 영입하는 것 또한 쉽지 않다. 네트워크의 속성으로 인해 조직은 기존 구성원과 비슷한 속성을 가진 사람들로 충원하려는 경향이 있기 때문이다(Fernandez & Fernandez-Mateo, 2006). 이 연구는 창업팀의 구성에 있어 조직의 안정과 성과를 동시에 거두기 위해 팀원 구성을 어떻게 할 것인가에 대한 이론적, 실용적 함의를 제시한다.

참고문헌

고형면(2007). "사회적 기업 정책과 한국적 모델의 발전 가능성". 《2007년 후기 사회학대회 논문집》. 109~126.

김수영(2015). "혼종조직으로서의 사회적 기업". 〈한국사회정책〉, 22(1): 345~379.

김수한(2012). "기업조직의 변화와 여성의 관리직 진출". 〈한국사회〉, 13(2): 113~138.

_____(2015). "여성고용이 조직효과성에 미치는 영향". 〈한국사회학〉, 49(5): 45~76.

김의영 외(2016). 《사회적경제의 혼종성과 다양성》. 푸른길.

심창학(2007). "사회적기업의 개념정의 및 범위설정에 관한 연구: 유럽의 사회적기업을 중심으로". 〈사회보장연구〉, 23(2): 61~85.

양오석(2015). "사회적혁신기업의 지속가능성 결정요인 연구". 〈국제지역연구〉, 19(1): 157~203.

이용탁(2011). "사회적 기업가정신에 관한 이론적 고찰". 〈인적자원관리연구〉, 18(3): 129~150.

이인권·홍재범(2004). "한국기업의 시장진입, 퇴출 및 경제적 성과에 관한 실증연구". 〈산업조직연구〉, 12(3): 85~118.

이창순(2010). "사회적 기업의 조직특성과 제도화". 〈현상과인식〉, 34(3): 251~277.

장원봉(2009). "한국 사회적 기업의 실태와 전망". 〈동향과 전망〉, 75: 47~73.

통계청(2016). "2015년 기준 기업생멸 행정통계 결과". 통계청.

한상진(2009). "사회적 기업의 복합 이해당사자 구조와 사회적 기업가의 역할 - '재활용 대안기업 연합회'를 중심으로". 〈ECO〉, 13(1): 267~297.

홍성우(2011). "우리나라 사회적기업의 인증제도 및 인증현황의 비교분석." 〈한국정책연구〉, 11(1): 257~279.

황정윤·장용석(2017). "사회적 기업 지원의 딜레마 - 정부보조금, 약인가 독인가". 〈한국정책학회보〉, 26(2): 225~258.

Baron, J. N., Hannan, M. T. & Burton, M. D. (1999). "Building the Iron Cage: Determinants of Managerial Intensity in the Early Years of Organizations". *American Sociological Review*, 64, 527~547.

Barsade, S., Ward, A., Turner, J. & Sonnenfeld, J. (2000). "To Yourheart's Content: A Model of Affective Diversity in Top Management Teams". *Administrative Science Quarterly*, 45, 802~836.

Battilana, J. & Dorado, S. (2010). "Building Sustainable Hybrid Organizations: The Case of Commercial Microfinance Organizations". *Academy of Management Journal*, *53*, 1419~1440.

Battilana, J. & Lee, M. (2014). "Advancing Research on Hybrid Rganizing: Insights from the Study of Social Enterprises". *Academy of Management Annals*, *8*. 397~441.

Battilana, J., Sengul, M., Pache, A. C. & Model, J. (2015). "Harnessing Productive Tensions in Hybrid Organizations: The Case of Work Integration Social Enterprises". *Academy of Management Journal*, *58*, 1658~1685.

Beckman, C. & Burton, M. D. (2008). "Founding the Future: Path Dependence in the Evolution of Top Management Teams from Founding to IPO". *Organization Science*, *19*(1), 3~24.

Burt, R. S. (2004). "Structural Holes and Good Ideas." *American Journal of Sociology*, *110*(2), 349~399.

Doherty, B., Haugh, H. & Lyon, F. (2014). "Social Enterprises as Hybrid Organizations: A Review and Research Agenda". *International Journal of Management Review*, *16*(4), 417~436.

Ebrahim, A., Battilana, J. & Mair. J. (2014). "The Governance of Social Enterprises: Mission Drift and Accountability Challenges in Hybrid Organizations". *Research in Organizational Behavior*, *34*, 81~100.

Eisenhardt, K. M. & Schoonhoven, C. B. (1990). "Organizational Growth: Linking Founding Team, Strategy, Environment, and Growth among US Semiconductor Ventures, 1978~1988". *Administrative Science Quarterly*, 504~529.

Evers, A. (2005). "Mixed Welfare Systems and Hybrid Organizations: Changes in the Governance and Provision of Social Services". *International Journal of Public Administration*, *28*, 737~748.

Fernandez, R. M. & Fernandez-Mateo, I. (2006). "Networks, Race, and Hiring". *American Sociological Review*, *71*(1), 42~71.

Fransen, L. (2011). "Multi-stakeholder Governance and Voluntary

Programme Interactions: Legitimation Politics in the Institutional Design of Corporate Social Responsibility". *Socio-Economic Review*, *10*(1), 163~192.

Gorman, E. H. (2005). "Gender Stereotypes, Same-gender Preferences, and Organizational Variation in the Hiring of Women: Evidence from Law Firms". *American Sociological Review*, *70*(4), 702~728.

Guimera, R., Uzzi, B., Spiro, J. & Amaral, L. N. (2005). "Team Assembly Mechanisms Determine Collaboration Network Structure and Team Performance". *Science*, *308*, 697~702.

Hannan, M. T. & Freeman, J. (1984). "Structural inertia and organizational change." *American Sociological Review*, *49*, 149~164.

Herring, C. (2009). "Does Diversity Pay? Race, Gender and the Business Case forDiversity". *American Sociological Review*, *74*, 208~224.

Ibarra, H. (1992). "Homophily and Differential Returns: Sex Differences in Network Structure and Access in an Advertising Firm." *Administrative Science Quarterly*, *37*, 422~447.

Kanter, R. M. (1977). *Men and Women of the Corporation*. New York: Basic Books.

Marsden, P. (1987). "Core Discussion Networks of Americans". *American Sociological Review*, *52*, 122~131.

McPherson, J. M. & Smith-Lovin, L. (1987). "Homophily in Voluntary Organizations: Status Distance and the Composition of Face-to-Face Groups". *American Sociological Review*, *52*(3). 370~379.

McPherson, M, Smith-Lovin, L. & Cook, J. (2001). "Birds of a Feather: Homophily in Social Networks". *Annual Review of Sociology*, *27*, 415~444.

Pache, A. C. & Santos, F. M. (2013). "Inside the Hybrid Organization: Selective Coupling as a Response to Competing Institutional Logics". *Academy of Management Journal*, *56*, 972~1001.

Page, S. (2007). *The Difference: How the Power of Diversity Creates Better Groups, Firms, Schools, and Societies*. Princeton University Press.

Reagans, R. Zuckerman, E. & McEvily, B. (2004). "How to Make the team: Social Networks vs. Demography as Criteria for Designing Effective Teams". *Administrative Science Quarterly*, *49*(1), 101~133.

Rivera, L. (2012). "Hiring as Cultural Matching: The Case of Elite Professional Service Firms". *American Sociological Review*, *77*(6), 999~1022.

Ruef, M., Aldrich, H. E. & Carter, N. M. (2003). "The Structure of Founding Teams: Homophily, Strong Ties, and Isolation among U.S. Entrepreneurs". *American Sociological Review*, *68*, 195~222.

Schein, E. (1990). "Organizational Culture." *American Anthropologist*, *45*, 109~119.

Stinchcombe, A. L. (1965). "Social Structure and Organizations." 153~193. in March, J. G. ed., *Handbook of Organizations*. Chicago: Rand McNally.

Turco, C. (2010). "Cultural Foundations of Tokenism: Evidence from the LeveragedBuyout Industry". *American Sociological Review*, *75*, 894~913.

Uzzi, B., Jarrett, S. (2005). "Collaboration and Creativity: The Small World Problem". *American Journal of Sociology*, *111*(2), 447~504.

Whitfield, J. (2008). "Group Theory: What Makes a Successful Team?" *Nature*, *455*, 720~723.

Williams, K., O'Reilly, C. (1998). "Demography and Diversity in Organizations". 77~140 in Staw, B. M., Cummings, L. L. ed., *Research in Organizational Behavior*, *20*, Greenwich, CT: JAI.

제 3장

사회적기업 일자리 질과 결정요인에 관한 연구

김원섭 · 남윤철 · 진정란

1. 머리말

한국에서 사회적기업은 2007년 〈사회적기업육성법〉이 제정된 후 크게 성장하고 있다. 〈사회적기업육성법〉에 따르면 사회적기업(*Social Enterprise*)은 "비영리조직(NGO, NPO)과 영리기업의 중간 형태로, 일반 회사처럼 근로자를 고용하여 영리활동을 수행하고, 기업의 목적은 취약계층에 대한 일자리와 사회서비스 제공 등 사회적 목적에 있으며, 창출된 이익은 사회적 목적을 위해서 재투자하고, 의사결정도 주주 이외에 이해관계자가 참여하는 민주적으로 결정하는 조직"으로 정의된다. 이런 점에서 사회적기업은 기업 고유의 목적인 영리의 추구와 사회적 가치창출이라는 사회적 가치의 결합을 실현하는 조직이라고 할 수 있다.

사회적기업이 추구하는 사회적 목표에서 가장 중요한 것은 고용의 창출이다. 특히 한국에서 사회적기업은 취약계층에게 일자리와 사회서비스를 제공하는 것을 가장 중요한 목표로 삼고 있다(〈사회적기업 육성법〉 제2조1항). 이런 점에서 사회적기업을 육성하는 정부의 정책도 고용의 창출과 유지를 목표로 하고 있다. 초기에 고용창출에 대한 정부의 정책은 주로 고용의 양과 그 지속성에 있었다. 하지만 최근 사회적기업의 일자리가 저임금 단기일자리로 전락하고 있다는 비판에 따라 점차적으로 일자리 질의 중요성이 강조되는 추세다.

이에 반해 사회적기업의 일자리에 관한 연구는 여전히 양적으로 질적으로 부족한 형편이다. 또한 그나마 실시된 소수의 연구들도 사회서비스 부문과 같은 영역에 한정되어 있다. 정책형성에 시사점을 줄 수 있는 일자리 질의 결정요인에 대한 분석적 연구는 아직 드물다. 특히 사회적기업의 형성과 운영에 중요한 역할을 하는 사회적기업가의 특성과 일자리 질 사이의 관계에 대한 연구는 찾기 어렵다.

이 연구는 기존 연구의 이러한 한계를 극복하는 데 기여하기 위해 실시되었다. 이런 점에서 이 연구는 두 가지 연구 문제들을 제시한다. 첫째, 사회적기업은 좋은 일자리를 제공하는가? 둘째, 사회적기업의 좋은 일자리를 결정하는 요인은 무엇인가? 특히 사회적기업 대표자는 일자리 질에 어떤 영향을 미치는가?

이 질문에 대답하기 위해 이 연구는 아래와 같이 구성된다. 2절에서는 기존 연구의 한계를 검토하고 이 연구의 바탕이 되는 자료를 제시한다. 3절에서는 사회적기업의 일자리 질을 일반기업과 비교하여 평가한다. 이후 사회적기업의 일자리 질 결정요인을 기업변수와 대표자변수를 활용해서 다중회귀분석을 통해 분석한다. 맺음말에서는 요약과 정책적 함의를 제시한다.

2. 사회적기업의 일자리에 대한 기존 연구 검토

사회적기업은 1970년대 미국에서 취약계층에게 직업을 구할 수 있는 기회를 제공하기 위해 시작했던 비영리활동으로부터 그 뿌리를 찾을 수 있다(Alter, 2002; Young, 2003). 현재 사회적기업은 유럽과 북아 메리카뿐 아니라 동아시아와 라틴아메리카에 이르기까지 다양한 지역으로 확산되었다(Defourny & Nyssens, 2008; Pate & Wankel, 2014). 한국에서도 2007년 55개에 불과하던 인증 사회적기업이 2017년 7월 기준 1,776개로 급속도로 증가했다.6

애초부터 사회적기업은 영리활동뿐 아니라 사회적 기여, 특히 일자리 제공을 기업의 중요한 목표로 한다(Kerlin, 2006: 251). 이 때문에 사회적기업의 성과에서 일자리 질은 중요한 부분의 하나라고 할 수 있다.

한국에서도 그간 사회적기업에 대한 연구가 활발히 진행되었다. 하지만 이들 연구는 주로 사회적기업의 경영성과에 집중하는 경향을 보인다. 사회적기업의 일자리에 대한 연구는 아직 본격적으로 진행되지 않았다. 사회적기업의 일자리 질에 대한 연구는 극히 소수에 불과하고 그나마 특정 영역(사회서비스)에 집중하고 있다. 기존 연구는

---

6 〈한겨레〉(2017. 08. 23), "10년 달려온 사회적기업 육성법, 새 신발이 필요한 때".

사회적기업의 일자리 질에 대해서도 상이한 평가를 내리고 있다. 문순영·방대욱(2010)은 사회적기업의 일자리 질을 고용안정성, 임금수준, 사회보장, 경력개발의 측면에서 평가하고 있다. 이들에 따르면 사회적기업의 일자리 질은 이들이 비교대상으로 삼은 돌봄서비스 부문에서 상대적으로 양호한 것으로 나타났다. 반면에 김보람·문은하·이승윤(2012)이 퍼지셋 방법(*Fuzzy-set Analysis*)을 통해 사회적기업의 일자리 질을 평가한 결과는 이와 상반된다. 이들에 따르면 사회적기업의 일자리는 양성평등의 측면에서는 다소 양호하지만 나머지 소득과 고용보장, 사회보장 측면에서는 열악하다.

한편 사회적기업의 일자리 질의 결정요인을 찾고자 한 보기 드문 연구(송창근·나운환·이혜경, 2014)가 있다. 이 연구는 사회적기업 인증이 장애인직업재활시설의 일자리 질에 어떤 영향을 주는지 분석하였다. 이에 따르면, 사회적기업 인증은 경영성과에는 유의미한 영향을 미치나 일자리의 질에는 큰 영향을 미치지 못한다.

이처럼 사회적기업의 일자리의 질에 영향을 끼치는 요인에 대한 연구는 드물고 고려되는 결정요인도 매우 제한되어 있다. 특히 기업의 성과측정에 주요 변수로 활용되는 기업가 변수에 대한 충분한 검토도 이루어지지 못하고 있다. 기업성과를 다뤘던 많은 연구들은 기업가 변수를 고용창출과 임금성장에 주요한 요인으로 강조해 왔다(Parker, 2004; Malchow-Møller, Schjerning & Sørensen, 2011). 사회적기업에 관한 연구들에서 확인할 수 있는 바와 같이 사회적기업가 정신은 경영성과에 중요한 영향을 미치는 변수이기도 하다(Lumpkin & Dees, 1996; Peredo & McLean, 2006; 배귀희, 2011). 따라서 사회적기업가

변수는 기업의 성과인 일자리의 질을 결정하는 데도 중요한 영향을 미칠 수 있다(Peters, 2005; Litwin & Phan, 2013).

사회적기업가 변수는 규범적 변수인 사회적기업가 정신과 인적 변수인 특성과 역량으로 구분할 수 있다. 규범적 변수인 사회적기업가 정신은 혁신성(innovation), 위험감수(risk-taking), 진취성(proactiveness), 사회적 목적추구(social mission)를 포함한다(Martin & Osberg, 2007; 박소연, 2010; 전혜선·채명신, 2017). 이러한 규범적 변수들은 사회적기업의 경제적·사회적 성과에 다양한 영향을 미칠 수 있다. 규범적 측면 이외에 사회적기업가 변수에서 고려되는 다른 측면은 대표자의 특성과 역량이다. 연구들은 기업 대표자의 인구학적인 특성(Lerner et al., 1997; Morris et al., 2006; 황미애, 2007; 장성희, 2011), 경력(Roure & Maidique, 1986; Cooper et al., 1989; Box et al., 1993; Jo & Lee, 1996)과 같은 요인들이 기업의 성과에 중요한 영향을 준다고 밝혔다. 하지만 사회적기업가에 대한 이들 연구는 사회적 성과인 일자리 질보다는 경영성과에 주목하는 한계를 보인다.

기존 연구의 이러한 한계를 보완하기 위해 이 연구는 아래의 세 가지를 시도하고자 한다. 첫째, 이 연구는 사회적기업이 제공하는 일자리의 질을 평가한다. 이를 통해 이 연구는 사회적기업의 일자리에 대한 이해 증진에 기여한다. 둘째, 나아가 이 연구는 사회적기업의 일자리의 질을 결정하는 요인을 분석하고자 한다. 이를 통해 사회적기업, 나아가서 사회적경제 전반에 대한 분석, 지원, 평가에 관한 유용한 정책 자료를 제공할 수 있다. 셋째, 일자리 질 결정요인의 분석에 있어서 이 연구는 기업 특성과 종사자 특성뿐 아니라 기업가 변수에 주목한다. 이때 기업가 변수는 사회적기업가 정신과 같은 규범적 변수와 대표자의 특성과 역량에 관한 변수 모두를 포함한다. 이를 통해 이 연구는 사회적기업가 지원정책에 시사점을 준다.

3. 연구방법

1) 자료 및 변수

사회적기업의 고용의 질을 평가하고 그에 영향을 주는 요인을 발견하기 위해 이 연구는 인증 사회적기업을 그 대상으로 한다. 조사의 모집단이 되는 인증 사회적기업의 수와 지역별 분포는 〈표 3-1〉과 같다.

개별 사회적기업에 대한 조사는 전국의 다양한 지역을 포괄함으로써 지역적인 특성을 반영하기 위해 지역할당 층화추출법에 기초한 표본선정 후 설문조사로 진행되었다. 지역별로 할당된 수의 응답을 확보하기 위해 노력하였지만 최대한의 응답 수를 얻기 위해 부분적으로 조정이 이뤄지기도 하였다. 조사는 사회적기업의 대표자의 특성과 역할을 분석하기 위해 대표자용 설문과 직원용 설문을 나누어 진행하였으며 조사결과 확보된 응답 수는 〈표 3-2〉와 같다.

이 연구의 분석은 이중 기업정보를 포함하는 대표자 응답과 이와 같은 기업의 종사자 응답 양쪽 모두가 수집된 기업 194개를 대상으로 하였다. 연구대상에 포괄된 응답의 특성은 〈표 3-3〉과 같다. 194개 표본 특성을 보면, 대표자는 남성 60.8%, 여성 39.2%이고, 연령대

〈표 3-1〉 2014년 기준 인증 사회적기업

단위: 개소, %

지역	서울	부산	대구	인천	광주	대전	울산	세종	경기
개소	225	74	53	70	55	33	43	2	184
비중	18.3	6	4.3	5.7	4.5	2.7	3.5	0.2	15
지역	강원	충북	충남	전북	전남	경북	경남	제주	계
개소	64	64	54	84	57	74	61	31	1,228
비중	5.2	5.2	4.4	6.8	4.6	6	5	2.5	100

출처: 한국사회적기업진흥원(2016: 13)

〈표 3-2〉 조사 응답수 분포

단위: 건

지역	서울	부산	대구	인천	광주	대전	울산	세종	경기
대표자	10	9	18	11	9	2	10	8	8
직원	44	20	10	11	12	7	6	2	29
지역	강원	충북	충남	전북	전남	경북	경남	제주	총
대표자	14	15	8	35	18	26	7	5	213
직원	17	10	8	19	12	16	18	7	248

〈표 3-3〉 응답 사회적기업의 각 변수 특성

구 분			빈도(%)
대표자 특성	성별	남자	118(60.8)
		여자	76(39.2)
		계	194(100)
	연령대	20 · 30대	37(19.1)
		40대	76(39.2)
		50대	53(27.3)
		60대 이상	28(14.4)
		계	194(100)

<표 3-3> 응답 사회적기업의 각 변수 특성(계속)

구 분			빈도(%)
대표자 특성	학력	고교 재학/졸업 이하	26(13.4)
		전문대 재학/졸업	27(13.9)
		대학 재학/졸업	76(39.2)
		대학원 재학/졸업	65(33.5)
		계	194(100)
	경력	관리직	64(37.0)
		전문직 및 관련분야	62(35.8)
		사무직	20(11.6)
		서비스/판매/기능/조립/단순노무	27(15.6)
		계	173(100)
기업 특성	사회적목적 유형	일자리제공	135(69.6)
		비일자리제공(혼합형, 지역사회공헌/ 사회서비스제공, 기타)	59(30.4)
		계	194(100)
	종사자 수 (대표자 포함)	5명 이하	27(13.9)
		5명 초과~10명 이하	69(35.6)
		10명 초과~30명 이하	48(24.7)
		30명 초과~50명 이하	23(11.9)
		50명 초과	27(13.9)
		계	194(100)
	영업연수 (설립연도 기준)	5년 차 미만	48(24.7)
		5년 차 이상~10년 차 미만	98(50.6)
		10년 차 이상	48(24.7)
		계	194(100)
	인증연수 (인증연도 기준)	2년 차 이하	72(37.1)
		3년 차 이상~6년 차 미만	70(36.1)
		6년 차 이상	52(26.8)
		계	194(100)
	지역	수도권	62(32.0)
		비수도권	132(68.0)
		계	194(100)

<표 3-3> 응답 사회적기업의 각 변수 특성(계속)

구 분			빈도(%)
종사자 특성	성별	남자	58(29.9)
		여자	136(70.1)
		계	194(100)
	연령대	20대	39(20.1)
		30대	66(34.0)
		40대	67(34.5)
		50대 · 60대 이상	22(11.3)
		계	194(100)
	결혼지위	미혼	61(31.4)
		기혼	123(63.4)
		기타(이혼, 사별)	10(5.2)
		계	194(100)
	학력	고교 재학/졸업 이하	35(18.0)
		전문대 재학/졸업	49(25.3)
		대학 재학/졸업	98(50.5)
		대학원 재학/졸업	12(6.2)
		계	194(100)
	경력	관리직	23(14.6)
		전문직 및 관련분야	40(25.3)
		사무직	58(36.7)
		서비스/판매/기능/조립/단순노무	37(23.4)
		계	158(100)

는 40대(39.2%), 학력은 대학 재학/졸업(39.2%), 이전 경력은 관리직(37.0%)과 전문직 및 관련분야(35.8%)가 많았다. 기업은 일자리제공형이 69.6%로 가장 많았고, 비수도권 지역 기업이 68%였다. 기업 종사자 규모는 5명 초과~10명 이하(35.6%), 영업연수(설립연도 기준)는 5년 차 이상~10년 차 미만(50.6%), 인증연수(인증연도 기준)는 6년 차 미만(73.2%)이 많았다. 종사자 특성을 보면, 여성

70.1%, 남성 29.9%이고, 연령대는 30대·40대(68.5%), 결혼지위는 기혼(63.4%)이 많았다. 학력은 대학 재학/졸업(50.5%), 경력은 사무직(36.7%)이 많은 것으로 나타났다.

2) 분석방법

(1) 일자리 질의 분석 기준

전통적으로 일자리에 대한 평가는 주로 임금과 같은 경제적 보상을 중요시했다. 하지만 최근 논의는 이러한 일면적 측면을 넘어서 다양한 평가 영역을 포괄하고 종합하는 경향을 보이고 있다(Jencks, Perman & Rainwater, 1988). 이러한 종합적인 지표를 활용한 연구들은 임금 외에 고용의 안정성이나 업무에 대한 주관적 평가, 승진가능성과 같은 개인의 평가나 인식 등 비임금 지표들이 가지는 중요성을 지적하고 있다(Clark, 1988; Ritter & Anker, 2002). 이들 종합적 접근은 노동의 질을 평가함에 있어서 개인을 둘러싼 노동환경이나(Seashore, 1974; Davis, 1977) 거시적인 제도를 고려한 접근들을 시도하였다(Hall & Soskice, 2001; Gallie, 2007).

ILO(1999)도 역시 '괜찮은 일자리'(*decent job*)를 "자유, 평등, 안정성과 인간의 존엄성을 기준으로 적절하고 생산적인 노동을 획득할 기회"로 정의하고 있는데 이는 이러한 종합적 접근의 대표적인 예라고 할 수 있다(Anker et al., 2002). ILO(2012)는 그간 검토한 지표를 중심으로 괜찮은 직업 지표 매뉴얼을 발표하였다. 이 지표들은 고용기회, 수용가능한 노동, 적절한 임금 및 생산적 노동, 적절한 노동시간, 고용의 안정성과 지속성, 일가족양립, 노동에 대한 공평한 처우, 안전한 근로환경, 사회보장, 사회적 타협과 작업장에서의 관계, 괜찮은 일자리에 대한 경제적, 사회적 맥락을 포함하고 있다.

ILO외에 CSR(Corporate Social Responsibility)에 대한 가이드라인을 제시하는 GRI(Global Report Initiative's)도 비슷한 접근법에 의거하여 괜찮은 일자리의 개념을 제시했다. GRI는 기업의 지속가능성은 경제, 환경, 사회 측면에서 종합적으로 평가할 수 있다고 주장하며, 괜찮은 일자리는 사회적 성과의 하나인 고용관행을 보여주는 중요한 지표라고 언급했다. 이들은 고용관행의 질을 보여 주는 지표로 고용, 노사관계, 직업건강과 안전, 훈련과 교육, 다양성과 평등을 제시했다(문순영·방대욱, 2010: 127~128).

한국에서도 많은 연구들이 괜찮은 일자리에 대한 ILO와 GRI의 기준을 따라 종합적인 지표를 적용하고 있다. 이 연구들은 괜찮은 일자리의 요건으로 적절한 임금, 고용안정성, 사회보장(최옥금, 2006)과 적절한 임금, 적절한 노동시간, 고용안정성, 사회보장, 안전한 근로환경, 직업훈련(문순영, 2008) 등과 같이 매우 포괄적인 지표를 적용하고 있다. 〈표 3-4〉는 기존 연구들이 주목하는 좋은 일자리를 위한 지표 중 중요한 변수들을 정리한 것이다. 〈표 3-4〉에서 고용기회 변수는 노동시장에서의 고용기회, 부적절한 노동의 비중과 같은 제도적, 구조적인 변수들이다. 경제적 보상, 장래성, 근로조건, 사회보장 범주는 노동자가 현재 기업수준에서 경험하는 일자리의 질을 측정하기 위한 변수들로 구성되었다. 우선 경제적 보상은 노동에 대한 경제적 보상을, 장래성은 노동경력을 향상시킬 수 있는 기회의 제공을,

〈표 3-4〉 일자리의 질 지표와 범주

구분		Anker et al. (2002)	Bonnet et al. (2003)	Bescond et al. (2003)	GRI (decent work)	Jecks et al. (1988)	Kalleberg et al. (2000)	McGovern et al. (2004)	Sengupta et al. (2009)
고용 기회		고용기회 고용평등		고용평등	고용형태, 규모, 이직자 수, 이직률				
		부적절한 노동 철폐		아동 비재학률					
경제적 보상		적절한 소득	노동시장 안정성지수 (적절한소득)	낮은 시간당 임금	정규직 임금 최소수준	임금	임금	임금	소득
장래성		생산적 노동			훈련 및 교육	직업훈련 및 승진기회		승진기회 및 승진체계	승진기회
근로 조건		적정 노동시간		과도한 시간의 노동		근무시간			
		고용안정	고용안정성 지수	실업률					직업안정성
		안전한 작업환경	작업환경 안정성지수		직업건강과 안전	위험요소			직무 스트레스
사회 보장		사회보장	소득보장 지수	연금 없는 노인 비율		복리후생	건강보장제도 연금제도	질병수당 연금제도	부가급여
		노사협의	대표/대변 보장지수		노사/ 고용관계				
기타		경제 사회적 맥락	일자리 안정성 지수 (노동 통제권)						권력수준
			기술 재생산 안정성지수			업무 수행의 자율성과 권한			노동과정의 개인적 자율성 정도

출처: 문순영 · 방대욱(2010: 128~130) 저자수정.

근로조건 범주는 근로계약상의 조건 중 비임금 조건들을 포괄한다. 사회보장은 노동자에게 제공되는 복지제도들을 의미한다. 기타 범주는 경제사회적 맥락, 자율성, 노동시장지위변수와 같은 이전 범주들에 포함되지 않는 변수들을 포괄한다.

이 연구에서는 일자리 질 평가에서 고용기회와 기타 영역을 제외한다. 이들 영역은 기업 단위의 미시적 차원의 일자리 질보다는 국가 단위와 같은 거시적인 일자리 질 측정에 더 적합한 것으로 생각되기 때문이다. 이에 따라 이 연구는 〈표 3-5〉와 같이 네 가지 영역을 일자

〈표 3-5〉 고용의 질 구성요소

구성요소		지 표
임금보상	임금수준	일반기업 월평균임금과 비교
근로조건	고용형태	일반기업 정규직 비중과 비교
	근로시간	일반기업 일평균근로시간과 비교
장래성	직업교육	일반기업 재직자교육훈련 실시비중과 비교
사회보장: 법정	국민연금	일반기업 적용률과 비교
	고용보험	
	산재보험	
	건강보험	
	퇴직급여	
사회보장: 비법정	유급병가	일반기업 적용률과 비교
	출산휴가	
	육아휴직	
	가족돌봄휴가	

참조: 1) 임금보상은 적절한 소득범주에서 대부분의 선행연구들이 사용하는 임금 지표를 활용. 근로자 평균임금과의 비교를 통해서 선행연구보다 엄밀한 기준을 사용.
2) 근로조건은 앵커 등(Anker et al., 2002)의 고용안정성 지표인 고용형태와 근로시간을 활용. 노동시장에서의 상대적인 고용의 질을 확인하기 위해 일반기업 평균과 비교.
3) 장래성 지표는 GRI의 기준을 참고 상대적인 질의 확인을 위해 일반기업 평균과 비교.
4) 사회보장은 앵커 등(Anker et al., 2002)의 기준을 확장 법정보장과 비법정 보장으로 나누어 세부지표 작성.

리 질 평가의 지표로 활용한다. 첫째 영역인 노동보상에서는 다른 연구들과 같이 임금수준(월평균임금)을 비교를 위한 지표로 활용한다. 둘째 영역인 근로조건은 고용형태와 근로시간을 측정 지표로 활용하여 측정했다. 셋째 장래성 영역은 교육훈련과 승진기회 등 노동자 개인의 발전에 관련된 영역이며 재직자 직업교육을 지표로 활용한다. 넷째 영역인 사회보장은 우선 법정복지 지표로서 국민연금, 고용보험, 산재보험, 건강보험과 퇴직급여를, 비법정복지 지표로서 유급병가와 최근 사회보장의 중요한 제도로 부상하고 있는 일가족양립제도도 고려한다. 일가족양립제도의 측정을 위한 지표로는 출산휴가, 육아휴직, 가족돌봄휴가를 활용한다.

다음 절에서는 각각의 영역에서 일반기업을 기준 집단으로 해서 사회적기업의 고용의 질을 분석하고자 한다. 한국에서는 기업 규모가 이들 지표에 큰 영향을 미친다. 따라서 기업 규모의 변수를 통제하기 위해 비교는 기업 규모별로 나누어 실시되었다.

(2) 사회적기업에서 일자리 질 결정요인 분석방법

사회적기업의 일자리 질을 결정하는 요인을 파악하고자 사회적기업의 일자리 지표를 만들고, 결정요인으로 대표자, 기업, 종사자 특성이 사회적기업 일자리 질에 어떤 영향을 주는지 분석했다. 분석도구는 SPSS 20이며, 통계방법은 교차분석, t-검정, ANOVA(Analysis of Variance), 다중회귀분석이었다.

4. 분석 결과

1) 사회적기업 일자리 질

(1) 임금보상

노동보상의 측정은 월평균 임금수준을 통해서 수행되었다. 임금보상이 규모별로 차이가 나기 때문에 사회적기업과 일반기업을 규모별로 나누어서 임금구간별 비중을 비교하였다.

우선 사회적기업은 100만 원~ 200만 원 사이에 73%, 100만 원~

〈표 3-6〉 규모별 월평균 임금수준

단위: %

구분		5인 미만	5~29인	30~299인	300인 이상	전체
100만 미만	사회적기업	5.6	2.4	0.0	0.0	2.6
	일반기업		5.0	4.3	0.9	4.0
100만 이상~ 200만 미만	사회적기업	61.1	78.6	67.4	0.0	73.2
	일반기업		40.7	25.7	9.4	29.1
200만 이상~ 300만 미만	사회적기업	16.7	14.3	20.9	100.0	17.0
	일반기업		27.3	29.2	13.6	25.6
300만 이상~ 400만 미만	사회적기업	11.1	3.2	11.6	0.0	5.7
	일반기업		12.8	18.0	16.9	15.6
400만 이상~ 500만 미만	사회적기업	5.6	1.6	-	-	1.5
	일반기업		5.5	9.6	16.3	9.1
500만 이상	일반기업	-	8.6	13.1	42.8	16.6
계		100.0	100.0	100.0	100.0	100.0
사회적기업(천 원)		2,000	1,730	1,942	2,500	1,804
일반기업(천 원)		1,615	2,460	3,033	4,939	2,740

출처: 고용노동부 고용형태별근로실태조사(2015).

300만 원 사이에 90.7%가 몰려 있다. 이에 비해 일반기업은 100만 원~300만 원 사이에 54%, 100만 원~500만 원 사이에 79.4%가 몰려 있다. 사회적기업이 전반적으로 낮은 임금에 집중되어 있는 것이다. 하지만 100만 원 이하 저임금층의 비중은 사회적기업에서 2.6%로 일반기업의 4%에 비해 적었다. 기업 규모별 임금격차도 사회적기업은 170만 원에서 250만 원으로 80만 원에 불과하여 일반기업의 112만 원에 비해 훨씬 적었다.

노동보상에서의 이러한 차이는 사회적기업에 대한 인건비지원제도의 영향을 받은 것이라 할 수 있다. 사회적기업은 일자리창출사업에 참여할 경우 인건비 일부를 지원받는다(〈사회적기업육성법〉 제14조). 지원되는 인건비는 최저임금 수준이며 최대 50인에 대해서 3년까지 지원받을 수 있다. 지원 비율은 1년 차는 60%, 2년 차는 50%, 3년 차는 30%(+20%)이며, 2년 이상 지속 고용 시 3년 차에도 50%의 인건비 지원을 받는다(한국사회적기업진흥원, 2016: 10). 또한 사회적기업 인증과정에서 〈최저임금법〉 등 관련법령의 명시적 준수서약이 의무다(고용노동부, 2016: 12). 이러한 제도화된 규제는 사회적기업이 최소한의 노동보상 조건을 충족시킬 수 있도록 한다.

(2) 근로조건

사회적기업의 근로조건에 대한 측정은 고용안정성과 고용시간을 기준으로 이루어졌다. 우선 고용안정성의 경우 정규직 비중을 통해 측정하였다. 기업 규모별로 나누어 일반기업과 비교하면 사회적기업(85.1%)은 일반기업(67.5%)에 비해서 정규직 비중이 높다. 이러

<표 3-7> 정규직 비중

단위: %

구분	5인 미만	5인~299인	300인 이상	계
사회적기업	77.8	85.2	100	85.1
일반기업	52.5	68.3	86.0	67.5

<표 3-8> 사회적기업의 노동시간

단위: 시간

구분		5인 미만	5~29인	30~299인	300인 이상	전체
전체	사회적기업	8.3	8.3	8.1	8.3	8.2
	일반기업	7.6	8.1	8	8.1	8
정규직	사회적기업	8.4	8.3	8.2	8.3	8.3
	일반기업	8.1	8.2	8.4	8.3	8.3

한 차이는 5인 미만(77.8%와 52.5%)에서 가장 크게 나타나며 규모가 증가함에 따라 일반기업의 정규직 비중이 상승하여 차이가 감소한다. 300인 이상 사회적기업의 경우 모든 근로자가 정규직이다. 이러한 점에서 사회적기업의 일자리는 일반기업의 일자리보다 고용안정성이 높다고 할 수 있다.

고용형태 역시 사회적기업 인증요건의 하나이다. 일자리제공형과 혼합형 사회적기업으로 인증받기 위해서는 취약계층을 일정 비중 이상 고용해야 하며, 동종·유사업종의 기업 사례를 바탕으로 고용형태와 고용안정성 등을 종합해서 설정되는 괜찮은 일자리를 제공해야 한다(고용노동부, 2016: 38). 이 때문에 유사업종과 비교할 때 사회적기업은 고용안정성이 높은 일자리를 제공할 공산이 크다.

근무시간의 경우 사회적기업(8.22시간)은 일반기업(8시간)에 비해서 조금 더 길다. 일반기업과의 근무시간 차이는 5인 미만에서 가장 크며(0.6시간), 규모의 증가에 따라서 감소하다가(5~29인 0.2시간, 30~299인 0.1시간), 300인 이상 범주에서 다시 약간 증가(0.2시간) 한다. 하지만 이 차이는 사회적기업에서 정규직의 비중이 큰 것에 기인한다. 정규직의 노동시간에서 사회적기업은 다른 기업과 큰 차이를 보이지 않는다.

(3) 장래성

자기발전, 직업능력 향상, 전반적인 생애과정에서의 경력 향상 등을 위해 제공되는 교육훈련은 일자리 질의 평가에 중요한 영역이다. 이 연구는 장래성 영역의 측정을 위해 재직원에 대한 교육훈련 제공 유무를 통한 자기향상의 기회를 측정하였다. 사회적기업(88.7%)은 일반기업(48.2%)에 비해 거의 두 배에 가까운 교육훈련을 제공하고 있다. 또한 교육훈련 제공에서 기업 규모의 차이도 크지 않다. 규모가 작은 소기업(10인~29인)에서도 사회적기업의 90% 이상이 교육훈련을 제공하여 일반기업의 40.4%와 큰 차이를 보인다. 교육훈련은 사회적기업이 일반기업에 비해 가장 큰 강점을 보이는 영역이다.

이 역시 〈사회적기업육성법〉(제10조2항)의 영향을 받았다. 이 규정에 따라 고용노동부장관은 사회적기업 종사자들에게 교육훈련을 제공할 재량권을 가진다. 또한 재정지원사업 운영지침은 주요한 평가기준으로서 훈련에 대한 평가(100점 중 10점)를 포함하고 있다.

〈표 3-9〉 교육훈련 시행

단위: %

구분	10~29인	30~99인	100~299인	300인 이상	10인 이하	전체
사회적기업	90.7	89.2	83.3	100.0	86.7	88.7
일반기업	40.4	62	86	92.1	-	48.2

출처: 고용노동부 기업직업훈련실태조사(2015).

(4) 사회보장

사회보장은 법정복지와 비법정복지에 대한 포괄적인 비교를 위하여 법정복지 영역에서는 사회보험 및 퇴직급여를, 비법정복지 영역에서는 유급병가와 일가족양립제도 시행률을 비교하였다. 먼저 사회보험 적용률의 경우 사회적기업은 규모에 관계없이 거의 100%에 가까운 높은 적용률을 보이고 있다. 일반기업은 이에 반해 기업 규모가 작아질수록 낮은 적용률을 보인다.

사회보장에는 사회적기업에 대한 제도적인 지원이 영향을 미친다. 사회적기업은 4대 사회보험료 중 사업주 부담분 일부에 대해 최대 4년, 최대 50인 한도로 지원받는다(한국사회적기업진흥원, 2016: 11). 또한 예비 사회적기업 심사에서도 4대 보험 가입여부는 확인된다(고용노동부, 2016: 74). 보험료 지원과 가입여부 등에 대한 강한 근로감독은 사회보험 가입의 주요 유인이다.

사회보장의 다른 영역은 법정 외 복지 영역인 유급병가와 일가족양립제도이다. 유급병가의 시행률은 기업 규모와 관계없이 사회적기업이 높다. 일반기업과 차이는 기업의 규모가 증가할수록 감소한다. 소규모 사회적기업이 상대적으로 높은 사회보장을 제공하는 것이다.

일가족양립 지표는 출산휴가, 육아휴직, 가족돌봄휴직의 시행을 기준으로 측정하였다. 출산휴가 지표에서는 사회적기업이 상대적으로 낮지만 육아휴직 영역과 가족돌봄휴직 영역에서는 유사한 양상을 보인다. 일반기업은 기업 규모가 커지면서 모든 일가족양립제도의 시행이 뚜렷이 증가한다. 이에 반해 사회적기업의 경우 제도의 시행이 기업 규모별로 큰 차이가 나타나지 않는다.

임금보상만 제외한다면 근로조건, 장래성, 사회보호, 일가족양립 지표에서 사회적기업의 일자리는 일반기업의 일자리와 유사하거나 더 높은 질을 보인다. 임금보상에서 사회적기업은 일반기업에 비해 열악하다. 하지만 사회적기업에서 최저수준 이하 임금의 비중은 일반기업보다 오히려 적다. 근로조건 영역에서 사회적기업은 더 나은 고용안정성을 제공하며, 근로시간은 일반기업과 비슷하다. 장래성

〈표 3-10〉 사회보호: 보험/급여 적용률

단위: %

구분		5인 미만	5~29인	30~299인	300인 이상	전체
국민연금	사회적기업	100	98.4	100	100	99
	일반기업	69.5	90.8	97	99	88.7
고용보험	사회적기업	100.0	100.0	100.0	100.0	100.0
	일반기업	69.4	93.5	97.4	96.8	89.3
산재보험	사회적기업	100	99.2	100	100	99.5
	일반기업	90.7	99.4	99.8	99.5	97.6
건강보험	사회적기업	100.0	100.0	100.0	100.0	100.0
	일반기업	68.9	90.7	97.2	99.7	88.4
퇴직급여	사회적기업	94.4	95.2	97.7	100	95.9
	일반기업a	56.5	85.1	92.8	92	81.2
		14.6	43.5	64.2	71.7	46

주석: a) 일반기업의 위쪽 자료는 2014년 퇴직금, 아래쪽 자료는 2015년 퇴직연금.
출처: 고용노동부 고용형태별근로실태조사(2014, 2015).

<표 3-11> 사회보호: 유급병가제도 시행률

단위: %

구분	5인 미만	5~9인	10~29인	30~99인	100~299인	300인 이상	전체
사회적기업	77.8	61.1	55.6	64.9	50.0	66.7	61.9
일반기업	-	32.9	34.8	44.1	50.0	63.0	41.1

출처: 고용노동부 일가정양립 실태조사(2015).

<표 3-12> 일가족양립 지표

단위: %

구분		5인 미만	5~9인	10~29인	30~99인	100~299인	300인 이상	전체
출산 휴가	사회적기업	66.7	61.1	66.7	75.7	83.3	100.0	67.5
	일반기업	-	55.1	80.1	93.2	98.5	98	80.3
육아 휴직	사회적기업	66.7	51.4	59.3	67.6	50.0	100.0	59.3
	일반기업	-	27.4	51.8	74.1	85.4	90	58.2
가족 돌봄 휴직	사회적기업	16.7	19.4	29.6	16.2	33.3	100.0	23.2
	일반기업	-	7.7	18.8	31.4	47.7	53	25.7

출처: 고용노동부 일가정양립 실태조사(2015).

영역은 사회적기업이 일반기업보다 뚜렷이 높은 수준의 노력을 보이는 영역이다. 사회보장 영역에서 규모에 관계없이 거의 대부분의 사회적기업이 법정복지 항목을 충족시키고 있었다. 비법정복지 영역인 유급병가에서도 사회적기업은 더 높은 적용률을 보이고 있다. 일가족양립 영역에서 사회적기업은 전반적으로 일반기업과 유사한 수준을 보였다.

　사회적기업 일자리의 질에서 확인할 수 있는 특징은 상당부분 정부의 제도적인 개입과 관련되어 있다. 우선 사회적기업의 선정에서 임금 수준, 고용안정성 등은 괜찮은 일자리의 제공(일자리제공형/혼합형) 의 주요 요건이다. 또한 선정된 사회적기업은 일자리 제공과 관련하여 임금수준과 사회보험 가입에 필요한 재정지원을 받는다. 마지막으로 이들 기준들은 평가와 심사 시에도 중요한 역할을 한다.

2) 사회적기업의 일자리 질 결정요인

(1) 상대적으로 좋은 일자리 정의와 측정

이 연구의 두 번째 관심은 사회적기업 일자리의 질을 결정하는 요인을 밝히는 것이다. 또한 이 연구는 사회적기업이 다른 기업과 다른 목적과 취지에서 시작하고 발전하는 기업형태라고 본다. 따라서 사회적기업 일자리 질도 역시 다른 기업과는 다른 기준으로 정의하고 측정할 필요가 있다. 하지만 사회적기업의 일자리 질을 측정하는 기준을 개발하고 적용하는 것은 이 연구의 범위를 넘어서는 일이다. 이런 점에서 이 연구는 '상대적으로 좋은 일자리'라는 기준을 적용하기로 한다. 상대적으로 좋은 일자리는 현재의 사회적기업의 여러 환경적 제약 속에서 제공되는 좋은 일자리를 의미한다.

사회적기업 일자리 질을 결정하는 요인을 파악하기 위해 우선 고용노동부, 노동패널 등의 선행 연구 자료를 참조하였다. 일자리 질의 주요 구성요소는 앞 절에서 언급한 일자리 질의 4가지 요소를 반영하여 '임금보상'(월평균급여), '근로조건'(노동시간, 고용유형), '장래성'(직업교육), '사회보장'(유급병가, 생리휴가, 일가족양립) 등으로 설정하였다. 단, 거의 모든 사회적기업이 충족하고 있는 법정사회보장은 제외하였다(〈표 3-13〉 참조).

<표 3-13> 일자리 질 구성요소별 표본 현황

일자리 질 구성요소	표본 현황			일반기업 현황
	세부 항목	빈도(%)	표본 평균	
(1) 임금보상 (월평균임금)	100만 원 미만	5(2.6)	180.4만 원	급여(월) 평균a 전체: 270만 원 5인 미만: 156만 6천 원 30~299인: 299만 8천 원 5~29인: 242만 5천 원 300인 미만: 237만 2천 원
	100~200만 원 미만	142(73.2)		
	200~300만 원 미만	33(17.0)		
	300~500만 원 미만	14(7.2)		
	계	194(100)		
(2) 근로 조건	노동시간 (일평균)	8시간 미만	10(5.2)	8.3 (정규직 기준)	노동시간(일평균)b 전체: 8.2 5인 미만: 7.6 5~29인: 8.3 30~299인: 8.6 300인 미만: 8.2 300인 이상: 8.4
		8시간	146(75.3)		
		8시간 초과	38(19.6)		
		계	194(100)		
	고용유형	정규직	165(85.1)	90.25% (정규직 비율)	정규직 평균 비율c 정규직: 67.5%
		비정규직	29(14.9)		
		계	194(100)		
(3) 장래성	직급교육	실시	115(59.3)	2.86 (직급교육, 직무능력 향상, 개인학습 지원, 경력개발, 멘토링/ 코칭 각 1점)	직업교육 실시 평균d 전체: 48.5% 300인 미만: 47.7% 300인 이상: 93%
		미실시	79(40.7)		
		계	194(100)		
	직무능력 향상	실시	150(77.3)		
		미실시	44(22.7)		
		계	194(100)		
	개인학습 지원	실시	123(63.4)		
		미실시	71(36.6)		
		계	194(100)		
	경력개발	실시	58(29.9)		
		미실시	136(70.1)		
		계	194(100)		
	멘토링/코칭	실시	100(54.0)		
		미실시	86(46.0)		
		계	194(100)		

<표 3-13> 일자리 질 구성요소별 표본 현황(계속)

일자리 질 구성요소		표본 현황			일반기업 현황
		세부 항목	빈도(%)	표본 평균	
(4) 사회 보장	유급병가	있다	120(61.9)	1.06 (유급병가, 생리휴가 각 1점)	유급병가 평균e 있다: 42.1%
		없다	74(38.1)		
		계	194(100)		
	생리휴가	있다	85(43.8)		생리휴가 평균e 있다: 12.8%
		없다	109(56.2)		
		계	194(100)		
	출산휴가	있다	131(67.5)	1.50 (출산휴가, 육아휴직, 가족돌봄휴직 각 1점)	출산휴가 평균f 전체: 80.5% 5인 미만: 59.9% 5~29인: 79.8% 30~299인: 90.4% 300인 미만: 95.1% 300인 이상: 100%
		없다	63(32.5)		
		계	194(100)		
	육아휴직	있다	115(59.3)		육아휴직 평균f 전체: 41.2% 5인 미만: 16.7% 5~29인: 27.1% 30~299인: 47.8% 300인 미만: 71.3%· 300인 이상: 93.6%
		없다	79(40.7)		
		계	194(100)		
	가족돌봄휴직	있다	45(23.2)		가족돌봄휴직 평균f 전체: 21.1% 5인 미만: 5.0% 5~29인: 11.6% 30~299인: 21.5% 300인 미만: 41.8% 300인 이상: 62.7%
		없다	149(76.8)		
		계	194(100)		

출처: a) 고용노동부, 고용형태별근로실태조사, 2014년.
　　 b) 고용노동부, 고용형태별근로실태조사(월간근로시간을 월간근로일수로 나눈 값, 일평균 근로시간).
　　 c) 경제활동인구조사 근로형태별부가조사 2014년 8월 기준(정규/비정규 비중).
　　 d) 고용노동부, 기업직업훈련실태조사(재직근로자 교육훈련 실시).
　　 e) 유급병가/생리휴가[한국노동패널조사 17차 코드표상 응답빈도(2014)].
　　 f) 출산휴가/육아휴직/가족돌봄휴직[고용노동부 일·가정 양립 실태조사(2014년)].

상대적으로 좋은 일자리는 현재 사회적 일자리의 상황을 고려한다. 따라서 이의 기준도 현재 사회적기업의 평균적인 상황을 고려하여 측정할 수 있다. 먼저 임금은 표본 평균값은 180만 원으로 나타났는데, 표본 조사 시 임금을 100만 원 단위로 구간조사를 하였기에 평균값보다 높은 200만 원 이상을 좋은 일자리의 조건으로 정하였다. 따라서 200만 원 이상은 1의 값을, 200만 원 미만은 0의 값을 가진다.

다음으로 근로조건은 조사대상자들의 정규직 평균 일근로시간인 8. 2시간보다 적은 값인 8시간 이하의 구간을 좋은 일자리의 조건으로 간주하였다. 따라서 일평균 노동시간 8시간 이하와 정규직인 경우 1의 값을, 일평균 노동시간이 8시간을 초과하거나 비정규직인 경우 0의 값을 가지게 된다.

또한 장래성 항목을 설명하는 직업교육의 경우, 평균이 2.8개로 나타났다. 일반기업의 경우, 직업교육 실시 평균값이 48.5%였으나 기업 규모별로 그 편차가 크므로 일반기업의 기준을 그대로 적용할 수 없었다(300인 미만 47.7%, 300인 이상 93%). 그리고 사회적기업은 경제적 목적뿐만 아니라 사회적 목적을 실현해야 한다는 측면에서 일자리의 질 기준을 일반기업보다 엄격하게 적용할 필요가 있다고 판단하여, 평균 2.8에서 반올림을 하여, 평균 3개의 직업교육 실시 여부를 기준으로 '5개 항목 중 3개 이상 실시 = 1', '5개 항목 중 2개 이하 실시 = 0'으로 점수를 부여하였다.

사회보장의 경우, 휴가(유급병가, 생리휴가) 평균은 1.06, 일가족양립(출산휴가, 육아휴직, 가족돌봄휴직) 평균은 1.5로 나타났으며, 장래성 항목에서 직업교육 실시에 대한 점수 부여방식과 마찬가지로 일

<표 3-14> 종속변수: 일자리 질 구성요소 및 측정기준

일자리 질 구성요소		측정기준
임금보상	월평균 급여	200만 원 이상 = 1,200만원 미만 = 0
근로조건	일평균 노동시간	8시간 이하 and 정규직 = 1
	고용 유형	8시간 초과 or 비정규직 = 0
장래성 (직업교육)	직급교육, 직무능력향상, 경력개발 개인학습지원, 멘토링/코칭	3개 이상 실시 = 1 2개 이하 실시 = 0
사회보장	유급병가, 생리휴가	휴가 1개 이상 and 일가족양립 2개 이상 = 1 각 제도 미실시 or 각 제도 중 1개 이하 실시 = 0
	일가족양립, 출산휴가, 육아휴직, 가족돌봄휴직	

<표 3-15> 일자리 질 분포 현황

구분				빈도(%)
일자리 질		0점		13(6.7)
		1점		47(24.2)
		2점		74(38.1)
		3점		43(22.2)
		4점		17(8.8)
일자리 질 세부 항목	임금보상 (월평균급여)	200만 원 미만		147(75.8)
		200만 원 이상		47(24.2)
	근로 조건	노동시간 (일평균)	8시간 이하	156(80.4)
			8시간 초과	38(19.6)
		고용유형	정규직	165(85.1)
			비정규직	29(14.9)
	장래성 (직업교육)	3개 이상 실시		115(59.3)
		2개 이하 실시		79(40.7)
	사회보장 (휴가와 일가족양립)	휴가 1개 이상 and 일가족양립 2개 이상		99(51.0)
		각 제도 미실시 or 각 제도 중 1개 이하 실시		95(49.0)
계				194(100)

가족 양립 평균을 반올림하여 2를 기준으로 정하였다. 따라서 '휴가 1개 이상 and 일가족양립 2개 이상 = 1'이고, '휴가/일가족양립제도 중 0개 or 1개만 실시 = 0'으로 점수를 부여하였다(〈표 3-14〉 참조).

구성요소 4가지에 대해 기준을 정하고, 값을 측정한 다음, 그 결과값을 합산하였다. 결과값은 최저 '0점'에서 최고 '4점'까지 나왔다. 분포를 보면, 4점은 17곳으로 10.8%, 3점은 45곳으로 22.2%, 2점은 74곳으로 38.1%, 1점은 47곳으로 24.2%이었으며, 0점은 13곳으로 6.7%를 차지했다고 조사되었다(〈표 3-15〉 참조). 일자리 점수의 평균값이 2.02로 측정되기 때문에 좋은 일자리는 이를 넘어서는 3점과 4점으로 설정될 수 있다.

산출결과에 따르면 좋은 일자리는 194개 중 60개, 31.0%로 나타났다. 세부적으로 기준을 충족한 일자리는 임금의 경우 24.2%, 노동시간 요건은 80.4%, 고용유형은 85.1%, 직업교육은 59.3%, 휴가 및 일가족양립은 51.0%를 차지했다. 이 결과는 앞의 절에서 사회적기업이 임금보상에서 열악한 상황에 있으며 다른 조건에서는 상대적으로 양호한 조건에 있는 것과 일치한다.

(2) 사회적기업 일자리 질에 영향을 주는 요인

① 사회적기업 일자리 질에 영향을 주는 요인: 상관관계 분석
사회적기업의 일자리 질에 영향을 주는 결정 요인(독립변수)은 대표자 특성(성, 연령, 학력, 경력, 정치적 성향, 사회적기업가 정신), 기업 특성(사회적 목적 유형, 종사자 규모, 지역, 영업연수, 인증연수), 종사

〈표 3-16〉 독립변수

구 분		내 용
대표자	개인특성	성, 연령
	인적자본	학력, 경력
	정치적 성향	'귀하의 정치적 성향은 어디에 가깝습니까' (보수/중도보수, 중도, 중도진보/진보)
	사회적기업가 정신	'내가 종사하는 사회적기업의 목적과 나의 가치가 동일한가' (4점 척도) '나는 사회적기업에 대한 확실한 비전을 가지고 있는가' (4점 척도)
기업	사회적 목적 유형	일자리제공형, 비일자리제공형(혼합형, 지역사회공헌형/ 사회서비스제공형, 기타)
	규모	종사자수(대표 포함), 영업연수(설립연도 기준), 인증연수(인증연도 기준)
	지역	수도권(서울, 경기), 비수도권(충청도, 전라도, 경상도, 제주도, 강원도)
종사자	개인특성	성, 연령, 결혼지위
	인적자본	학력, 경력

자 특성(성, 연령, 결혼지위, 학력, 경력)으로 정하였다. 대표자의 '정
치적 성향'은 '귀하의 정치적 성향은 다음 중 어디에 가깝습니까'를 5
점 척도로 측정한 후, '보수/중도보수, 중도, 중도진보/진보'로 재분
류하였다. 사회적기업은 경제적 목표와 사회적 목적을 동시에 추구
한다. 따라서 사회적기업의 운영은 기업가의 인적자본뿐 아니라 이
념적 지향에도 영향을 받을 것으로 기대할 수 있다. '사회적기업가 정
신'은 '내가 종사하는 사회적기업의 목적과 나의 가치가 동일한가',
'나는 사회적기업에 대한 확실한 비전을 가지고 있는가'를 각각 5점
척도로 측정한 후, 합산하여 평균값(2점~5점)을 구했다.

사회적기업의 일자리 질에 영향을 주는 독립변수들의 주 효과, 상
호작용효과를 살펴보았다. 대표자 변수는, 대표자 성별($F = 4.615,$

〈표 3-17〉 대표자의 정치적 성향 및 사회적기업가 정신

구 분		빈도(%)
정치성향	보수/중도보수	25(12.9)
	중도	114(58.8)
	진보/중도진보	55(28.4)
	계	194(100)
사회적기업가 정신	매우 높다 (5점)	37(19.1)
	높다 (4점~5점 미만)	101(52.0)
	낮다 (3점~4점 미만)	51(26.3)
	매우 낮다 (2~3점 미만)	5(2.6)
	계	173(100)

$p < 0.05$), 대표자 학력($F = 5.206$, $p < 0.01$)의 주 효과가 통계적으로 유의하게 나타났고, 대표자 학력과 대표자 정치성향($F = 2.456$, $p < 0.05$), 대표자 경력과 대표자 정치성향($F = 2.673$) 간 상호작용 효과도 통계적으로 유의하게 나타났다. 목적 유형, 영업연수, 인증연수($F = 5.660$, $p < 0.01$) 간 상호작용 효과가, 종사자 변수에서는 종사자 학력과 경력($F = 2.422$, $p < 0.05$), 기업 변수의 경우, 지역과 영업연수($F = 4.316$, $p < 0.01$), 사회적 종사자 연령과 경력($F = 2.158$, $p < 0.05$) 간 상호작용 효과가 통계적으로 유의하게 나타났다. 한편 대표자의 사회적기업가 정신은, 사회적기업 일자리 질에 미치는 주 효과 및 상호작용 효과와, 사회적기업가 정신과 사회적기업 일자리 질 간 교차분석에서도 통계적으로 유의한 차이는 없었다.

대표자의 성별, 학력, 경력, 정치성향에 따른 사회적기업 일자리 질 평균을 비교해 본 결과, 학력, 경력의 경우 통계적으로 유의미한 한 차이를 나타냈다. 대표자 학력이 대학교 재학/졸업, 대학원 재학/

졸업일 경우, 사회적기업 일자리 질 평균은 각각 2.21, 2.29로 통계
적으로 유의미한 수준에서 전문대학 재학/졸업 이하인 경우보다 높
게 나타났다(F = 9.572, p < 0.001).

또한 대표자의 이전 경력이 전문직 및 관련 분야일 때 평균은 2.39
로 사무/판매/농어업/기능/조립/단순노무 등의 경력을 보유하고 있
을 때보다 일자리 질이 통계적으로 유의미한 수준에서 높게 나타났다
(F = 5.511, p < 0.01). 성별이나 정치적 성향에 따른 사회적기업 일
자리 질 평균 차이는 통계적으로 유의미하게 나타나지 않았다.

〈표 3-18〉 사회적기업의 일자리 질에 영향을 주는
독립변수의 주 효과와 상호작용효과

분산원	제곱합	df	평균제곱	F
대표자_성별	3.612	1	3.612	4.615*
대표자_학력	12.223	3	4.074	5.206**
대표자_경력	0.627	3	0.209	0.267
대표자_정치성향	0.321	2	0.160	0.205
대표자_성별 대표자_학력	0.683	3	0.228	0.291
대표자_성별 대표자_경력	0.647	3	0.216	0.276
대표자_성별 대표자_정치성향	3.725	2	1.863	2.380
대표자_학력 대표자_경력	6.837	8	0.855	1.092
대표자_학력 대표자_정치성향	11.532	6	1.922	2.456*
대표자_경력 대표자_정치성향	12.553	6	2.092	2.673*
대표자_성별 대표자_학력 대표자_경력	6.658	7	0.951	1.215
대표자_성별 대표자_학력 대표자_정치성향	1.768	3	0.589	0.753
대표자_성별 대표자_경력 대표자_정치성향	1.648	4	0.412	0.527
대표자_학력 대표자_경력 대표자_정치성향	3.529	6	0.588	0.751
대표자_성별 대표자_학력 대표자_경력 대표자_정치성향	4.157	2	2.079	2.656
오차	87.658	112	0.783	
합계	1122.000	173		

참조: * = p < 0.05, ** = p < 0.01

〈표 3-19〉 대표자의 성별, 학력, 경력, 정치성향에 따른
사회적기업 일자리 질 평균 비교

구 분		빈도(N)	평균	표준편차	통계량
성별	남자	118	2.07	1.068	t = 0.795
	여자	76	1.95	1.005	
학력	고등학교 재학/졸업 이하(ⓐ)	26	1.32	0.788	F = 9.572*** ⓒ, ⓓ > ⓐ, ⓑ
	전문대학 재학/졸업(ⓑ)	27	1.52	0.849	
	대학교 재학/졸업(ⓒ)	76	2.21	1.075	
	대학원 재학/졸업(ⓓ)	65	2.29	0.980	
경력	관리직(ⓐ)	64	2.05	0.950	F = 5.511** ⓑ > ⓓ
	전문직 및 관련분야(ⓑ)	62	2.39	1.046	
	사무직(ⓒ)	20	2.10	0.912	
	사무/판매/농어업/ 기능/조립/단순노무 등(ⓓ)	27	1.44	1.121	
정치 성향	보수/중도보수	25	2.20	1.225	F = 1.090
	중도	114	1.93	1.095	
	진보/중도진보	55	2.13	0.818	

참조: * = $p < 0.05$, ** = $p < 0.01$, *** = $p < 0.001$

②일자리 질을 결정하는 요인: 다중회귀분석

지금까지의 분석 결과, 사회적기업의 일자리 질을 결정하는 데 대표
자 변수가 주요 요인으로 나타났다. 이제 대표자 변수, 기업 변수,
종사자 변수가 사회적기업의 일자리 질을 결정하는 데 어느 정도로
영향을 미치는지 다중회귀분석을 통하여 알아보았다.

사회적기업의 일자리 질에 영향을 미치는 요인을 설명하는 모형은
$F = 5.076 (p = 0.000)$ 으로 적합하며, 설명력은 11.9%이다. 사회적
기업의 일자리 질에 영향을 주는 독립변수는 사회적기업 대표자의 사
회경력, 사회적기업가 정신, 기업의 인증연수인 것으로 나타났다.
사회적기업 대표자가 전문직이나 관련 분야의 사회경력을 갖고 있을

<표 3-20> 사회적기업 일자리 질 결정 요인 다중회귀분석 결과

독립변수	비표준화 계수		표준화 계수	t	유의 확률
	B	표준오차			
(상수)	0.749	0.370		2.026	0.044
대표자 성별_여성	-0.199	0.148	-0.093	-1.345	0.180
대표자 사회경력_전문직 및 관련분야	0.564	0.155	0.253	3.643	0.000
대표자 정치성향_진보/중도진보	0.077	0.162	0.033	0.477	0.634
대표자 사회적기업가 정신	0.267	0.100	0.189	2.678	0.008
사회적기업_인증연수	0.064	0.031	0.144	2.054	0.041
F	5.076***				
R^2	0.119				

참조: *** = $p < 0.001$

경우, 다른 사회 경력에 비해 사회적기업 일자리 질이 0.564만큼 나아지고, 대표자의 사회적기업가 정신이 높을수록, 사회적기업 인증연수가 높을수록 사회적기업 일자리 질은 각각 0.267, 0.064만큼 상승하는 것으로 나타났다.

한편 사회적기업 대표자가 여성일 경우 일자리 질에 부정적 영향 (-0.199) 을 주고, 대표자가 진보적일 때 긍정적 영향(0.077) 을 주는 것으로 각각 나타났지만 이는 통계적으로 유의미하지 않았다.

결론적으로 이 연구의 표본을 분석한 결과, 사회적기업 대표자의 역량과 규범이 일자리 질을 결정하는 주요 요인인 것을 알 수 있다. 또한 인증연수가 일자리 질과 관계있는 것으로 확인된 것은 앞에서 추정한 대로 사회적기업의 인증기준들이 일자리 질에 영향을 주고 있는 것으로 해석될 수 있다. 왜냐면 인증연수가 높은 사회적기업은 낮은 기업보다 인증기준이 제시하는 사회적, 제도적 요건을 더 충실히

채운 것으로 볼 수 있고 이것이 일자리 질에 긍정적인 영향을 준 것으로 확인되었기 때문이다.

5. 맺음말

이 연구는 사회적기업의 일자리의 질을 평가하고 이를 결정하는 요인을 분석하고자 하였다. 연구 결과에 따르면 우선 사회적기업은 노동보상을 제외한 나머지 영역에서 일반기업과 동등하거나 더 높은 질의 고용을 창출하고 있다. 특히 장래성과 사회보장 영역에서 사회적기업의 일자리 질은 상대적으로 높았다. 또한 임금과 나머지 일자리 요소가 기업 규모별로 크게 차이가 나지 않는 것도 사회적기업의 특성이라고 할 수 있다. 물론 이 결과로 사회적기업의 일자리가 일반기업의 일자리보다 질이 더 높다고 결론지을 수는 없다. 일자리 질에서 임금보상이 다른 요소보다 훨씬 중요할 수 있기 때문이다. 하지만 이 결과는 사회적기업의 일자리가 고용보장과 사회보장에서 열악하다고 본 연구(김보람 외, 2012)와 일치하지 않는다. 그보다 이 결과는 사회적기업의 일자리가 타 기업에 비해 상대적으로 양호하다고 본 연구 결과(문순영 외, 2010)를 지지한다고 할 수 있다.

다음으로 사회적기업의 일자리 질은 사회적기업 대표자 요인과 기업의 인증연수에 큰 영향을 받는 것으로 나타났다. 사회경험을 통해 높은 직업적 역량을 쌓은 대표자는 일자리 질 향상에 긍정적인 역할을 한다. 이뿐 아니라 사회적기업가 정신과 같은 대표자의 규범적 요소 역시 일자리 질을 향상시키는 요인임이 나타났다. 또한 인증연수가 일자리 질에 긍정적인 역할을 하는 것은 사회적기업 지원사업의 제도적인 영향을 반영한 것이라 할 수 있다. 인증기준과 같은 정책적 조치가 일자리 질 향상에 중요한 역할을 하는 것이다. 이 결과는 사회적기업 인증이 일자리의 질에 영향을 미치지 못한다고 본 기존 연구(송창근 외, 2014)와는 상반되는 결과라고 할 수 있다. 나아가 이 연구의 이론적 기여는 사회적기업가 요소가 경영성과뿐 아니라 일자리의 질에도 중요한 역할을 하고 있음을 보여 준 것이다. 이를 통해 이 연구는 사회적기업가 연구의 확장이라고 할 수 있다.

정책적으로 이 연구는 일자리 질을 높이려면 임금보상의 향상에 초점을 맞출 필요가 있음을 보여 준다. 또한 사회적기업 대표자의 경력 부족을 보완하고 사회적기업인으로서 정체성을 강화하는 프로그램의 확대가 일자리 질의 향상에 의미 있는 기여를 할 수 있을 것이다.

참고문헌

강혜규·박세경·고경환·이재형·김은정·김은지·박소현(2009).《사회서비스산업의 공급 실태조사 및 발전방안 연구 - 사회복지서비스 사업체를 중심으로》. 보건복지가족부·한국보건사회연구원.

강혜규·박수지·양난주·엄태영·이정은(2012).《사회서비스 바우처사업의 정책 효과 분석연구》. 한국보건사회연구원.

김보람·문은하·이승윤(2012). "퍼지셋 이상형분석을 활용한 사회적기업 일자리의 질 분석".〈한국지역사회복지학〉, 43: 31~59.

문순영 (2008). "돌봄노동 일자리의 일자리 질(quality of job)에 대한 탐색적 연구". 〈사회복지정책〉, 33: 207~237.

문순영·방대옥 (2010). "인증사회적기업의 고용의 질에 대한 탐색적 연구 - 공공부문 돌봄서비스 일자리와의 비교". 〈한국지역사회복지학〉, 33: 121~154.

박세경·양난주·이정은·신수민 (2013). 《사회서비스 수요 공급의 지역단위 분석연구》. 한국보건사회연구원.

박소연 (2010). "사회적기업가의 역량모델 개발연구". 〈HRD研究〉, 12(2): 67~87.

박예은·정영순 (2016). "재취업 중고령 임금근로자의 좋은 일자리 진입 영향요인 분석". 〈사회복지정책〉, 43(1): 235~257.

박은하 (2011). "성별에 따른 '양질의 일자리' 결정요인 연구". 〈한국여성학〉, 27(3): 1~38.

방하남·이상호 (2006). "'좋은 일자리'(Good job)의 개념구성 및 결정요인의 분석". 〈한국사회학〉, 40(1): 93~126.

송다영 (2014). "사회복지부문 돌봄 관련 일자리의 질 저하에 관한 연구". 〈젠더와 문화〉, 7(1): 7~42.

송창근·나운환·이혜경 (2014). "사회적기업 인증이 직업재활시설의 고용의 질과 경영성과에 미치는 영향". 〈특수교육재활과학연구〉, 53(2): 273~293.

양난주 (2016). "사회서비스 일자리 질에 영향을 미치는 공급조직 특성 분석". 〈한국사회복지행정학〉, 18(4): 259~285.

이성균 (2009). "중장년층의 취업과 괜찮은 일자리". 〈한국사회정책〉, 15(2): 181~216.

이옥진 (2013). "시간제 근로(Part - Time Jobs)의 '괜찮은 일자리(Decent Job)' 개념 적용가능성과 결정요인 탐색". 〈사회과학연구〉, 29(2): 135~153.

이철선·남상호·최승준·민동세·권소일 (2013). 《돌봄서비스 종사자 임금체계 표준화 방안연구》. 한국보건사회연구원.

장성희 (2011). "기업가의 경험을 고려한 여성 기업가의 특성과 기업성과에 관한 연구". 〈한국창업학회지〉, 6(1): 67~85.

전혜선·채명신 (2017). "사회적기업가의 역량과 사회적가치추구가 사회적기업의 성과에 미치는 영향: 기업가의 교육정도의 조절 효과를 중심으로".
    〈예술인문사회융합멀티미디어논문지〉, 7(8) : 165~177.
최예나(2016). "사회서비스 일자리 양과 질의 결정요인 분석 - 개인특성과 지역
    요인의 영향을 중심으로 -". 〈한국자치행정학보〉, 30(1) : 369~393.
최옥금(2006). "괜찮은 일자리에 대한 탐색적 연구: 개념 정의 및 실태파악을
    중심으로". 〈사회보장연구〉, 22(2) : 227~252.
최희경(2009). "'괜찮은 일자리'(decent job) 개념의 노인돌봄서비스직에 대한
    적용". 〈한국사회복지조사연구〉, 21 : 27~57.
한국사회적기업진흥원(2016). 《2015년 사회적기업 성과분석》. 한국사회적기업
    진흥원.
황미애(2007). "여성창업가의 특성이 경영성과와 사회적 성과에 미치는 영향
    연구". 숭실대학교 박사학위논문.

Alter, S. K. (2002). *Case Studies in Social Enterprise: Counterpart International's Experience*. Washington, DC: Counterpart International.

Anker, R., Chernyshev, I., Egger, P., Mehran, F. & Ritter, J. (2002). "Measuring Decent Job with Statistical Indicators". *ILO Working Paper*, (2).

Bescond, D., Châtaignier, A. & Mehran, F. (2003). "Seven Indicators to Measure Decent Work: An International Comparison". *International Labour Review*, 142(2), 179~211.

_____(2012). *Decent Work Indicators: Concepts and Definitions: ILO manual/ International Labour Office (First edition)*. Geneva: ILO.

Bonnet, F., Figueiredo, J. B. & Standing, G. (2003). "A Family of Decent Work Indexes". *International Labour Review, 142*(2), 213~238.

Borzaga, C. & Defourny, J., eds. (2001). *The Emergence of Social Enterprise*. London/New York, NY: Routledge, (paperback edition: 2004).

Box, T. M., White, M. A. & Barr, S. H. (1993). "A Contingency Model of Entrepreneurial Manufacturing Performance, Firm Performance". *Entrepreneurship Theory and Practice, 18*(2), 31~45.

Clark, A. E. (1998). "Measures of Job Satisfaction: What Makes a Good Job? Evidence from OECD Countries". *OECD Labour Market and Social Policy Occasional Papers*, (34), OECD Publishing. http://dx.doi.org/10.1787/670570634774.

Cooper, A. C., Woo, C. Y. & Dunkelberg, W. C. (1989). "Entrepreneurship and the Initial Size of Firms". *Journal of Business Venturing*, 4(5), 317~332.

Davis, L. E. (1977). "Enhancing the Quality of Working Life Developments in the United States". *International Labour Review*, 116(1), 53~65.

EMES European Research Network. (1999). *The Emergence of Social Enterprises in Europe*. A Short Overview, Brussels: EMES.

Gallie, D. (2007). "Production Regimes and the Quality of Employment in Europe". *Annual Review of Sociology*, 33(1), 85~104.

Hall, P. A. & Soskice, D. (2001). *Varieties of Capitalism*. Oxford: Oxford University Press.

ILO (1999). *Decent Work: Report of the Director General*, International Labour Conference, 87th Session.

Jencks, C., Perman, L. & Rainwater, L. (1988). "What is Good Job? A New Measure of Labor-Market Success". *American Journal of Sociology*, 93(6), 1322~1357.

Jo, H. & J. Lee. (1996). "The Relationship Between an Entrepreneur's Background and Performance in a New Venture". *Technovation*, 6(4), 161~171.

Kalleberg, A. L., Reskin, B. F. & Ken Hudson. (2000). "Bad Jobs in America: Standard and Nonstandard Relations and Job Quality in the United States". *American Sociological Review*, 65(2), 256~287.

Kerlin, J. A. (2006). "Social Enterprise in the United States and Europe: Understanding and Learning from the Differences". *Voluntas: International Journal of Voluntary and Nonprofit Organizations*, 17(3), 247~263.

Litwin, A. S. & Phan, P. H. (2013). "Quality Over Quantity Reexamining the Link Between Entrepreneurship and Job Creation". *International Labour Review*, *66*(4), 833~873.

Lumpkin, G. T. & Dess, G. G. (1996). "Clarifying the Entrepreneurial Orientation Construct and Linking it to Performance." *Academy of Management Review*, *21*(1), 135~172.

Malchow-Møller, N., Schjerning, B. & Sørensen, A. (2011). "Entrepreneurship, Job Creation and Wage Growth". *Small Business Economics*, *36*(1), 15~32.

Martin, R. & Osberg, S. (2007). "Social Entrepreneurship: The Case for Definition". *Stanford Social Innovation Review*, *5*(2), 28~39.

McGovern, P., Smeaton, D. & Hill, S. (2004). "Bad Jobs in Britain: Nonstandard Employment and Job Quality". *Work and Occupation*, *3*(2), 225~249.

Morris, M. H., Miyasaki, N. N., Watters, C. E. & Coombes, S. M. (2006). "The Dilemma of Growth: Understanding Venture Size Choices of Women Entrepreneurs". *Journal of Small Business Management*, *44*(2), 221~244.

Pate, L. & Wankel, C. (2014). *Emerging Research Directions in Social Entrepreneurship* (Vol. 5). Springer Science & Business Media.

Peredo, A. M. & McLean, M. (2006). "Social Entrepreneurship: A Critical Review of the Concept". *Journal of World Business*, *41*, 56~65.

Peters, M. (2005). "Entrepreneurial Skills in Leadership and Human Resource Management Evaluated by Apprentices in Small Tourism Businesses". *Education & Training*, *47*(8 · 9), 575~591.

Ritter, J. A. & Anker, R. (2002). "Good Jobs, Bad Jobs: Workers' Evaluations in Five Countries". *International Labor Review*, *141*(4), 331~358.

Roure, J. B. & Maidique, M. A. (1986). "Linking Prefunding Factors and High-Technology Venture Success: An Exploratory Study". *Journal of Business Venturing*, *1*(3), 295~306.

Seashore, S. E. (1974). "Job Satisfaction as an Indicator of the Quality of

Employment". *Social Indicators Research*, *1*(2), 135~168.

Sengupta, S., Edwards, P. K. & Chin-Ju Tsai. (2009). "The Good, the Bad, and the Ordinary: Work Indentites in "Good" and "Bad" Jobs in the United Kingdom." *Work and Occupation*, *36*(1), 26~55.

Young, D. (2003). "New Trends in the US Non-Profit Sector: Towards Market Integration?" in OECD ed., *The Non Profit Sector in a Changing Economy*, 61~77. Paris: OECD.

제4장

사회적기업 종사자 직업만족도에 대한 행위이론적 분석

심재만

1. 머리말

직업만족도(*job satisfaction*)란 일반적으로 자신의 직업과 직무에 대한 주관적 만족 정도를 일컫는다. 노동과 직업생활을 통한 개인 삶의 영위에 대해 관심이 높아지면서 직업만족에 대한 연구가 꾸준히 진행되었다. 이 연구는 특히 직업만족의 다차원성(*dimensions of facets*)에 대한 관심이 밝혀낸 바를 토대로 한국사회의 경험을 분석하고자 한다. 갈수록 우리 사회에서 노동과 직업생활이 갖는 의미와 가치가 개인들에게서 다양해지고 있기 때문이다. 특별히 이 연구는 사회적기업을 연구대상으로 삼는다. 한국사회 사회적기업의 등장과정과 그에 대한 사회적 기대의 다양성·중층성을 볼 때, 사회적기업의 종사자 직업만족에 대한 이해야말로 직업만족의 다차원성에 대한 관심을 토대로 하여야 할 것으로 보인다.

직업만족에 대한 그간의 연구에서는 직업만족에 대한 일차원적 접근이 우선 발견된다. 직업생활의 성과와 의미를 고찰하는 데에 임금이나 소득 등 객관적으로 계량화가 가능한 지표를 중시했던 연구들(Alderson & Nielsen, 2002; Beckfield, 2006; Lee, Kim & Shim, 2011)의 시각에 영향을 받은 것으로 볼 수 있겠다. 단일 차원에서의 직업만족 연구는 임금만족도에 대한 연구의 형태로 혹은 '당신이 맡은 일/직업에 어느 정도 만족하는가'와 같은 포괄적 만족도를 연구하는 형태(유홍준·정태인·김월화, 2017)로 진행되었다. 직업에 경제적 의미가 차지하는 중요성, 그리고 직업의 다양한 측면들을 한꺼번에 담을 수 있는 포괄적 만족 지표의 효율성과 실용성 등을 고려하면, 직업만족을 단일 차원에서 다루는 연구의 의의를 가볍게 여길 순 없다. 하지만 개인들이 직업과 일에 부여하는 의미와 가치가 경제적 가치를 포함하면서도 더욱 다양해지는 상황에서, 그러한 다양성과 차이를 드러내지 못한다는 점에서는 한계를 지닐 수밖에 없다(Kalleberg, 1977).

노동 및 직업생활에 투영된 개인적 의미와 가치가 다양하다는 점은, 행위의 규범적·가치론적 토대(Kalberg, 1980; Weber, 1978(1922): 24~26)에 대한 일반사회이론, 즉 '규범적·가치론적 행위이론'(*normative value-based theory of action*; Joas & Beckert, 2006)에서 적극적으로 인식되어 왔다. 이를 반영해 실제로 직업만족 연구는 개인의 직업가치에 대한 연구로부터 분리될 수 없다는 점이 일찍이 관련 연구들에서 강조되었다(Beynon & Blackburn, 1972; Goldthorpe, Lockwood & Bechhofer, 1969; Russell, 1975). 규범적 행위이론을 토대로 진행된 직업만족 연구들이 직업만족의 다차원성과 관련해 이룬 성과는 다음의 몇 가지로 요약된다.

칼레베르그의 연구(Kalleberg, 1977)는 직업만족 연구 분야에 경험 연구의 전형을 세운 것으로 평가된다. 직업만족을 측정하기 위해 5개의 구체적인 설문문항들을 사용한 점, 직업가치의 다양성을 파악하고자 34개의 설문문항을 구체화한 점 등이 대표적 성과이다. 다만 직업만족의 다차원성을 적극적으로 드러내고자 하는 현재의 연구 관심에서 보면, 칼레베르그의 연구(Kalleberg, 1977)가 복수의 설문문항들을 통해 드러난 직업 관련 의미와 가치의 차원들을 다시금 요인분석으로 단순화한 점은 한계로 평가된다. 특히 동일한 개념적 구성물의 서로 다른 차원으로 보이는 변수들을 직업만족(*job satisfaction*: 직업에 만족하는지, 이직 의사가 없는지, 동일 분야 재종사 의사 등)과 직업보상(*job rewards*: 임금 보상, 승진기회 보상, 자율성 보상, 근로시간 보상, 여가 보상 등)이라는 임의적 요인으로 축약한 후 각각 종속변수와 독립변수로 구분해 분석하는 과정에 대한 개념적 설명이 충분치 않다. 이와 같은 성과와 한계는 직업만족에 대한 국내 연구들에도 어느 정도 반영되고 있는 것으로 보인다(고종욱, 1999; 김상욱, 2000; 방하남·김상욱, 2009). 그와 같은 한계에도 불구하고, 이 연구들은 직업만족의 다차원성을 구체화할 수 있는 경험적 분석도구를 분명히 제시한다는 점에서 선구적이다.

칼레베르그의 연구(Kalleberg, 1977)에서 시사되었듯이, 직업만족의 다차원성에 대한 분석적 가능성은 직업가치에 대한 연구들에서 더욱 적극적으로 가시화됐다. 직업가치를 이루는 여러 차원이 미국 경제활동인구에서 역사적으로 그리고 인구집단별로 어떻게 나타나는지 분석한 후속 연구에 따르면(Kalleberg & Marsden, 2013), 고용불안정과 경제불안정을 겪는 집단은 소득이나 직업안정('외재적 직업가치': *extrinsic values*)을 다른 직업가치에 비해 중요하게 인식하는 반면, 상대적으로 안정적인 집단은 직업을 통한 자아성취감이나 노동시간('내재적 가치': *intrinsic values*)을 중요한 가치로 인식하는 것으로 나타난다. 이를 근거로, 노동자들은 그들이 추구하던 특정 직업가치가 충족되면 나머지 충족되지 못한 다른 직업가치를 좇는다는 다원적 노동자상이 제시된다. 반면, 패널자료 분석 연구들(Mortimer & Lorence, 1979; Chow, Galambos & Krahn, 2015; Lechner et al., 2017)은 내재적 직업가치를 좇는 노동자는 그것만을 좇는 경향이 있고, 외재적 직업가치를 좇는 노동자는 그것만을 좇는 경향이 있는 것으로 보고하고 있다. 이와 같은 상반된 연구 결과는 직업가치의 다차원적 추구 여부에 대한 추가적인 연구가 필요하다는 점을 시사한다.

직업만족의 다차원성과 관련한 또 다른 연구전통은 일-가정 간 관계를 들여다보는 연구들에서 확인된다(Bielby, 1992). 일-가정 간 상호 연관·영향·침투에 주목하는 이러한 연구들은 직업만족을 구성하는 차원들 중 노동시간 및 노동과정 자율성 등이 중요해질 수 있다는 점을 시사한다. 맞벌이 가정의 증가와 같은 노동시장구조 변화에 따라 직업과 가정 간 상호 간섭이 커짐에 따라 직업만족 역시 가정생활과의 관계 속에서 재구성되고 있다는 것이다. 맞벌이 가정이 늘어가는 상황에서 남성과 여성을 막론하고 개인의 기능, 기질, 숙련 등에서 직업과 가정 모두에 적합한 '대칭적·균형적' 개인(*symmetrical family*)이 강조된다는 점(Young & Willmott, 1974), 그리고 맞벌이 부부들이 부모로서의 역할(*parenthood*)과 노동소득자로서의 역할(*workerhood*)을 똑같이 중시하는 경향이 있다는 점(Bielby, 1992: 296)은 직업만족에서 임금과 별개로 노동시간과 노동과정 자율성 등의 가치가 중요해짐을 시사한다.

일-가정 간 관계 문제와 연결되어 있는 또 다른 논의의 축은, 직업가치의 성별 차이와 그에 따른 다차원적 직업만족의 성별 차이 연구에서 드러난다. 성별 직업가치 차이가 직업·직종 선택 및 직업 수행 태도에 영향을 미칠 수 있다는 시각에서 미국 고교생 대상으로 진행한 성별 직업가치 연구에 따르면(Marini et al., 1996), 임금 등 경제적 보상을 중시하는 직업가치는 양성 모두에서 중요하게 나타났으나, 직업 내적 가치, 이타주의적 가치, 사회적 기여 가치 등은 남학생들에 비해 여학생들에게서 더욱 중시되는 것으로 조사되었다. 중요하게 생각하는 직업가치에 성별 차이가 존재할 수 있다는 점에 덧붙여, 여학생들이 남학생들보다 더욱 다양한 종류의 직업가치를 추구하는 것으로 해석될 수 있는 결과이다. 실제 또 다른 연구에서는 여학생들이 남학생보다 더욱 다양하고 포괄적인 폭의 직업가치들을 추구하는 것으로 밝혀진 바 있다(Bridges, 1989). 세대 간 직업가치의 차이를 다룬 연구 역시 다차원적 직업만족 연구의 필요성을 강조해왔다. 직업가치 및 직업만족을 재정의하는 사회적 움직임 중에서 일-가정 간 관계에 대한 연구가 특별히 가정생활과 자녀양육의 가치에 강조점을 두었던 데에 비해, 세대 간 직업가치 차이에 대한 연구는 가정과 양육 외 나머지 삶의 영역들이 직업의 가치와 만족도 구성에 어떻게 간섭하는지에 주목한 것이다. 1970년대, 1990년대, 2000년대에 각각 고등학교에 재학 중인 미국 학생들의 직업가치 인식을 조사한 연구에 따르면(Jean et al., 2010), 경제적 보상, 직업지위 등과 같은 전통적 가치 외에 직업 흥미, 업무 성취감, 직장동료와의 사교, 여가, 봉사, 사회적 기여 등이 중시되는 경향은 세대마다 차이가 나타나는 것으로 조사되었다.

요약하자면, 직업만족의 일차원적 특징에 집중하는 연구전통을 제외하고 직업만족의 다차원성에 주목하는 기존 연구들(Boles et al., 2007; Carlson, Kacmar & Williams, 2000; Edwards et al., 2008; Law, Wong & Mobley, 1998; Smith, 1969)은 크게 두 가지 형태로 진행되어 온 것으로 평가된다. 하나는 사회집단별 직업가치 차이 연구를 참고하면서 직업만족을 구성하는 다양한 차원에서의 만족도를 병렬적으로 기술해 제시하는 형태이고, 다른 하나는 더 나아가 이러한 병렬적 연구 결과를 요인분석 등으로 단순화·축약하는 형태이다. 단일 차원에서의 직업만족 연구에 비하면, 둘 모두 보다 풍부하고 신뢰할 수 있는 연구 결과를 제시하는 성과를 보였다고 평가된다. 그러나 이러한 다차원적 직업만족 연구가 지닌 한계 역시 분명하다. 먼저, 직업만족을 구성하는 특정 차원과 또 다른 차원 간 관계에 대한 궁금증이 제대로 다뤄지지 못했다. 직업만족을 구성하는 다양한 차원들 간 관계맺음의 구체적 양상에 대한 궁금증은, 행위를 구성하는 다양한 동인과 가치들 간 관계, 그리고 이들 간 선택적 친화(*elective affinity*)의 구체적 양상을 들여다볼 것을 강조한 베버(M. Weber)의 고전적 관심(Kalberg, 1980)과 닮은 것으로 그 중요성이 재조명되어야 한다. 또

경제행위에 물질적 동인뿐만 아니라 사회관계적(social relational) 가치 (Granovetter, 1973; Granovetter, 1985), 정신적·영적(spiritual) 가치 〔Mauss, 1990; Weber, 2013(1930)〕, 친밀성(intimate) 가치(Zelizer, 2005) 등이 함께 연관된다는 점을 이론화한 경제사회학 연구들 역시 직업만족의 다양한 차원들 간 구체적인 관계상에 대한 연구를 요구하고 있다. 한국사회 맥락에서 진행한 초기 연구가 없지 않으나(장진호, 2009; 심재만, 2017), 보다 적극적인 연구가 필요한 지점이다. 다음으로, 직업만족이 이와 같이 다양한 차원에서 파악되어야 하는 구성물이라면, 직업만족의 특정 차원들 간 관계뿐 아니라 직업만족의 다차원적 달성 정도에 대한 연구 역시 필요하다.

한국사회 사회적기업 종사자의 직업만족을 다루고자 하는 이 연구에서, 그와 같은 다차원적 연구의 필요성은 더욱 크다. 1997년의 외환위기, 2008년의 경제위기 등 반복되는 경제적 위기 속에서 한국사회는 사회 - 경제 간 괴리가 가져오는 폐해와 사회 - 경제 간 상호배태(embeddedness)의 필요성에 대한 세계사적 역설(Polanyi, 1944)을 어느 사회 못지않게 깊이 실감하고 있다(강수돌, 2008; 이재열, 2009; 심재만, 2017). 사회적기업이라는 제도적 실천은 그와 같은 사회 - 경제 배태 혹은 '사회적경제'의 필요성에 대한 전 사회적 깨달음에 기반하고 있다(신명호, 2009; 송백석, 2011; 조상미 외, 2013). 사회적기업의 가치에 대한 일반인 인식 연구 역시 일자리창출과 투명경영(염성수·이도희, 2017), 사회적 목표와 경제적 목표의 동시 달성이라는 이중적 역할(심미영 외, 2012) 등이 사회일반의 인식에 뚜렷이 자리하고 있음을 보여 준다. 사회적기업 종사자의 직업가치에 대한 최근 연구에서도 마찬가지로 사회적 가치와 경제적 가치 모두에 대한 종사자 인식이 분명해 보인다(김은희·이용재, 2017). 사회적기업 종사자의 직업만족에 대한 연구에서도 사회적기업에 투영되어 있는 다차원적 가치와 기대가 고려되고 있는 것으로 보인다. 종사자 직업만족을 다차원에서 세세하게 다룬 연구에 따르면(배병룡, 2010), 직업만족의 외재적 차원(보수, 승진)에서의 만족도는 낮고, 내재적 차원(직업의 도전성, 자율성, 가치실현)에서의 만족도는 중상 수준이며, 업무량, 의사결정참여, 동료만족 등에서는 만족도가 높은 편으로 조사되었다. 직위의 특성 및 개인적 요인들에 따라 각각의 만족도 차원이 어떻게 영향을 받는지 밝히고 있으나, 직업만족의 다차원 간 관계라거나 직업만족의 다차원성 달성 정도에 대한 분석은 이뤄지지 못했다. 또 다른 연구는 직업만족의 다차원에 상응하는 복수의 질문들을 구성해 앞서와 마찬가지의 세세한 기술을 가능케 했다(박해긍·신원식, 2014). 다만 이후 분석과정은 이 차원들을 단일 지표로 축약해 제시함으로써, 직업만족의 다차원 간 관계 및 직업만족의 다차원성 달성에 대한 분석을 시도하지는 않았다(박해긍·신원식, 2014).

이와 같은 배경에서 이 연구는 고려대학교 한국사회연구소가 2015년에 248개 사회적기업에 대해 실시한 연구(김수한 외, 2015) 중 종사자를 대상으로 실시한 설문조사 결과를 사용해 종사자의 직업만족도에 대한 다차원적 분석을 시도하는 탐색적 연구이다. 직업만족을 이루는 차원들 간 관계가 종사자 집단별로 어떻게 나타나는지, 그리고 직업만족의 다차원적 달성 정도에서 집단별 차이는 존재하는지를 중심으로 분석할 것이다.

2. 자료 및 분석방법

1) 자료와 변수

사회적기업 종사자 조사는 사회적기업진흥원의 인증을 받은 기업들 중 248개 기업에 대해 기업체별로 한 명의 종사자가 조사에 참여하는 형태로 이뤄졌다. 조사는 고려대학교 한국사회연구소가 한국리서치의 도움을 받아 실시했다(보다 자세한 내용은 김수한 외, 2015: 7~12). 이 조사에서 '직업만족'은, 선행연구의 성과를 반영해 9가지 근로 여건에 대한 만족도 조사항목들로 측정되었다. 담당업무, 인사관리(승진, 배치, 이동 등), 임금, 복리후생, 직업장래성, 근무환경의 안전위생, 인간관계(상하, 동료), 노동시간, 교육훈련 기회 등 아홉 가지 항목이 그것이다. 각각에 대한 만족도 응답치 중 '매우 불만족', '불만족', '보통' 등은 0(만족하지 못함)으로, '만족'과 '매우 만족'은 1(만족함)로 단순화해 분석에 사용하였다. 그 결과 직업만족과 관련한 변수 아홉 개는 직업만족을 구성하는 구체적인 차원들 각각에 대한 만족 여부를 의미한다. 종사자의 사회집단 특성은 성별, 연령, 혼인상태, 교육수준, 월가구소득, 종교, 취업경험 유무, 사회적기업 종사연수, 정규직 여부, 정치적 성향 등의 변수들로 측정되었다(각 변수에 대한 기술통계는 〈표 4-1〉 참조).

<表 4-1> 기술통계표

변수	변수값	빈도(명)	비율(%)
담당업무 만족	만족 못함	84	33.9
	만족	164	66.1
인사관리 만족	만족 못함	129	52.0
	만족	119	48.0
임금 만족	만족 못함	169	68.2
	만족	79	31.8
복리후생 만족	만족 못함	156	62.9
	만족	92	37.1
직업장래성 만족	만족 못함	149	60.1
	만족	99	39.9
안전위생 만족	만족 못함	121	48.8
	만족	127	51.2
인간관계 만족	만족 못함	93	37.5
	만족	155	62.5
노동시간 만족	만족 못함	77	31.1
	만족	171	68.9
교육훈련 만족	만족 못함	137	55.2
	만족	111	44.8
직업만족의 다차원성 지표	0	37	14.9
	1	21	8.5
	2	17	6.9
	3	27	10.9
	4	27	10.9
	5	17	6.9
	6	21	8.5
	7	24	9.7
	8	19	7.6
	9	38	15.3
성별	여성	180	72.6
	남성	68	27.4

〈표 4-1〉 기술통계표(계속)

변수	변수값	빈도(명)	비율(%)
연령	20대	51	20.6
	30대	86	34.7
	40대	86	34.7
	50대	21	8.5
	60대 이상	4	1.6
혼인상태	미혼	81	32.7
	기혼	153	61.7
	이혼/사별/별거	14	5.6
교육	고졸이하	42	16.9
	전문대 재학/졸업	64	25.8
	대학 재학/졸업	124	50.0
	대학원 재학/졸업	18	7.3
월가구소득	200만 원 미만	45	18.2
	200~300만 원	38	15.3
	300~400만 원	77	31.0
	400~500만 원	45	18.2
	500만 원 이상	43	17.3
종교	무교	113	45.6
	기독교	73	29.4
	천주교	27	10.9
	불교	35	14.1
취업경험 유무	있음	205	82.7
	없음	43	17.3
사회적기업 종사연수	평균 3.4; 표준편차 2.2; 범위 1~14		
정규직 여부	정규직	209	84.3
	비정규직	39	15.7
정치적 성향	보수	11	4.4
	중도보수	17	6.9
	중도	153	61.7
	중도진보	46	18.5
	진보	21	8.5

2) 분석방법

직업의 개별 차원에 대한 만족 정도를 이항으로 측정한 변수와 순위형 다항으로 측정한 변수를 각각 종속변수로 사용하므로, 아래에서의 분석은 이항 혹은 순위형 로지스틱 회귀분석모형(*logistic regression models*)을 사용하였다.

첫째, 직업만족의 특정 차원이 다른 차원들과 맺는 관계에 대한 분석은 다음의 절차에 따라 이뤄졌다. 직업만족을 구성하는 아홉 가지 차원들 중 만족한다는 응답이 가장 낮은 차원인 임금 만족도, 그리고 만족한다는 응답이 가장 높은 노동시간 만족도 두 차원을 선택하였다. 그런 다음, 이 두 가지 차원 각각이 나머지 여덟 가지 차원들과 맺는 관계에 대한 분석을 실시하였다. 이를 위해 임금 만족도(혹은 노동시간 만족도)를 종속변수로 하고 나머지 여덟 가지 차원의 만족도를 측정한 변수들을 차례로 독립변수로 삼아 독립변수와 종속변수 간 관계를 분석하였다. 이 과정에서는 모든 회귀식에 종사자 특성 변수들을 잠재적 교란변수(*confounder*)로 사용하였다. 다음으로, 종사자 특성 변수들 중 몇몇 변수들을 잠재적 조절변수(*modifier* 혹은 *moderator*)로 삼아 분석함으로써, 임금 만족도(혹은 노동시간 만족도)가 나머지 여덟 가지 다른 차원의 만족도와 맺는 관계가 종사자 사회집단별로 변화하는 정도에 대한 분석을 실시하였다.

둘째, 직업만족의 다차원적 달성 정도를 분석하였다. 이를 측정하는 지표로는, 직업만족의 아홉 가지 차원별 만족도를 합산하여 '직업만족의 다차원성 지표'를 구성하였다. 가령 어떤 응답자가 모든 차원들에서 만족하지 못한다고 응답했을 경우, 이 지표 값은 0이 된다. 반면 모든 차원들에 만족하는 응답자에게서 이 지표 값은 9가 된다. 이와 같은 직업만족의 다차원성 지표를 종속변수로 사용해 종사자 집단별 변이를 순위형(ordered) 로지스틱 회귀모형으로 추정하였다. 그 결과 어떤 종사자 특성이 직업만족의 다차원적 달성 정도에 유의미한 상관성을 갖는지 드러나게 된다.

3. 분석결과

1) 차원별 만족도 및 차원 간 단순상관성

직업만족의 각 차원별 만족도, 즉 각 차원별로 전체 응답자 중 만족한다고 답한 응답자의 비율은 0.32(임금), 0.37(복리후생), 0.40(직업장래성), 0.45(교육훈련), 0.48(인사관리), 0.51(안전위생), 0.63(인간관계), 0.65(담당업무), 0.69(노동시간) 등으로 나타났다. 임금 차원의 만족도가 가장 낮고, 노동시간 차원의 만족도가 가장 높다. 그 외 복리후생, 직업장래성 등에서도 만족도가 낮다. 담당업무와 인간관계에서는 만족도가 비교적 높은 편이다.

직업만족의 각 차원 간 이변량(bivariate) 상관관계 분석 결과를 보면, 임금 만족도는 복리후생 만족도와 높은 상관성을 보이지만 노동시간, 교육훈련, 인간관계 등과의 상관성은 떨어지는 것으로 나타난다. 즉, 임금 만족은 몇몇 다른 차원에서의 만족도와는 높은 상관성을 갖는 반면 또 다른 몇몇 차원에서의 만족도와는 상관성이 약하다. 실제 상관계수의 변동 범위로 보면, 임금 만족도의 변동 폭이 가장 넓다. 임금 만족도와 비슷한 경향, 즉 다른 차원 만족도들과의 상관성이 크게 변동하는 패턴은 담당업무와 직업장래성에서도 나타난다.

그에 비해, 노동시간 만족도를 보면, 전반적으로 다른 차원의 만족도들과의 상관성이 특히 낮은 것으로 나타난다. 임금 만족도와의 상관성이 가장 낮고 나머지 차원들에서의 만족도와도 크게 관련성이 없는 것으로 나타난다. 노동시간 만족도와 비슷한 경향, 즉 다른 차원 만족도들과의 상관성이 크게 변동하지 않으면서도 전반적으로 약하게 나타나는 패턴은 교육훈련에서도 나타난다. 노동시간 만족도와 교육훈련 만족도는 다른 차원의 만족도와 크게 관련이 없는 것으로 해석될 수 있는 지점이다. 반면, 다른 차원 만족도들과의 상관성이 크게 변동하지 않으면서도 대체로 높은 상관성을 보이는 차원은 인사관리이다. 인사관리 만족도는 그만큼 다양한 차원의 만족도와 관련이 있는 것으로 보인다.

이상과 같은 초기 분석을 통해 세 가지 흥미로운 점이 확인되었다. 첫째, 임금(그리고 담당업무과 직업장래성) 차원에서의 만족도는 몇몇 차원에서의 만족도와는 높은 상관성을, 또 다른 몇몇 차원에서의 만족도와는 낮은 상관성을 갖는다. 둘째, 노동시간(그리고 교육훈련) 차원에서의 만족도는 나머지 다른 차원의 만족도와 전반적으로 별다른 관련이 없다. 셋째, 인사관리 차원의 만족도는 나머지 다른 차원의 만족도와 전반적으로 높은 상관성을 띤다.

2) 임금 차원과 기타 차원 간 관계

앞 절의 차원별 만족도에서 가장 낮은 만족도를 보인 것이 임금 차원이었다. 또한 다른 차원에서의 만족도와의 상관성이 가장 크게 변동하는 특징을 보였다. 이에 임금 차원과 다른 차원과의 관계에 대한 분석을 추가적으로 실시하였고 그 결과는 다음과 같다.

〈표 4-2〉 임금 만족이 다른 차원의 만족과 맺는 관계에 대한
다중 로지스틱 회귀분석 계수(로그오즈)

	모델 1	모델 2	모델 3	모델 4	모델 5	모델 6	모델 7	모델 8
담당업무 만족	3.31*** (0.597)							
인사관리 만족		2.75*** (0.412)						
복리후생 만족			2.98*** (0.395)					
직업장래성 만족				2.25*** (0.360)				
안전위생 만족					2.45*** (0.393)			
인간관계 만족						2.00*** (0.414)		
노동시간 만족							1.81*** (0.426)	
교육훈련 만족								1.34*** (0.318)
Constant	-0.96 (1.303)	0.98 (1.219)	0.72 (1.294)	0.71 (1.166)	-0.54 (1.231)	0.42 (1.159)	0.66 (1.106)	0.28 (1.127)
Observations	248	248	248	248	248	248	248	248

참조: 괄호 안은 표준오차; *** $p < 0.01$, ** $p < 0.05$, * $p < 0.10$; 모든 모델은 다중 회귀모델로, 성별, 연령, 혼인상태, 교육수준, 월가구소득, 종교, 취업경험 유무, 사회적기업 종사연수, 정규직 여부, 정치적 성향 등의 변수들이 통제된 결과이다.

다변량 분석 결과, 임금 차원의 만족은 모든 차원의 만족과 통계적으로 유의미한 상관성을 갖는 것으로 보인다. 또한, 앞의 이변량 상관관계 분석 결과와 마찬가지로, 복리후생, 인사관리 등과의 상관 정도가 큰 데 반해, 노동시간 및 교육훈련과의 상관 정도는 약한 것으로 나타났다(〈표 4-2〉 참조).

(1) 임금 - 노동시간 간 관계의 종사자 특성별 차이

임금 차원과 노동시간 차원 간에서 발견되는 약한 정의 상관관계가 종사자 사회집단별로 어느 정도 변화하는지 추가적으로 분석하였다(〈표 4-3〉 참조).

우선, 연령이 유의미한 조절효과를 발휘하는 것으로 나타났다. 20대에 비해 40대와 30대에게서 임금 - 노동시간 간 정의 상관관계는 크게 약화되는 모습이다(모델 1의 연령 효과에 대한 상호작용항). 다음으로, 미혼자에 비해 기혼자에게서 임금 - 노동시간 간 정의 상관관계가 약해졌다(모델 2의 혼인상태 효과의 상호작용항). 고졸 이하 학력자에 비해 대졸 학력을 갖춘 종사자에게서도 임금 - 노동시간 간 정의 상관관계는 약화된다(모델 3의 교육수준 효과의 상호작용항). 그 밖의 사회집단 특성별 분석에서는 통계적으로 유의미한 차이가 발견되지 않았다. 요약하자면, 다른 사회집단들에 비해 대졸의 학력을 갖춘 30~40대 기혼 종사자들이 임금과 노동시간 두 차원 모두에서 함께 만족감을 누리기는 상대적으로 힘든 것으로 보인다.

〈표 4-3〉 임금 만족과 노동시간 만족 간 관계의
사회집단 간 차별성에 대한 로지스틱 회귀분석 계수(로그오즈)

		모델 1	모델 2	모델 3
노동시간 만족		3.22***	3.21***	3.62***
		(0.897)	(0.837)	(1.228)
연령 효과	30대 노동시간 만족	-1.45		
		(1.134)		
	40대 노동시간 만족	-2.65**		
		(1.088)		
	50대 노동시간 만족	12.13		
		(1,074)		
	60대 노동시간 만족	dropped		
혼인상태 효과	기혼 노동시간 만족		-2.23**	
			(0.967)	
	이혼/사별/별거 노동시간 만족		9.75	
			(687.3)	
	전문대 노동시간 만족			-1.31
				(1.484)
	대학 노동시간 만족			-2.72**
				(1.340)
	대학원 노동시간 만족			11.39
				(951.411)
Constant		-0.20	-0.34	-1.07
		(1.258)	(1.250)	(1.526)
Observations		248	248	248

참조: 괄호 안은 표준오차; *** p < 0.01, ** p < 0.05, * p < 0.10; 모든 모델은 다중 회귀모델로,
성별, 연령, 혼인상태, 교육수준, 월가구소득, 종교, 취업경험 유무, 사회적기업 종사연수,
정규직 여부, 정치적 성향 등의 변수들이 통제된 결과이다.

(2) 임금 - 복리후생 간 관계의 종사자 특성별 차이

임금 차원과 복리후생 차원 간에서 발견되는 강한 정의 상관관계가
종사자 사회집단별로 어느 정도 변화하는지 추가적으로 분석하였다
(〈표 4-4〉 참조). 20대에 비해, 30대에서 정의 상관관계가 약화되는

〈표 4-4〉 임금 만족과 복리후생 만족 간 관계의 사회집단 간 차별성에 대한 로지스틱 회귀분석 계수(로그오즈)

		모델 1	모델 2	모델 3	모델 4
복리후생 만족		4.77***	4.19***	2.31***	0.40
		(0.999)	(0.774)	(0.543)	(1.237)
연령 효과	30대 복리후생 만족	-2.65**			
		(1.130)			
	40대 복리후생 만족	-1.61			
		(1.154)			
	50대 복리후생 만족	-2.23			
		(1.773)			
	60대 복리후생 만족	10.40			
		(1,862)			
혼인상태 효과	기혼 복리후생 만족		-1.78**		
			(0.879)		
	이혼/사별/별거 복리후생 만족		11.40		
			(793.8)		
종교 효과	기독교 복리후생 만족			1.75*	
				(0.948)	
	천주교 복리후생 만족			0.25	
				(1.390)	
	불교 복리후생 만족			1.06	
				(1.211)	
정치성향 효과	중도보수 복리후생 만족				3.47
					(2.120)
	중도 복리후생 만족				3.21**
					(1.350)
	중도진보 복리후생 만족				1.15
					(1.495)
	진보 복리후생 만족				dropped
Constant		-0.05	0.20	1.14	-0.03
		(1.450)	(1.355)	(1.349)	(1.537)
Observations		248	248	248	244

참조: 괄호 안은 표준오차; *** $p < 0.01$, ** $p < 0.05$, * $p < 0.10$; 모든 모델은 다중 회귀모델로, 성별, 연령, 혼인상태, 교육수준, 월가구소득, 종교, 취업경험 유무, 사회적기업 종사연수, 정규직 여부, 정치적 성향 등의 변수들이 통제된 결과이다.

것 외에 나머지 연령대에서는 통계적으로 유의미한 차이가 없다(모델 1의 상호작용항). 혼인상태 변수에서는 기혼자가 미혼자에 비해 두 차원 모두에서 함께 만족하는 정도가 약한 것으로 보인다(모델 2의 상호작용항). 종사자의 종교적 성향별로는, 무교라고 응답한 종사자에 비해 기독교라고 응답한 이들에게서 임금 – 복리후생 간 정의 상관관계는 더 강화되는 것으로 나타났다(모델 3의 상호작용항). 나머지 종교에서도 비슷한 방향성이 보이지만, 통계적으로 유의한 수준에 이르지는 못한다. 마지막으로, 보수적 정치성향을 지녔다고 응답한 이들에 비해 다른 정치성향을 보이는 이들에게서 두 차원 간 정의 상관관계는 더 강화되는 경향을 보인다(모델 4의 상호작용항). 다만 통계적으로 유의미한 차이는 보수적 정치성향을 지닌 이들과 중도적 정치성향을 지닌 이들 사이에게서만 발견된다. 그 밖의 사회집단 특성별 분석에서는 통계적으로 유의미한 차이가 발견되지 않았다.

3) 노동시간 차원과 기타 차원 간 관계

앞의 차원별 만족도에서 가장 높은 만족도를 보인 것이 노동시간 차원이었다. 또한 다른 차원에서의 만족도와의 상관성이 비교적 일관되게 낮게 나오는 특징을 보였다. 이에 노동시간 차원과 다른 차원의 관계에 대한 분석을 추가적으로 실시하였고 그 결과는 다음과 같다. 다변량 분석 결과, 이변량 분석 결과와 비슷하게 임금 차원과의 상관성이 가장 낮게 나타났고, 인간관계나 담당업무, 복리후생 등의 차원에서 상관성이 높은 것으로 나타났다(〈표 4-5〉 참조). 노동시간 – 임금 간

관계에 대한 추가적인 분석은 이미 앞 절에서 임금 - 노동시간 간 관계 분석으로 이뤄졌으므로 생략하였다. 대신 나머지 관계에 대한 분석결과는 다음과 같다.

<표 4-5> 노동시간 만족이 다른 차원의 만족과 맺는 관계에 대한
다중 로지스틱 회귀분석 계수(로그오즈)

	모델 1	모델 2	모델 3	모델 4	모델 5	모델 6	모델 7	모델 8
담당업무 만족	2.39*** (0.361)							
인사관리 만족		1.98*** (0.362)						
임금 만족			1.71*** (0.418)					
복리후생 만족				2.86*** (0.511)				
직업장래성 만족					2.05*** (0.406)			
안전위생 만족						2.18*** (0.370)		
인간관계 만족							2.48*** (0.387)	
교육훈련 만족								2.33*** (0.407)
Constant	-2.37* (1.251)	-1.07 (1.138)	-1.42 (1.139)	-1.57 (1.198)	-1.35 (1.160)	-2.37* (1.272)	-1.92 (1.270)	-2.13* (1.189)
Observations	244	244	244	244	244	244	244	244

참조: 괄호 안은 표준오차; *** p<0.01, ** p<0.05, * p<0.10; 모든 모델은 다중 회귀모델로, 성별, 연령, 혼인상태, 교육수준, 월가구소득, 종교, 취업경험 유무, 사회적기업 종사연수, 정규직 여부, 정치적 성향 등의 변수들이 통제된 결과이다.

(1) 노동시간 - 인간관계 간 관계의 종사자 특성별 차이

노동시간 차원과 인간관계 차원 간에서 발견되는 강한 정의 상관관계가 종사자 사회집단별로 어느 정도 변화하는지 추가적으로 분석하였다(〈표 4-6〉 참조).

〈표 4-6〉 노동시간 만족과 인간관계 만족 간 관계의
사회집단 간 차별성에 대한 로지스틱 회귀분석 계수(로그오즈)

		모델 1	모델 2
인간관계 만족		1.25	2.03***
		(0.849)	(0.500)
가구소득 효과	2~300만 인간관계 만족	3.97**	
		(1.563)	
	3~400만 인간관계 만족	1.07	
		(1.027)	
	4~500만 인간관계 만족	0.62	
		(1.104)	
	500만 이상 인간관계 만족	1.68	
		(1.256)	
종교 효과	기독교 인간관계 만족		1.83**
			(0.915)
	천주교 인간관계 만족		0.13
			(1.262)
	불교 인간관계 만족		-0.04
			(0.993)
Constant		-1.10	-1.84
		(1.378)	(1.306)
Observations		244	244

참조: 괄호 안은 표준오차; *** p < 0.01, ** p < 0.05, * p < 0.10; 모든 모델은 다중 회귀모델로, 성별, 연령, 혼인상태, 교육수준, 월가구소득, 종교, 취업경험 유무, 사회적기업 종사연수, 정규직 여부, 정치적 성향 등의 변수들이 통제된 결과이다.

가구소득, 종교 등 두 가지 변수의 조절효과가 확인되었다. 월 200만 원 미만 가구소득에 비해 다른 소득수준에 있는 종사자들에게서 노동시간 - 인간관계 간 정의 상관관계는 더 강하게 나타나는 것으로 보인다(모델 1의 상호작용항). 다만 통계적으로 유의미한 관계는 가구소득 200만 원~300만 원 수준에서만 확인되었다. 다음으로, 종교가 없다고 응답한 이들에 비해 기독교인이라고 응답한 이들에게서 두 차원 간 정의 상관관계는 더 강해지는 것으로 나타났다(모델 2의 상호작용항). 요약하면, 가구소득이 높고 기독교도인 종사자들에게서 노동시간과 인간관계 두 차원 모두에서의 만족도가 함께 나타날 확률이 높은 것으로 보인다.

(2) 노동시간 - 담당업무 간 관계의 종사자 특성별 차이

노동시간 차원과 담당업무 차원 간에서 발견되는 강한 정의 상관관계가 종사자 사회집단별로 어느 정도 변화하는지 추가적으로 분석하였다(〈표 4-7〉 참조). 두 가지 변수가 노동시간 - 담당업무 간 정의 상관관계를 약화시키는 것으로 분석되었다. 사회적기업 종사연수가 많을수록(모델 1의 상호작용항) 그리고 비정규직에 비해 정규직에 종사하는 경우에(모델 2의 상호작용항) 두 차원 모두에서 함께 만족할 확률은 떨어지는 것으로 나타났다.

<표 4-7> 노동시간 만족과 담당업무 만족 간 관계의
사회집단간 차별성에 대한 로지스틱 회귀분석 계수(로그오즈)

		모델 1	모델 2	모델 3
담당업무 만족		3.61***	4.28***	2.27***
		(0.691)	(1.086)	(0.494)
종사연수 효과	종사연수 담당업무 만족	-0.35**		
		(0.160)		
정규직 효과	정규직 여부 담당업무 만족		-2.16*	
			(1.124)	
Constant		-2.80**	-3.16**	-2.40*
		(1.307)	(1.355)	(1.274)
Observations		244	244	244

참조: 괄호 안은 표준오차; *** p<0.01, ** p<0.05, * p<0.10; 모든 모델은 다중 회귀모델로,
성별, 연령, 혼인상태, 교육수준, 월가구소득, 종교, 취업경험 유무, 사회적기업 종사연수,
정규직 여부, 정치적 성향 등의 변수들이 통제된 결과이다.

4) 직업만족의 다차원적 달성 정도

마지막으로, 종사자 특성별로 직업만족의 다차원적 달성 정도를 분
석하였다(<표 4-8> 참조). 여러 차원에서 직업에 만족할 확률은 여성
이 더 낮게 나오는 것으로 보이지만, 통계적 유의성은 없다(모델 1).
직업만족의 다차원성 지표를 구성하는 각 차원별 만족도에서도 마찬
가지의 성별 효과가 있는 것으로 보인다(모델 2~모델 10). 또 연령이
높을수록 혹은 월가구소득이 많을수록 다양한 차원에서의 직업만족
을 경험할 확률이 낮게 나타난다(모델 1). 반면, 응답자가 기혼자이
거나 기독교인일 때 다양한 차원의 직업만족을 경험한다고 답하는 경
향이 더 강하게 존재하는 것으로 분석되었다(모델 1). 이와 같은 개인
특성별 패턴은 나머지 모델들(모델 2~모델 10)에서도 비슷하게 존재
하는 것으로 확인된다.

〈표 4-8〉 직업만족의 다차원적 달성 정도에 대한 로지스틱 회귀분석 계수(로그오즈)

[종속변수]		모델1 다차원성지표	모델2 담당업무	모델3 인사관리	모델4 임금	모델5 복리후생	모델6 직업장래성	모델7 안전위생	모델8 인간관계	모델9 근로시간	모델10 교육훈련
여성		-0.36 (0.278)	-0.42 (0.354)	-0.56* (0.325)	-0.39 (0.343)	-0.17 (0.338)	-0.53 (0.327)	-0.39 (0.322)	-0.61* (0.363)	-0.06 (0.346)	-0.16 (0.326)
연령 (기준:20대)	30대	-0.63 (0.400)	-0.82* (0.496)	-0.77* (0.464)	-0.69 (0.478)	-0.51 (0.467)	-0.88* (0.478)	-0.52 (0.456)	-0.88* (0.520)	-0.21 (0.492)	-0.03 (0.469)
	40대	-0.96** (0.426)	-0.91* (0.537)	-1.18** (0.506)	-1.25** (0.530)	-1.16** (0.516)	-0.93* (0.512)	-0.51 (0.492)	-1.09** (0.557)	-0.45 (0.533)	-0.40 (0.500)
	50대	-1.46** (0.566)	-0.52 (0.789)	-1.59** (0.692)	-1.92** (0.806)	-1.18* (0.707)	-1.77** (0.729)	-0.52 (0.690)	-1.90** (0.750)	-1.25* (0.713)	-0.92 (0.698)
	60대 이상	-0.07 (1.011)	12.16 (577.3)	14.97 (1,397)	-0.17 (1.309)	0.62 (1.316)	-0.92 (1.273)	0.27 (1.386)	14.10 (692.4)	12.42 (661.4)	-0.54 (1.218)
혼인상태 (기준: 미혼)	기혼	1.08*** (0.325)	1.10*** (0.410)	1.03*** (0.399)	0.68 (0.427)	0.59 (0.404)	1.12*** (0.417)	0.76** (0.386)	1.09** (0.422)	1.14*** (0.411)	0.97** (0.401)
	이혼/사별/별거	0.14 (0.555)	-0.18 (0.728)	-0.08 (0.753)	-0.86 (0.898)	0.25 (0.726)	-0.03 (0.796)	-0.29 (0.711)	0.38 (0.791)	1.01 (0.753)	-0.22 (0.748)

〈표 4-8〉 직업만족의 다차원적 달성 정도에 대한 로지스틱 회귀분석 계수(로그오즈)(계속)

		모델1	모델2	모델3	모델4	모델5	모델6	모델7	모델8	모델9	모델10
교육 (기준: 고졸 이하)	전문대재학/ 졸업	0.38 (0.381)	-0.19 (0.483)	0.20 (0.452)	-0.01 (0.462)	0.40 (0.450)	0.70 (0.474)	-0.23 (0.443)	1.41*** (0.484)	0.55 (0.488)	0.46 (0.451)
	대학재학/ 졸업	0.22 (0.353)	0.08 (0.453)	0.13 (0.418)	-0.57 (0.440)	-0.11 (0.421)	0.76* (0.443)	0.28 (0.414)	1.47*** (0.451)	0.02 (0.435)	0.24 (0.419)
	대학원재학/ 졸업	0.07 (0.531)	-0.37 (0.653)	0.18 (0.634)	-0.54 (0.680)	-0.36 (0.670)	0.39 (0.670)	-0.29 (0.628)	1.76** (0.693)	0.40 (0.660)	0.15 (0.638)
월가구소득 (기준: 200만 원 미만)	200~ 300만 원	-0.96** (0.417)	-0.83 (0.561)	-0.76 (0.509)	-0.64 (0.552)	-0.67 (0.526)	-0.82 (0.530)	-0.96* (0.506)	-1.11* (0.574)	-0.22 (0.535)	-1.15** (0.520)
	300~ 400만 원	-0.72* (0.387)	-1.04** (0.528)	-0.73 (0.468)	-0.38 (0.493)	0.09 (0.464)	-0.65 (0.481)	-0.56 (0.470)	-0.85 (0.532)	-0.55 (0.494)	-1.15** (0.479)
	400~ 500만 원	-0.84** (0.419)	-1.10* (0.576)	-0.47 (0.511)	-0.11 (0.533)	-0.07 (0.514)	-0.90* (0.530)	-0.94* (0.515)	-1.57*** (0.581)	-0.73 (0.545)	-0.72 (0.516)
	500만 원 이상	-1.01** (0.414)	-1.58*** (0.563)	-1.14** (0.518)	-0.21 (0.534)	-0.53 (0.525)	-0.57 (0.520)	-1.00** (0.509)	-1.93*** (0.583)	-0.53 (0.534)	-1.02** (0.511)

<표 4-8> 직업만족의 다차원적 달성 정도에 대한 로지스틱 회귀분석 계수(로그오즈)(계속)

		모델1	모델2	모델3	모델4	모델5	모델6	모델7	모델8	모델9	모델10
종교 (기준: 무교)	기독교	0.53* (0.279)	0.42 (0.347)	0.34 (0.327)	0.35 (0.345)	0.59* (0.338)	0.51 (0.332)	0.29 (0.323)	0.69* (0.360)	0.34 (0.353)	0.51 (0.328)
	천주교	0.24 (0.376)	0.61 (0.556)	-0.25 (0.505)	-0.36 (0.571)	0.39 (0.508)	0.95* (0.507)	0.54 (0.496)	0.65 (0.549)	0.45 (0.547)	0.11 (0.490)
	불교	0.19 (0.375)	0.03 (0.449)	0.12 (0.438)	0.67 (0.464)	0.87* (0.452)	0.47 (0.454)	-0.03 (0.433)	-0.10 (0.455)	-0.02 (0.459)	-0.01 (0.446)
정치적 성향 (기준: 보수)	중도보수	-0.56 (0.721)	-0.41 (0.916)	0.69 (0.925)	-0.44 (0.884)	0.36 (0.885)	-0.48 (0.884)	-0.45 (0.854)	0.90 (0.898)	-0.71 (0.863)	-1.37 (0.902)
	중도	-0.25 (0.551)	-0.26 (0.770)	1.02 (0.750)	-1.03 (0.698)	0.01 (0.711)	-0.49 (0.698)	-0.20 (0.679)	0.24 (0.722)	0.45 (0.704)	-1.14 (0.716)
	중도진보	-0.23 (0.591)	-0.30 (0.816)	1.03 (0.798)	-0.77 (0.754)	-0.47 (0.782)	-0.45 (0.753)	-0.23 (0.731)	0.39 (0.781)	0.21 (0.756)	-0.95 (0.766)
	진보	-0.24 (0.637)	0.40 (0.920)	1.41 (0.867)	-1.28 (0.856)	-0.35 (0.842)	-1.21 (0.857)	-0.57 (0.805)	0.35 (0.861)	0.57 (0.865)	-0.49 (0.829)

<표 4-8> 직업만족이 다차원적 달성 정도에 대한 로지스틱 회귀분석 계수(로그오즈)(계속)

	모델 1	모델 2	모델 3	모델 4	모델 5	모델 6	모델 7	모델 8	모델 9	모델 10
취업경험 유무(1=예)	-0.51	-0.08	-0.09	-0.16	-0.37	-0.17	-0.46	-0.72	0.06	-1.00**
	(0.397)	(0.457)	(0.424)	(0.447)	(0.430)	(0.431)	(0.428)	(0.486)	(0.452)	(0.435)
사회적기업 종사연수	0.02	0.01	0.08	-0.02	0.03	0.10	-0.08	0.02	0.01	-0.03
	(0.056)	(0.074)	(0.070)	(0.074)	(0.070)	(0.073)	(0.069)	(0.077)	(0.075)	(0.069)
정규직여부 (1=예)	0.23	0.52	0.11	0.16	-0.23	0.16	0.01	0.25	0.44	0.30
	(0.346)	(0.416)	(0.405)	(0.434)	(0.409)	(0.424)	(0.400)	(0.435)	(0.414)	(0.405)
Observations	248	248	248	248	248	248	248	248	248	248

참조: 괄호 안은 표준오차; *** $p < 0.01$, ** $p < 0.05$, * $p < 0.10$; 모델 1에서는 종속변수가 0부터 9까지 값을 갖는 순위형 변수이므로 순위형 로지스틱 회귀모델을 사용하였고, 나머지 모델 2부터 모델 10까지는 이항 로지스틱 회귀모델을 사용한 결과이다.

4. 맺음말 및 논의

직업만족도는 개인 삶의 특성을 이해하는 데 중요한 지표이다. 직업만족이 그 자체로서 개인 삶에 갖는 의미가 뚜렷할 뿐 아니라, 직업 외 다양한 삶의 영역들에서의 만족도와 밀접히 연관되어 있기 때문이다(방하남, 2000; 박세영, 2011; 심재만, 2017). 일터와 그 안팎의 삶의 영역들 간 상호 규정력이 더욱 다양하게 발현되고 있다는 점을 직업 가치의 다양성 및 직업만족도에 대한 기존 연구들이 시사하고 있다. 따라서 직업만족에 대한 개념적 이해 자체가 다차원적 수준에서 이뤄져야 한다. 이런 맥락에서 이 연구는 사회적기업 종사자의 직업만족을 다차원적 수준에서 분석하였다.

분석 결과, 몇 가지 흥미로운 점들이 발견되었다. 첫째, 사회적기업 종사자들은 직업만족을 구성하는 아홉 가지 차원 중 임금에 대해 가장 낮은 수준의 만족도를 보였고 노동시간에 대해 가장 높은 수준의 만족도를 보였다. 두 차원 간 만족도의 상호 연관성은 낮은 것으로 분석되었다. 두 차원 사이에 양의 상관관계가 존재하기는 하나 그 정도가 아주 약한 것으로 드러났다. 둘째, 아홉 가지 차원 간 단순상관성 분석에 따르면, 차원 간 상관성은 크게 세 가지 형태로 나타난다. 임금과 같이 다른 차원과의 상관성이 크게 변동하는 유형, 노동시간과 같이 다른 차원과의 상관성이 상대적으로 안정적이지만 낮은 수준에 머무르는 유형, 그리고 인사관리와 같이 다른 차원과의 상관성이 안정적이면서 높은 수준에 머물러 있는 유형 등이 그것이다. 셋째, 임금과 노동시간 모두에서 함께 만족하는 확률이 유의미하게 뒤떨어지는 집단(즉, 대졸 학력을 갖춘 30~40대 기혼자)이 존재한다. 넷째, 30 대의 미혼 기독교인의 특성을 갖춘 종사자들에게서 임금과 복리후생 모두를 만족하는 경향이 상대적으로 강하게 존재한다. 다섯째, 가구소득이 높은 기독교인 종사자들에게서 노동시간과 인간관계 두 차원의 만족도가 함께 나타날 확률이 높아진다. 여섯째, 사회적기업 종사연수가 오래된 정규직 종사자의 경우 노동시간과 담당업무 두 차원모두에서 만족할 확률은 낮아진다. 일곱째, 낮은 연령대와 낮은 가구소득수준에 속한 종사자들, 그리고 기혼자와 기독교인들이 더욱 다양한 차원에서 직업만족(직업만족의 다차원적 달성)을 경험하고 있다. 탐색적 분석에 머문 현재 연구에서는 이에 대한 설명을 적극적으로 시도하지 않았다. 이와 비슷한 패턴이 다른 경험적 자료에서는 발견되는지, 그리고 이를 어떻게 설명할 것인지 후속 연구에서 다뤄져야 할 것이다.

이상의 결과는 사회적기업에 대한 논의에 몇 가지 함의를 갖는다. 먼저, 우리 사회에서 그간 사회적기업이 대변하는 다양한 가치에 대한 논의, 즉 사회적 가치와 경제적 가치의 동시 달성이라는 이중적 과제와 관련해 시사점이 있다. 일 – 생활 균형과 적정 노동시간 확보라는 규범적 관점에서 대표적인 사회적 가치로 인식되는 노동시간 만족도는 이 연구의 조사대상에서 그 달성 정도가 가장 높았다. 하지만 경제적 가치의 대표적 지표 격인 임금에서는 만족도가 가장 낮은 것으로 드러났다. 둘 사이의 관계는 다행히 양의 상관성을 보이고 있지만, 그 강도가 다른 차원들 간 관계에 비해 가장 약하다. 이와 같은 결과는 사회적기업이 지향하는 사회적 · 경제적 가치를 함께 달성해

가기가 녹록치 않음을 의미한다. 더불어, 서로 다른 다양한 차원에서 직업만족을 이뤄 가는 정도에 있어 연령, 가구소득수준, 종교, 사회적기업 종사경험, 종사상 지위 등이 종사자들의 경험을 유의미한 수준에서 차별화하는 것이 보인다. 따라서 사회적기업의 가치 실현이 종사자 특성별로 고르게 이뤄지고 있는지에 대해 추가적인 관심이 필요한 것으로 보인다. 이 연구에서 사용한 직업만족의 다차원성 지표에 따르면, 사회집단별로 적지 않은 차이가 존재하는 것으로 보인다. 특히 아홉 가지 차원 모두에서 만족하는 경우(15.3%)와 아홉 가지 중 어느 하나에도 만족하지 못하는 경우(14.9%)가 최빈값(modes)이라는 점은 직업만족 경험에서의 양극화가 사회적기업 종사자들 사이에 존재하는 것은 아닌가 하는 우려를 갖게 한다.

다음으로 이 연구는 다차원적 직업만족 연구 및 사회학적 행위이론 일반에 시사점을 던진다. 직업가치 형성과 변화 과정에 대한 기존 연구의 쟁점 중 하나는, 재강화 가설과 문제적 보상 가설 간 상반된 주장에서 발견된다. 전자의 시각에 따르면, 개인은 과거 긍정적 만족감을 경험했던 직업가치를 계속 좇으면서 과거 만족감을 느끼지 못했던 직업가치는 좇지 않는다. 노동자 개인의 삶에 적용해 보면, 불균형적 노동·직업경험이 이뤄질 수 있는 위험성을 지적하는 주장인 셈이다. 반면 후자의 시각에 따르면, 과거 긍정적 만족감을 경험했던 직업가치가 있고 불만족했던 직업가치가 있다면, 개인은 불만족했던 직업가치 실현에 더욱 집중하는 것으로 이해된다. 노동자 개인을 놓고 보면, 균형적·전인격적 노동·직업경험을 추구한다는 점을 지적하는 관점인 셈이다. 둘 중 어느 것이 경험적으로 옳은지에 대해 논쟁이 지속되고 있다. 이 연구는 이 논쟁에 대한 직접적인 답을 하지 못한다. 다만, 직업만족의 다차원성 정도가 사회집단 간에서 차이난다는 점은 분명히 확인되었다. 재강화 가설이 옳다면, 이와 같은 차이가 지속될 것이라는 전망이 나온다. 문제적 보상 가설이 옳다면, 현재 다소 제한적인 차원에서 직업만족을 경험하더라도 차츰 더욱 다차원적인 직업만족을 경험할 수도 있다는 전망이 가능하다. 이 두 가지 상이한 가능성에 대한 지속적 관심이 필요하다. 둘 중 어떤 경향을 발견하는지에 따라, 개인의 행위는 단일하기보다 다양한 행위준칙에 의해 이뤄질 수 있다는 일반 행위이론의 전망이 과연 타당한지를 경제사회학·직업사회학 분야에서 구체적으로 확인할 수 있을 것이다.

참고문헌

강수돌(2008). "경제와 사회의 조화를 위한 대안: 1997년 외환위기 이후를 중심으로". 〈역사비평〉, (84): 161~190.

고종욱(1999). "인성 특성이 직무만족도에 미치는 영향". 〈한국사회학〉, 33: 359~387.

김상욱(2000). "경제학적, 심리학적, 사회학적 요인들이 조직성원들의 근무지향에 미치는 영향". 〈한국사회학〉, 34: 325~358.

김수한·조대엽·이명진·김원섭(2015). 《사회적기업의 사회적 가치 평가와 지표구성에 관한 탐색적 연구》. 고려대학교 한국사회연구소.

김은희·이용재(2017). "사회적기업 근로자의 사회적 가치와 경제적 가치에 대한 태도". 〈한국콘텐츠학회논문지〉, 17(5): 602~612.

박세영(2011). "생활만족에 대한 직무만족과 여가만족의 관계". 〈한국심리학회

지: 산업 및 조직〉, 24(2): 331~353.

박해긍·신원식(2014). "사회적기업의 조직문화가 종사자의 직무만족에 미치는 영향". 〈지방정부연구〉, 18(2): 301~318.

방하남(2000). "직무만족도와 생활만족도의 결정요인과 상호작용효과에 관한 연구". 〈노동경제논집〉, 23 특별호: 133~154.

방하남·김상욱(2009). "직무만족도와 조직몰입도의 결정요인과 구조분석". 〈한국사회학〉, 43(1): 56~88.

배병룡(2010). "사회적 기업 종사자의 직무 만족". 〈한국정책연구〉, 10(2): 155~178.

송백석(2011). "사회적 경제모델과 한국의 사회적 기업정책". 〈공공사회연구〉, 1(2): 5~32.

신명호(2009). "한국의 '사회적 경제' 개념 정립을 위한 시론". 〈동향과 전망〉, (75): 11~46.

심미영·염동문·전재명·박정배(2012). "사회적 기업에 대한 이용자의 주관적 인식유형 연구". 〈사회과학연구〉, 28(4): 231~255.

심재만(2017). "경제조직 변화와 경제행위 합리화: 경제 영역과 비경제 영역 간 분화, 단절, 배태의 역사". 한준 (편), 《외환위기 이후 20년: 한국사회구조와 생활세계의 변화》, 93~114. 대한민국역사박물관.

염성수·이도희(2017). "사회적기업의 사회적 책임에 대한 주관성연구". 〈사회적기업연구〉, 10(1): 3~28.

유홍준·정태인·김월화(2017). "한국인의 직업정체성과 직업위세". 〈한국사회〉, 18(1): 77~103.

이재열(2009). "무너진 신뢰, 지체된 투명성". 정진성 외 (편), 《한국사회의 트렌드를 읽는다: 국민의식조사를 통해 본 외환위기 10년》, 13~32. 서울대학교 출판부.

장진호(2009). "유연한 노동시장, 불안한 직장". 정진성 외(편), 《한국사회의 트렌드를 읽는다: 국민의식조사를 통해 본 외환위기 10년》, 33~62. 서울대학교 출판부.

조상미·이재희·간기현·송재영(2013). "사회적 기업 연구, 어디까지 왔는가?: 경향분석". 〈한국사회복지행정학〉, 15(1): 105~138.

Alderson, A. S. & Nielsen, F. (2002). "Globalization and the Great U-Turn: Income Inequality Trends in 16 Oecd Countries". *American Journal of Sociology*, *107*(5), 1244~1299. doi: 10.1086/341329.

Beckfield, J. (2006). "European Integration and Income Inequality". *American Sociological Review*, *71*, 964~985.

Beynon, H., Blackburn, R. M. (1972). *Perceptions of Work: Variations within a Factory*: CUP Archive.

Bielby, D. D. (1992). "Commitment to Work and Family". *Annual Review of Sociology*, *18*(1), 281~302. doi: 10.1146/annurev.so.18.080192.001433.

Boles, J., Madupalli, R., Rutherford, B. & Wood, J. A. (2007). "The Relationship of Facets of Salesperson Job Satisfaction with Affective Organizational Commitment". *Journal of Business & Industrial Marketing*, *22*(5), 311~321.

Bridges, J. S. (1989). "Sex Differences in Occupational Values". *Sex Roles*, *20*(3), 205~211. doi: 10.1007/BF00287992.

Carlson, D. S., Kacmar, K. M. & Williams, L. J. (2000). "Construction and Initial Validation of a Multidimensional Measure of Work - Family Conflict". *Journal of Vocational Behavior*, *56*(2), 249~276.

Chow, A., Galambos, N. L. & Krahn, H. K. (2015). "Work Values during the Transition to Adulthood and Mid-life Satisfaction: Cascading Effects across 25 Years". *International Journal of Behavioral Development*, *41*(1), 105~114.

Edwards, B. D., Bell, S. T., Arthur Jr, W. & Decuir, A. D. (2008). "Relationships between Facets of Job Satisfaction and Task and Contextual Performance". *Applied Psychology*, *57*(3), 441~465.

Goldthorpe, J. H., Lockwood, D. & Bechhofer, F. (1969). *The Affluent Worker in the Class Structure*, *3*: CUP Archive.

Granovetter, M. (1973). "The Strength of Weak Ties". *American Journal of Sociology*, *78*. 1360~1380. doi: 10.2307/2776392.

_____(1985). "Economic Action and Social Structure: The Problem of

Embeddedness". *American Journal of Sociology*, *91*, 481~510. doi: 10. 2307/2780199.

Joas, H., Beckert, J. (2006). "Action Theory". 269~285 in Turner, J. H. ed., *Handbook of Sociological Theory*, : Springer.

Kalberg, S. (1980). "Max Weber's Types of Rationality: Cornerstones for the Analysis of Rationalization Processes in History". *American Journal of Sociology*, *85*(5), 1145~1179.

Kalleberg, A. L. (1977). "Work Values and Job Rewards: A Theory of Job Satisfaction". *American Sociological Review*, *42*(1), 124~143. doi: 10. 2307/2117735.

Kalleberg, A. L. & Marsden, P. V. (2013). "Changing Work Values in the United States, 1973~2006". *Social Science Research*, *42*(2), 255~270. doi: 10. 1016/j. ssresearch. 2012. 09. 012.

Law, K. S., Wong, C. & Mobley, W. H. (1998). "Toward a Taxonomy of Multidimensional Constructs". *Academy of Management Review*, *23*(4), 741~755.

Lechner, C. M., Sortheix, F. M., Gollner, R. & Salmela-Aro, K. (2017). "The Development of Work Values during the Transition to Adulthood: a Two-country Study". *Journal of Vocational Behavior*, *99*, 52~65.

Lee, C-S., Kim, Y-B. & Shim, J-M. (2011). "The Limit of Equality Projects". *American Sociological Review*, *76*, 100~124.

Marini, M. M., Fan, P. L., Finley, E. & Beutel, A. M. (1996). "Gender and Job Values". *Sociology of Education*, *69*(1), 49~65. doi: 10. 2307/2112723.

Mauss, M. (1990). *The Gift: The Form and Reason for Exchange in Archaic Societies*, Halls, W. D. ed. New York: W. W. Norton.

Mortimer, J. T., Lorence, J. (1979). "Work Experience and Occupational Value Socialization: A Longitudinal Study". *American Journal of Sociology*, *84*(6), 1361~1385. doi: 10. 1086/226938.

Polanyi, K. (1944). *The Great Transformation: The Political and Economic Origins of Our Time*. Boston, MA: Beacon Press.

Russell, K. J. (1975). "Variations in Orientation to Work and Job Satisfaction". *Sociology of Work and Occupations*, 2(4), 299~322. doi: 10. 1177/073088847500200401.

Smith, P. C., Kendall, L. M. & Hulin, C. L. (1969). *The Measurement of Satisfaction in Work and Retirement: A Strategy for the Study of Attitudes.* Chicago, Ill: Rand McNally

Twenge, J. M., Campbell, S. M., Hoffman, B. J. & Lance, C. E. (2010). "Generational Differences in Work Values: Leisure and Extrinsic Values Increasing, Social and Intrinsic Values Decreasing". *Journal of Management*, 36(5), 1117~1142. doi: 10. 1177/0149206309 352246.

Weber, M. [1978(1922)]. *Economy and Society: An Outline of Interpretative Sociology 1:* University of California Press.

Weber, M. [2013(1930)]. *The Protestant Ethic and the Spirit of Capitalism:* Routledge.

Young, M. D., Willmott, P. (1973). *The Symmetrical Family:* Pantheon.

Zelizer, V. R. (2005). *The Purchase of Intimacy.* Princeton, N. J.: Princeton University Press.

제 2 부

사회적경제와 지역사회

제5장
사회적경제와 지역발전
혁신, 호혜, 협력의 원리를 중심으로

이해진

1. 문제제기

새로운 지역발전 전략으로서 사회적경제(*social economy*)에 대한 관심
이 점점 높아지고 있다(김영철, 2011; 신명호·이아름, 2013; 엄한진·
권종희, 2014; 김원동·최홍규·박준식, 2014; 이해진, 2015; 한상일·이
재희, 2018). 지역사회에 기반을 둔 사회적경제 조직들을 중심으로
세계자본주의 시장경제와 복지국가의 위기에 대응해 복지와 노동 영
역에서 사회적인 것을 복원하려는 시도들이 확산되면서, 사회적경제
가 지역발전의 새로운 모델로 주목받은 것이다(Amin, Cameron &
Hudson, 2002; Evans & Syrett, 2007; Amin, 2009).[1] 1990년대 중반

---

[1] 아민(Amin et al., 2002: 12)은 지역사회에서 복지와 노동의 영역을 담당하는 사
회적경제를 지역사회의 역량에 기반을 둔 새로운 희망의 정치의 거점이라고 보면
서, 사회적인 것이 장소 기반의 지역사회에서 재발견된 것으로 해석한다. 사회적

이후 유럽에서 사회적경제는 지역사회에서 고용, 기업가주의, 사회적 포용(*social inclusion*), 지역개발, 시민참여를 촉진하는 중요한 역할을 해왔다(Lukkarinen, 2005: 420). 2000년대 초반부터 한국에서도 새로운 지역발전 모델로 사회적경제가 부상하기 시작했다. 현재 협동조합, 사회적기업, 마을기업, 자활기업, 커뮤니티비즈니스 등 다양한 사회적경제 조직들이 지역사회 차원에서 사회적 목적을 지향하는 경제적 사업체 조직으로 운영되고 있다.

이처럼 사회적경제가 지역발전의 새로운 전략으로 자리매김하려면 지역사회에서 어떻게 사회적경제를 구축할 것인가라는 문제가 해명되어야 한다. 그러나 사회적경제와 지역발전의 관계에 대한 분석은 대부분 사회적경제 조직을 중심으로 개별사례를 분석하는 수준에 머물렀다(Connelly, Markey & Roseland, 2011; Sonnino & Griggs - Trevarthen, 2013). 사회적경제의 구성요소 및 운영 원리가 어떻게 지역발전에 기여하는지에 관한 구체적인 메커니즘을 규명하는 이론적이고 분석적인 연구는 매우 드물다. 나아가 사회적경제 행위주체들의 구체적인 인식 및 평가에 기초하여 실제로 마을이나 지역사회 단위에서 실행된 사회적경제 활동의 역동적 과정을 경험적으로 분석한 사례도 발견하기 어렵다. 사회적경제를 통해 대안적 지역발전 패러다임을 모색하기 위해서는 사회적경제와 지역발전의 관계에 대한 보다 분석적이고 경험적인 연구가 요청된다.

경제의 협동, 자립, 호혜의 규범은 어소시에이션의 문화를 형성함으로써 네트워크 방식의 지역발전을 효과적으로 작동시킨다(Evans & Syrett, 2007: 61).

그렇다면 지역발전에 기여하는 사회적경제는 지역사회에서 어떻게 작동하는가? 특히 농촌지역과 낙후지역에서 어떻게 사회적경제를 착근시킬 것인가? 이러한 연구질문과 관련해서 본 연구는 크게 세 가지 문제제기와 연구주제를 갖는다.

첫째, 지역사회 차원에서 사회적경제가 작동하는 구성요소와 원리는 무엇이며, 지역발전에 이르는 메커니즘을 어떻게 설명할 수 있는가? 질문한 바와 같이 이 연구는 사회적경제가 지역발전에 기여하는 조건과 과정을 사회적경제의 구성요소와 원리를 중심으로 파악하려고 한다. 이와 관련하여 이 글에서 사용하는 사회적경제 개념을 지역발전과의 관계와 지역사회 수준에서 작동하는 사회적경제의 요소들에 주목하여 다음과 같이 정의하고자 한다. 사회적경제는 지역주민들의 필요를 충족하고 지역사회의 발전에 기여하기 위해서 혁신, 호혜, 협력의 방식으로 지역사회에서 전개되는 모든 활동과 조직을 의미한다.2 이러한 정의는 기존의 방식처럼 조직 내적 차원에서 규범과 형식을 중심으로 한 정의가 아니라, 지역사회 차원에서 사회적경제 조직과 활동이 작동하는 원리와 요소들에 주목한 개념 규정이라고 할 수 있다. 이 연구는 사회적경제를 구성하는 혁신, 호혜, 협력의 요소들 간의 동태적인 관계를 중심으로 사회적경제가 지역발전에 기여하

---

2 사회적경제를 구성하는 다양한 가치들 가운데서 혁신, 호혜, 협력의 가치를 핵심적 요소로 설정한 이유는 농촌 지역을 포함한 지역사회의 현실 조건에 따른 것이다. 사회적경제의 기반이 미약하고 새롭게 사회적경제를 시작하는 지역에서 혁신, 호혜, 협력의 요소들이 사회적경제를 지역사회에 촉발시키고 착근시키는 데 중요한 요소라고 파악한 것이다.

는 과정을 분석하려고 한다. 마을이나 지역사회 단위에서 사회적경제의 조건을 혁신, 호혜, 협력 간의 역동적 상호작용의 문제로 접근하면서, 이러한 내적 구성요인들 간의 단계적인 결합 과정이 사회적경제를 통한 새로운 지역발전 패러다임의 이론적·실천적 근거가 될 수 있음을 경험적 분석을 통해 밝혀보려고 한다.

이러한 문제의식에 따라, 사회적경제의 구성요소와 운영 원리를 경제적인 것(혁신), 사회적인 것(협력), 그리고 공통적인 것(호혜)의 관계라는 관점에서 파악하고자 한다. 3 먼저, 사회적 목적을 위해 경제적 활동을 하는 사회적경제의 개념과 원리는 기본적으로 협력과 혁신, 사회적인 것과 경제적인 것, 공동체성과 경제성과 같이 대칭적인 요소들의 계열로 구성된다. 이런 점에서 제도화된 사회적경제 조직들을 포함하여 사회적경제의 내적 딜레마는 바로 사회적인 것과 경제적인 것의 긴장 관계라고 할 수 있다(Hudson, 2009). 4 이 연구에서는

---

3 예를 들어, 사회적기업의 확산과 더불어 혁신적 기업가주의는 사회적경제의 중요한 요소로 부상하였으며(Defourny, 2001), 사회적경제의 적극적 요소로 해석되는 혁신은 지역주민들의 새로운 필요에 대응하는 기업가주의를 발휘한다(엄한진·권종희, 2014). 캐나다 퀘벡에서 사회적경제는 지역사회의 협동적 기업가주의를 기반으로 세워진 모든 활동과 조직으로 규정된다(김정원, 2014; 김창진 2015).

4 시장경제에 대응하는 의미로서 사회적경제의 개념은 사회와 경제의 관계를 재구성하는 전략과 실천을 포함한다. 예컨대, 사회적인 것과 경제적인 것의 역학관계에서 사회적인 것의 의미를 복원하고 양자 간의 결합과 균형을 회복하려는 노력으로 해석되기도 한다(장원봉, 2007; 폴라니, 2009). 나아가 사회적인 것을 통해 자본주의 시장경제의 문제점들을 해결하면서 지속가능한 사회를 모색한다. 사실, 마르크스의 정치경제학 비판과 베버의 경제사회학에서 보듯이, 사회적인 것과 경제적인 것의 관계는 사회학의 오래된 질문 가운데 하나이다. 예컨대, 베버는 공동체행위와 경제행위의 연관성과 상호작용을 다음과 같이 강조한다. "공동체행위 또한 그

사회적경제의 공동체성과 경제성을 조작적으로 개념화할 수 있는 변수들로 협력에 상응하는 사회적 자본(social capital)과 혁신에 상응하는 기업가주의(entrepreneurship) 개념을 활용한다.

　이 중에서 먼저 사회적인 것, 즉 공동체성을 의미하는 협력을 어떻게 형성할 것인가란 문제부터 살펴보자. 세넷(Sennett, 2013)은 사회적인 것의 핵심을 협력에 두고 그것을 어떻게 강화할 것인가라는 문제를 제기한 바 있다. 그런데 협력과 공동체의 현실을 살펴보면, 한국의 지역사회, 특히 농촌 및 낙후지역에서 사회적경제에 요구되는 협력과 신뢰의 사회적 자본은 매우 취약한 실정이다. 그렇기 때문에 사회적 자본이 빈약한 지역에서 어떻게 사회적 자본을 구축하여 지역발전의 동력으로 삼을 것인가란 문제가 제기된다(정동일·허목화, 2012). 마찬가지로 지금까지 사회적경제의 발전에 기여하는 사회적 자본의 역할이 강조되었지만(Amin et al., 2002; Kay, 2006; Hulgård & Spear, 2006), 이러한 현실 조건에서 사회적 자본에 기반을 둔 사회적경제의 가능성을 논하는 것도 근본적인 한계를 지닐 수밖에 없다. 협력의 증대에 기초한 사회적 자본의 형성과 사회적경제의 발전을 설명할 수 있는 새로운 이론과 분석틀이 필요한 것이다. 사회적경제의 발전과 관련해 사회적 자본을 형성하는 요인들에 대한 새로운 상상력과 연구의 필요성이 제기되는 것이다(Evans & Syrett, 2007). 그러나 지금까지

발생, 존속, 구조의 종류, 그리고 경과에 있어서 경제적 원인에 의해 함께 규정되어 있을 수 있고, 거꾸로 공동체행위는 그 자체가 어느 경제행위의 방식과 진행에 대하여 원인이 되는 중요한 요인이 될 수 있다. 양자는 대개는 동시에 일어날 것이다(Weber, 2009: 150)."

사회적경제의 어떤 요인들과 메커니즘이 사회적 자본을 증대시키는 가를 깊이 있게 분석한 연구를 찾아보기 쉽지 않다. 따라서 본 연구는 어떻게 협력을 강화할 것인가라는 문제를 제기하면서, 지역사회에서 협력을 창출하고 증진시킬 수 있는 조건과 과정을 혁신과 호혜의 관계 속에서 살펴보려고 한다.

둘째, 그렇다면 지역사회에서 사회적경제 활동에 요구되는 협력, 즉 사회적 자본을 어떻게 형성할 것인가? 이러한 문제제기와 관련하여 이 연구는 사회적 자본의 형성과 강화에 영향을 미치는 요인으로 혁신적 기업가주의의 역할에 주목한다. 지금까지 사회적 자본과 기업가주의의 관계를 분석한 선행연구들은 주로 사회적 자본이 기업가주의를 촉진시키는 측면을 분석했다(Jung, 2014; Kwon, Helflin & Ruef, 2013). 이와는 반대로, 이 연구는 기업가주의가 사회적 자본을 증진시키는 측면을 분석하려고 한다. 기업가주의에 기초한 혁신이 사회적 자본이 미약하거나 제대로 작동하지 않는 지역에서 새로운 사회적 자본을 창출하거나 이미 축적되어 있던 사회적 자본을 증대시키는 역할을 할 수 있다고 보기 때문이다. 특히, 산업화와 신자유주의 세계화의 시장개방과 구조조정에 의한 탈취로 인해 지역사회 내부에 형성된 사회적 자본을 거의 소진해 버린 한국의 농촌지역에서, 최근 들어 지역리더, 귀농귀촌인, 협동조합 등이 기업가주의적 혁신을 발휘하며 사회적경제의 성과를 통해 지역주민들의 신뢰와 협력을 이끌어 내고 있는 사례들에서 이러한 혁신의 역할을 경험적으로 관찰할 수 있다. 그럼에도 불구하고, 혁신 및 기업가주의가 사회적 자본에 미치는 영향을 분석한 연구는 아직까지 발견되지 않는다. 이 연구는 이러한 공백을 메우기 위해 사회적 자본을 형성하거나 강화시키는 기업가주의의 역할을 이론적이며 경험적으로 분석하려고 한다. 혁신과 기업가주의는 사회적경제를 촉발시키고 지속시키는 사회적경제의 주체와 과정의 동학을 파악할 수 있게 해주는 요소이다. 이러한 점에서 새로운 연구주제일 뿐만 아니라, 사회적경제의 내적 구성요소들 간의 상호관계를 설명해 주는 요인이라는 점에서도 중요한 연구의 필요성이 제기된다.

셋째, 사회적경제의 구성요소들인 기업가주의(혁신)와 사회적 자본(협력)이 지역발전으로 연결되기 위해서는 어떤 과정이 요구되는가? 이와 관련해서는 사회적경제의 핵심 가치로 여겨지는 호혜성의 역할을 가늠해 보고자 한다. 기업가주의를 통해 사회적 자본을 형성하고 나아가 지역발전으로 연결하기 위해 필요한 과정으로 호혜적 분배라는 조건을 주목하고자 한다. 호혜적 분배는 사회적경제 활동에 참여한 이해관계자들에게 이익이 공정하게 분배되는 것이다. 이것이 보장되지 않으면 사회적경제를 통해 경제적 성과가 발생하더라도 협력과 신뢰의 사회적 자본을 형성하기 어려울 수 있다. 이 글에서 호혜적 분배, 또는 분배적 호혜성은 사회적경제의 경제적인 것이 사회적인 것으로 연결되는 관계를 중재하며, 공통적인 것을 창출함으로써 사회적경제가 지역발전에 기여하도록 만드는 요인으로 설정된다.[5]

---

5 네그리·하트(Negri & Hardt)는 공통적인 것(the common)을 물질적 세계의 공통적 부(common wealth)와 더불어 사회적 생산의 결과물 중에서 사회적 상호작용 및 차후의 생산에 필요한 것들 – 지식, 언어, 코드, 정보, 정동 등 –이 포함되는 것으로 본다(네그리·하트, 2014: 16).

이것은 낙후된 농촌지역의 현실에서 협력과 공동체성을 증진하려면 무엇보다도 혁신을 통한 공동생산의 성과를 호혜적으로 공정하게 분배하는 과정이 지역사회 차원에서 사회적경제를 촉진시키는 핵심 요인이라는 시각에서 도출된 것이다. 이러한 문제의식을 바탕으로 이 연구에서는 기업가주의가 사회적 자본을 촉진시키는 과정을 매개하는 호혜적 분배를 통해서 사회적 자본의 형성 및 사회적경제를 통한 지역발전도 가능하다는 점을 밝혀 보려고 한다.

이상의 논의를 종합해서, 이 연구는 사회적경제의 원리를 구성하는 내적 요소들과 함께 관계를 중심으로 사회적경제가 지역발전에 미치는 효과를 분석하려고 한다. 사회적경제를 구성하는 혁신(기업가주의), 호혜(분배의 공정성), 협력(사회적 자본)의 요인들이 지역발전에 이르는 과정을 경험적으로 분석함으로써 사회적경제가 지역발전을 가능하게 하는 효과적인 수단임을 입증하고자 한다.

특히, 사회적경제와 지역발전의 관계에서 기존의 연구들이 다루지 않았던 혁신적 기업가주의와 호혜적 분배의 역할을 새롭게 조명하여, 이들이 사회적 자본을 형성하고 지역발전에 미치는 영향을 통계적 방법을 통해 규명한다. 요약하면, 이 연구는 지역사회에서 혁신을 통해 공동사업의 가시적 성과를 내고, 이를 호혜적으로 분배하고 공유하면, 협력과 공동체성이 강화된다는 논리로 사회적경제의 작동방식을 설명하고 이를 통해 지역발전에 이르는 과정을 분석한다. 연구방법은 사회적경제 활동으로 진행된 농촌지역개발사업에서 확보한 설문조사 자료를 활용해 경험적 분석을 시도한다. 경험적인 분석결과를 바탕으로 향후 농촌 및 지역사회에서 사회적경제를 뿌리내리고 지역발전을 강화하는 데 기여할 수 있는 이론적 실천적 함의들을 제시할 것이다.

2. 이론적 논의

1) 지역사회 기업가주의

(1) 사회적경제와 기업가주의

지역발전과 연관해서 기업가주의(*entrepreneurship*)[6]는 경제적 기회를 포착하며 자원을 조직하고 기회를 활용하여 새로운 경제활동을 창출하는 것을 의미한다(Alsos, Carter, Ljunggren & Welter, 2011: 8). 일반적으로 기업가주의는 북미를 중심으로 기업가 개인의 자질이나 인적 자본의 역량으로 논의되었다. 반면, 유럽에서는 사회적기업가주의(*social entrepreneurship*) 개념을 통해 개인보다 집합적 거버넌스의 메커니즘에 초점을 맞췄다(Bacq & Janssen, 2011: 383). 사회적기업

---

6 '*Entrepreneurship*'은 지금까지 대부분 '기업가정신'으로 번역되었다. 그러나 기업가정신이란 용어는 기업가 개인의 자질이나 역량을 표현할 수는 있어도, '정신'이란 용어의 어감은 사회적기업가주의 개념이 강조하는 사회적이고 집합적이며 과정적인 측면을 모두 포함하기에 한계가 있다. 이 연구에서는 '기업가주의'라는 용어를 사용함으로써 사회적기업가 주체가 갖고 있는 가치, 자원, 태도, 역량, 전략뿐만 아니라 이들이 타자 및 사회경제적 조직과 맺는 관계와 집합적 과정의 활동을 포함시키고자 한다. 그리고 내용적으로 '기업가주의' 개념은 슘페터적인 '혁신적 기업가주의'와 '사회적기업가주의'의 맥락에 가까운 의미로 사용한다.

가주의는 집합적인 차원을 지니는 동시에 사회적 목적을 추구하는 과정으로서의 특성이 강조된다(Defourny & Nyssens, 2006). 기업가 개인과 영웅적 기업가에 초점을 맞춘 기존의 기업가정신 개념을 대신해서 사회적기업가주의를 강조하는 입장에서는 기업가주의를 사회적 맥락에 배태되어 있는 과정으로 이해한다(Johannisson, 1990). 사회적기업가주의는 사회적기업가들이 배태된 네트워크를 통해 형성하는 집합적 행동인 것이다(Hulgård & Spear, 2006: 89). 또한, 사회적기업가주의는 사회적경제 조직과 활동의 사업적 효과를 달성하는 데 핵심적인 역할을 수행한다. 사회적경제의 경제적 성과 여부는 사회적기업가의 역량에 영향을 받기 때문이다. 이러한 특성을 반영해서 최근 사회적기업가주의를 학교 및 직업교육과 대학교육 프로그램에 적용해서 사회적경제를 발전시키는 중요한 수단으로 활용하는 경향이 늘고 있다(European commission, 2013: 90). 사회적기업가주의는 특히 사회적경제 조직 및 활동의 주체와 행위를 이해하는 데 도움을 준다.

이러한 사회적기업가주의는 사회적 혁신과 밀접하게 연관된다. 사회적기업가주의는 상업적 기업가주의와 달리 사회적 가치를 생산하는 새로운 기회들을 창출함으로써 사회문제를 해결하는 혁신적 활동을 의미한다(Nicholls, 2008: 13; Defourny & Nyssens, 2010: 38). 사회적기업가주의는 사회적경제를 실현하는 과정에서 기존의 자본주의 시장경제가 지향하는 가치, 목적, 형식, 주체, 관계 등 기존의 모든 것들에 대해 이전과 다르게 접근하면서 창조적 파괴를 수행하는 사회경제적 활동 전반을 가리킨다고 할 수 있다. [7] 기업가주의 개념을 구성하는 핵심 요인이 혁신이라는 점을 알 수 있다. 사회적기업가주의는 사회적 혁신을 창출한다. 여기서 사회적 혁신은 사회문제를 해결하거나 상황을 개선하기 위한 일체의 새로운 접근, 실천, 혹은 그 결과로 만들어진 새로운 생산물을 가리킨다(Bouchard, 2012). 사회적 혁신은 사회적기업가주의가 실행된 결과로서(Bouchard, 2012), 사회적기업가주의는 혁신을 통해 사회적경제 조직의 지속가능성과 새로운 사회적 가치를 생산한다(Hulgård, 2014: 77). 사회적 혁신가들은 필요와 기회를 포착하고 관련 정보와 지식을 교환하며 새로운 아이디어를 활용한 창의적인 비즈니스 사업을 시도한다는 점에서, 사회적 혁신은 사회적 영역뿐만 아니라 경제적 영역에서도 시도되는 사회경제적 실험이라 할 수 있다(Laville, Levesque & Mendel, 2008: 178). 사회적기업가주의는 경제적 기회를 활용해서 공동의 사회적 목적과 공익을 추구하기 때문에(Thompson, 2008: 149), 사회적경제의 경제적 성과를 이끌어 내는 새로운 경제의 모델로 주목받고 있다(European Commission, 2013: 78). 따라서 기업가주의와 결합된 사회적 혁신은 사회적경제를 구성하는 매우 중요한 요소라고 할 수 있다. 이런 점에서 기업가주의와 혁신은 사회적경제의 경제성 차원에 상응하는 개념이다. 기업가주의를 통해 발현된 혁신은 사회적경제 조직과 활동을 촉발시키고 지속가능하게 만드는 동력이다.

---

7 슘페터에 따르면, 혁신은 생산요인들의 새로운 결합으로서 그러한 생산요인들에는 새로운 제품의 생산, 새로운 과정의 도입, 새로운 시장의 개척, 새로운 자원들에 대한 접근, 그리고 산업 재조직화 등이 포함된다(Schumpeter, 1934).

(2) 지역사회 기업가주의

기업가주의는 지역경제발전의 원동력이다. '창조적 혁신'은 지역발전 전략의 성공 요인이자 새로운 지역발전 패러다임으로 제시된 바 있다(정동일·성경륭, 2010; 성경륭·박준식, 2013: 108). 기업가주의를 이해하기 위해서는 다양한 방식으로 창의적 활동들이 형성되는 지역적 특성을 신중하게 고려할 필요가 있다(Defourny & Nyssens, 2010: 49). 이와 관련해서 사회적기업가주의와 지역발전을 연결시킨 지역사회 기업가주의(*community entrepreneurship*) 개념을 주목할 만하다(Johannisson, 1990; Johannisson & Nilsson, 1989). 말하자면, 지역사회 기업가주의는 사회적기업가주의와 사회적 혁신이 지역사회의 맥락에 적용된 개념이라고 말할 수 있다. 지역발전에 헌신하는 변화의 주체로서 혁신적 지역개발 과정을 조직하는 혁신가들을 지역사회 기업가 또는 혁신가(*community entrepreneur*)라고 부를 수 있는데(Johannisson, 1990; Spilling, 2011: 28), 이들은 지역사회의 경제발전, 구성원에 대한 복지서비스 제공, 삶의 질 개선, 생태 환경의 보호에 힘쓰며 자신이 속한 공동체를 위해 헌신적으로 일하는 지역 리더와 주민들이다. 이들은 자신들의 가치, 실천, 활동을 지역사회에 배태시킴으로써 대안적 지역발전 모델을 추구한다(Sonnino & Griggs-Trevarthen, 2013: 287). 바로 이러한 지역사회 기업가들이 지역발전의 사회적 기반을 구축하고, 기회를 포착하며, 새로운 아이디어를 개발하여, 지역 내부와 외부 자원을 동원하고, 공동체의 공공재를 위한 창조적 기획을 수행하는 과정을 지역사회 기업가주의(*community entrepreneurship*)라 할 수 있다(Johannisson & Nilsson,

1989; Dana, 2008; Torri, 2009; Jung, 2014: 6). 이러한 지역사회 기업가주의는 소규모의 친밀한 지역적 범위에서 서로 이해를 공유하는 주민들이 기존의 활동 요소들을 혁신적으로 재구성하는 것을 의미한다(Torri, 2009: 417). 지역사회 기업가주의는 개인의 속성이 아닌 공동체의 특성에 기반을 둔 기업가주의를 강조한 것이다(Alsos et al., 2011; Jung, 2014). 이러한 기업가주의 혁신 활동은 지역사회의 사회적 맥락에 깊숙이 배태되어 집합적이고 지역적 맥락에서 발생하며, 나아가 지역사회에 기여하는 목적과 지역사회와 주민들의 광범위한 이익을 추구한다. 또한, 지역사회 기업가주의는 개별 기업가 개인을 넘어선 집합적 과정을 강조하기 때문에, 개인의 행동으로 국한되지 않고 집단에도 적용할 수 있다(Torri, 2009: 417). 예컨대, 지역사회 기업가주의를 실천하는 기업가주의 리더들, 기업가팀(*entrepreneur team*), 또는 그들의 네트워크로 개념화할 수 있는 것이다.

이러한 지역사회 기업가주의는 농촌지역발전을 위한 새로운 전략으로 주목받았다(Alsos et al., 2011; Beaudoin, LeBel & Bouthillier, 2011). 지역사회 기업가주의는 특히 낙후지역의 발전에서 중요한 자원이다(Johnstone & Lionais, 2004; 박준식·정동일·성경륭, 2012; 정동일·성경륭, 2010; Jung 2014). 지역사회 수준에서 사회적경제를 활성화하려는 다양한 지역개발사업들이 증가하면서, 농촌의 경제적 발전을 기업가주의 관점에서 사업화하는 사례도 점점 늘고 있는 추세이다. 지역사회 기업가주의는 농촌 지역에서 사회경제적 발전을 촉발시키는 기폭제로 활용하기에 매우 유용한 방법이다(Alsos et al., 2011: 14). 이런 맥락을 바탕으로 유럽의 농촌지역에서는 소외된 농촌사회의 복원과 지속가능성을 위해 선결되어야 할 조건이 자립과 순환의 지속가능한 경제를 구축하는 것이란 관점에서, 기업가주의에 기초한 소규모 농촌회사의 창업을 촉진하는 새로운 프로그램들이 추진되고 있다(Torri, 2009). 지역에서 혁신적 기업가주의에 기초한 경제활동이 어떻게 지역발전에 기여하는지에 관한 다양한 가능성들이 모색되고 있는 것이다. 지역사회 기업가주의에 해당하는 구체적인 내용들은 먹거리 협동조합, 로컬푸드 사회적기업, 그린투어리즘, 지역축제와 같은 새로운 지역사회 기반 발전전략의 사례들에서 찾아볼 수 있다. 이러한 사회적경제 조직과 활동을 통해 새로운 사업기회의 발견, 다양한 아이디어의 창조적 조합, 자원의 효과적 재구성, 지역사회 지원체계의 재구조화를 실행하는 과정이 바로 지역사회 기업가주의에 해당한다(Jung, 2014: 7).

이러한 논의를 바탕으로 이 연구에서는 다음과 같은 내용들을 중심으로 지역사회 기업가주의를 분석하는 경험적인 지표들로 활용한다. 첫째, 교육과 학습 및 토론을 통한 혁신적 기업가주의이다. 지역개발 사업 과정에서 지역주민들의 교육, 학습, 회의, 토론은 사회적경제를 촉발하며 지속가능하게 만드는 데 매우 중요한 요소이다. 이를 통해 지역문제를 함께 해결하는 과정에서 신뢰와 협력의 기반이 마련될 수 있다. 지역주민들이 모여 혁신적 사례를 학습하고 새로운 아이디어를 기획하고 실행하는 과정을 거쳐 지역사회에 기업가주의를 확산시킬 수 있다. 마을리더교육은 이러한 지역사회 기업가주의의 사례로 볼 수 있으며, 이를 통해 사회적 자본의 형성이 가능하다(정동일·허목화, 2012). 둘째, 지역자원의 활용이다. 지역자원을 효과적으로 동원하고 활용하는 것은 지역사회 기업가주의의 중요한 전략이다. 지역사회 기반의 기업가주의는 호혜적 가치를 창출하는 데 필요한 지역자원을 교환하고 협력하는 관계를 만든다(Ratten & Welpe, 2011: 283). 지역사회 기업가들은 지역사회의 자연자원 및 사회문화적 자원들을 동원하는 역량을 통해 지역사회의 새로운 리더로 등장한다. 셋째, 귀농귀촌인의 전문지식과 기술이다. 지역사회 기업가주의는 새로운 주체의 역량과 경제활동을 포함한다. 최근에 특히 지역발전에 기여하는 귀농귀촌인들의 기업가주의가 주목받고 있다(Atterton, 2007; Atterton, Newbery, Bosworth & Affleck, 2011; Beaudoin et al., 2011; Bosworth & Atterton, 2012). 귀농귀촌인들이 농촌 지역발전과 새로운 경제를 주도할 주체로 해석되는 것이다. 도시에서의 직업적 경험과 전문지식을 배경으로 지역사회에 배태된 귀농귀촌인들은 농촌지역에 새로운 지식과 정보를 제공하며 지역사회 기업가주의의 새로운 지평을 개척하는 데 중요한 역할을 한다(Alsos et al., 2011: 14; Atterton et al., 2011). 특히 귀농귀촌인들은 지역사회 외부 네트워크를 활용해서 지역경제 활성화에 기여한다(Atterton, 2007). 귀농귀촌인들 가운데 이러한 새로운 기업가주의를 실천하며 농촌지역 사회적 경제에 참여하는 사례가 늘고 있다(이해진·김철규, 2013). 넷째, 지역 외부의 자원과 전문가와의 네트워크이다. 지역사회 내부와 외부를 연결시키는 비즈니스 네트워크가 농촌 지역발전의 핵심 전략으로 부상하고 있다(Young, 2010). 지역사회에서 새로운 경제적 활동을 실험하고 있는 기업가나 소규모 조직들은 지역 내·외적으로 형성된 사회적 관계의 네트워크에 배태되어 있다. 낙후지역과 같이 지역사회 발전의 경험과 기술이 부족한 곳에서 지역사회 기업가는 정부의 지원이나 전문가의 조언, 일반기업과의 협력과 같은 외부의 지원을 활용한다(Jung, 2014: 8). 지역 외부와의 네트워크는 지역발전에 필요한 지식, 정보, 자원을 제공한다. 다섯째, 지역사회 기업가주의와 결합된 경제적 성과이다. 지역사회 기업가주의는 혁신의 결과물인 경제적 성과를 포함한다. 최근에 기업가주의는 지역 내부에 일자리와 부의 창출을 가져와서 궁극적으로 지역 자체를 변화시키고 발전시키는 요인으로 평가되고 있다(Julien, 2007). 혁신적 기업가주의 활동은 경제적 성과를 가져오는 핵심적인 동력으로서 실질적인 경제적 성과에 영향을 미친다(Baumgartner, Schulz & Seidl, 2013; Hulgård, 2014). 이런 점에서 사회경제적 이익은 지역사회 기업가주의가 작동한 결과로 볼 수 있는 지표들 가운데 하나이다(Thompson, 2008: 153). 따라서 지역사회 기업가주의는 공동사업에 참여하는 지역주민의 경제적 이익과도 결합된다.

2) 지역사회 사회적 자본

(1) 사회적경제와 사회적 자본

사회적경제는 사회적 자본을 조건으로 하는 동시에 그것을 창출한다. 지역발전과 연관된 사회적경제의 역할에 주목한 연구들도 사회적경제 혹은 사회적기업이 사회적 자본을 창출하거나 활용하는 방식에 초점을 맞추어 분석한다(Amin et al., 2002; Kay, 2006; Hulgård & Spear, 2006; Evans & Syrett, 2007; Bertotti, Harden, Renton &

Shreidan, 2012; Eversole, Barraket & Luke, 2014). 사회적 자본은 사회적경제를 구성하는 핵심 요소 가운데 하나로 해석된다. 사회적 경제는 호혜와 연대의 원리를 토대로 축적되는 사회적 자본에 기초한 다(장원봉, 2007: 27). 지역주민의 신뢰와 협력을 의미하는 지역 수준 에서의 사회적 자본을 기반으로 사회적경제의 토대가 다져질 수 있 다. 지역주민들 간의 연대, 호혜적 신뢰, 지역사회 외부 지지세력과 의 네트워크 등의 사회적 자본 없이는 지역사회에서 사회경제적 활성 화를 기대하기 어렵다(정동일·허목화, 2012: 167). 사회적경제와 사 회적 자본의 관계를 논의한 기존의 연구들은 대체로 조직이나 지역별 사례연구에 의존해서 사회적경제의 형성과 발전을 주로 사회적 자본 의 역할을 중심으로 설명한다(Lukkarinen, 2005; Evans & Syrett, 2007; Sonnino & Griggs‐Treavarthen, 2013: 275; 신명호·이아름, 2013).

다른 한편, 지역발전과 연관해서 사회적경제가 사회적 자본을 형 성하는 역할도 고려되고 있다(Evans & Syrett, 2007: 60). 사회적경 제 조직인 사회적기업은 사회적 자본을 활용하는 동시에 사회적 자본 을 창출한다(Kay, 2006: 158). 에번스와 시렛(Evans & Syrett, 2007) 은 사회적경제 내부의 사회적 자본이 지역발전 과정에 기여하는 역할 을 조명했다. 이와 같이 사회적 자본은 주민들 간의 신뢰와 협력이라 는 사회적 관계를 함축한다. 이러한 점에서 사회적 자본은 사회적경 제의 공동체적 측면에 해당하는 핵심 요소로서 사회적경제의 조건이 자 결과물이라 할 수 있다. 따라서 사회적경제의 구성요소들을 중심 으로 지역사회에서 사회적경제를 발전시킬 수 있는 조건을 파악하기 위해서는 사회적경제의 활동과 사업이 어떻게 지역사회의 사회적 자본을 형성하는가를 분석할 필요가 있는 것이다.

(2) 지역사회 사회적 자본

사회적 자본이 지역발전에 기여한다는 점을 밝혀낸 다수의 연구들이 있다. 퍼트넘은 신뢰, 호혜의 규범과 네트워크 같은 지역사회 차원의 사회적 자본이 지역경제발전에 미치는 효과를 보여 주었다(Putnam, 1993; 2000). 사회적 자본은 통합과 연계의 형식에 기초한 집합적 방식으로 지역경제의 발전을 가져올 수 있다(Woolcock, 1998). 여기서 개인 수준의 사회적 연결망을 넘어 그러한 개인들이 배태되어 있는 사회적 맥락을 포함한 지역사회 사회적 자본이 강조된다. 개별 기업가들의 사회적 네트워크는 좀더 광범위한 사회적 맥락에 배태되어 있고, 개인들의 행위와 성과는 보다 광범위한 사회 환경의 영향을 받기 때문에 개인의 사회적 자본을 촉진하거나 제한할 수 있는 맥락적 요인들에 주목해야 한다(Granovetter, 1985; Kwon, Heflin & Ruef, 2013: 981).

사회적 자본과 지역발전의 관계는 사회적경제를 매개로 할 때 더욱 효과적으로 연결될 수 있다. 예를 들어, 사회적경제가 추구하는 사회적 목적이 지역발전에 필요한 규범과 네트워크를 발전시키는 데 기여할 수 있기 때문이다(Evers, 2001; Evans & Syrett, 2007: 60). 지역사회에서 공동의 경제사업을 추진하는 과정에 지역주민들 간의 신뢰가 높으면 공동사업에 대한 자발적 참여와 협력이 증진되고 사회적 네트워크를 통해 다양한 정보와 자원들이 공유되고 소통될 수 있기 때문에, 사회적 자본은 지역발전을 가져오는 효과적인 연결고리가 될 수 있다(Jung, 2014: 15). 따라서 지역발전과 사회적경제의 관계를 다루기 위해서는 지역 수준의 사회적 자본에 주목할 필요가 있다. 이런 맥락에서 최근에 사회적 자본과 기업가주의의 관계를 분석하면서 지역사회 사회적 자본(*community social capital*)에 주목하는 연구들이 등장하고 있다(Kwon et al., 2013; Jung, 2014). 지역사회 사회적 자본은 지역사회 내부의 사회적 관계의 특징을 반영하는 하나의 자원으로 정의된다(Kwon et al., 2013: 982). 개인 수준의 사회적 자본은 개인이 동원할 수 있는 개인적 자원이자 사유재로 간주하는 반면에, 지역사회 차원의 사회적 자본은 개인을 초월한 지역사회 구조에 주목하면서 사회적 자본의 공공재(*public good*)로서의 기능을 강조한다(Kwon et al., 2013: 981). 지역발전과 사회적경제 활성화에 기여하는 지역사회 사회적 자본은 집합적이고 공공재적인 성격을 갖는다.

이처럼 사회적경제와 지역발전의 증진과 관련된 지역사회 사회적 자본을 구성하는 요인들에는 신뢰, 협력, 참여, 규범, 소통의 범주들이 포함된다. 이 가운데 신뢰는 지역사회 사회적 자본을 가늠하는 핵심적인 지표라고 할 수 있다. 사회적 자본은 한 사회 내에 존재하는 사회적 신뢰의 정도로부터 형성되므로(Fukuyama, 1995), 지역사회 사회적 자본도 주민들의 사회적 신뢰 수준에 의해 측정된다(Kwon et al., 2013: 982). 사회적 신뢰에 기초한 지역사회 사회적 자본은 정보의 공유와 이해를 통한 소통을 용이하게 해준다(Kwon et al., 2013: 983). 이와 같이 신뢰와 협력에 기초한 지역사회 사회적 자본은 지역사회 차원에서 사회적경제와 지역발전을 촉진하는 데 기여한다.

3) 지역사회 기업가주의와 사회적 자본의 관계

사회적 자본과 기업가주의는 사회적경제의 조건과 동학을 규명하는 핵심적인 요인이다(Kay, 2006; Hulgård & Spear, 2006; Evans & Syrett, 2007; Defourny & Nyssens, 2010; Bouchard, 2013; European Commission. 2013). 지역사회의 신뢰, 협력을 의미하는 사회적 자본은 사회적경제를 작동시키는 원천이자 결과이다. 혁신적 기업가주의는 사회적경제의 촉발과 지속가능성에 필수적인 조건이다. 사회적경제의 내적 구성요소로서 사회적 자본을 사회적경제의 구조적 요소로 볼 수 있다면, 기업가주의는 사회적경제의 주체와 전략적 요소에 해당한다고 말할 수 있다. 지역사회 차원의 사회적 자본과 기업가주의는 지역사회의 맥락에 배태되어 있고, 사회적경제 활동의 전개 과정에 따라 변화하는 구성적인 특성을 갖는다.

지금까지 사회적 자본과 기업가주의의 관계에 대한 분석은 주로 사회적 자본이 기업가주의를 촉진시키는 과정을 다루었다(Kwon et al., 2013; Gedajlovic, Honig, Moore, Payne & Wright, 2013; Jung, 2014; McKeever, Anderson & Jack, 2014). 예컨대, 사회적기업가주의는 사회적 자본이 동원되거나 반영된 결과로 해석된다(Hulgård & Spear, 2006: 88). 이러한 연구들은 지역사회 사회적 자본이 지역사회 기업가주의를 촉진시켜 지역경제발전에 기여하는 것으로 설명한다. 이와 달리, 이 연구에서는 기업가주의가 사회적 자본의 형성과 변화에 영향을 미치는 가능성에 초점을 맞추고자 한다. 사회적 자본을 형성하는 데 기업가주의가 중요한 역할을 한다고 볼 수 있기 때문이다(Evans &

Syrett, 2007: 61). 사회적기업가주의의 의미를 경제적 가치들을 사회적 가치들로 전환시키는 과정으로 볼 수 있다면(Light, 2008), 사회적 기업가주의가 경제적 성과를 사회적 신뢰나 협동으로 전환시키는 역할을 한다는 가설적 추론이 가능하다. 지역사회 기업가주의가 만들어낸 혁신과 경제적 성과가 지역사회 사회적 자본과 같은 공동체적 관계를 창출하는 가능성도 존재하는 것이다.

최근 들어 사회적경제의 맹아들이 지역사회에서 공동의 호혜적인 경제적 활동 경험으로부터 형성되고 있다(최혁진, 2012). 이 연구의 경험적 분석 대상인 농촌지역개발사업 사례에서 실제 진행된 사회적 경제 활동의 전개과정을 살펴보면 다음과 같다. 사업 초기에는 사업 기획, 참여자 모집, 교육, 견학, 외부 전문가의 컨설팅, 지역자원의 동원이 먼저 전개된다. 혁신적·사회적경제 활동이 실행되면서 가시적인 경제적 성과와 보상이 이루어지고, 이에 따라 지역주민들과 이해관계자들의 참여와 이탈이 전개되는 과정에서 신뢰 및 협력의 형성이나 변화가 발생한다. 이 과정에서 기업가주의는 사회적경제를 촉발시키는 기폭제로서 중요한 역할을 갖는다. 지역사회의 혁신적 사업이 개인의 이익의 체험과 결합되면, 참여자들은 개인의 이익이 공통의 사업을 통해 가능하다는 인식과 함께 혁신적 기업가들과 지역주민들에 대한 신뢰와 참여를 고양시키고, 공동사업을 함께 운영하면서 협력의 기술을 강화할 수 있을 것이다. 지역개발사업의 성공은 마을 주민들의 지지를 이끌어 내는 데 큰 도움이 된다(정동일·허목화, 2012: 161). 여럿이 힘을 합치면 지역발전이 가능하다는 신뢰와 협력을 이끌어 낼 수 있는 것이다. 기업가주의를 통한 공동생산과 경제적 이익의 체험은 지역사회 사회적 자본인 신뢰와 협력을 형성하는 촉매 역할을 할 수 있는 것이다.

경제적 성과 이외에도, 지역주민들이 참여하는 교육과 학습을 통해 혁신적인 기업가주의가 공유되고 확산됨으로써 협력과 신뢰 및 지역 안과 밖의 다양한 네트워크와 같은 사회적 자본의 동원도 이끌어낼 수 있을 것이다. 지역주민들은 학습을 통해 지역공동체의 혁신적 경제활동과 공동사업이 개인의 이익을 확보하는 데도 유리하다고 인식하고 혁신적 기업가들의 헌신적 역량을 신뢰하며 협력적 네트워크에 동참하게 되는 것이다. 국가나 자본이 주도하는 개발사업이 아니라, 지역공동체의 자발적 주체들인 귀농귀촌인이나 지역리더들이 혁신적 기획을 창안하고, 지역 내생적 자원을 활용하는 동시에 외부와의 개방적인 네트워크 연계를 통해 자원 동원을 확장하며, 참여 주민들이 교육과 학습을 통해 창의적인 주체로 거듭나면서 공동의 이익을 통해서도 개인적 이익을 확보할 수 있다는 체험을 하게 되면, 사회적 경제와 지역발전에 필요한 신뢰와 협력의 기반이 조성되는 것이다.

이러한 가설적 추론은 기존의 이론적 분석이나 연구 결과에서 나온 것이라기보다는 한국의 농촌 지역사회와 주민들의 현실에 대한 경험적 발견과 지식에 착안한 것이다. 그간 한국 농촌 및 소외지역에서 진행되었던 지역개발사업 현장에서 직접 목격하고 해석된 이해로부터 도출된 것이다. 10년 넘게 농촌 마을 현장에서 마을만들기와 농촌형 사회적경제 사업을 창의적으로 주도했던 지역운동 실천가의 진단에서도 이를 확인할 수 있다.

마을만들기를 통한 지역재생은 '소득향상'이란 눈앞의 경제적 성과를 무시하지 않으면서도 총체적인 주민 삶의 질 향상이란 장기 목표도 동시에 실현해 나가야 한다. 주민들은 눈에 보이는 단기적이고 가시적인 경제적 성과에 치중하는 경향이 강하다. 소득수준이 낮은 농촌현실을 고려한다면 이러한 경제적 성과가 마을 공동활동의 큰 자극제가 되는 것이 사실이다. 경제적 가치를 인정하면서 마을의 '공동대응력 향상'이란 장기 목표와 방향성을 견지하면서 쌍방이 조화될 수 있도록 지혜롭게 대처해 나가야 한다(구자인, 2007: 65).

이처럼 이 연구는 지역사회 사회적 자본의 형성 기제를 지역사회 기업가주의를 통해 조명하는 새로운 시도를 담고 있다. 농촌 및 소외지역이나 도시지역에서 사회적경제를 새롭게 시도하는 단계에서 지역사회 기업가주의는 지역사회 사회적 자본을 촉발시키는 기능을 수행함으로써 사회적경제와 지역발전의 기반을 마련하는 역할을 할 수 있다. 그것은 사회적경제의 경제성이 공동체성을 강화하는 것이며, 지역사회에서 혁신적 경제 활동이 공통의 부(common wealth)를 창출함으로써 공동체적 협력도 가능해 진다는 새로운 논의를 불러 올 수 있을 것이다.

4) 호혜적 분배

그런데, 지역사회 기업가주의가 지역사회 사회적 자본을 촉진하는 과정에서 수반되어야 할 중요한 매개 조건과 과정이 있다. 지역사회 기업가주의와 같은 경제성 차원이 사회적 자본과 같은 공동체성을 높이는 데 기여하기 위해서는 호혜적 분배를 통한 공정성과 공익성이 매개되어야 한다. 지역사회에서 추진된 사회적경제 사업이 성공한 이후에는 심지어 사회적 목적을 희생할지라도 공정한 분배가 이루어져야 한다(Amin et al., 2002: 118). 그렇지 않으면, 기업가주의가 사회적 자본의 형성에 미치는 효과가 축소되거나 왜곡되는 문제가 발생하기 때문이다. 혁신적 기업가주의에 기초한 사회경제적 성과가 권력과 자본의 힘에 따라 사유화되고 폐쇄적으로 독점되거나 신자유주의적 시장화에 종속되면, 결과적으로 사회적 자본의 촉진이나 지역발전의 효과를 기대하기 어렵다. 구성원들에게 공통의 이익을 보증하지 못하는 경제적 성과는 오히려 공동체의 분열과 구성원들의 이탈과 무관심의 문제를 발생시켜 신뢰와 협력을 깨뜨릴 수 있기 때문이다. 기업가주의에 포함된 경제적 이익이 권력과 자본의 지원 아래 소수에게만 수혜가 독점된다면 이는 신자유주의적 기업가주의로 전락해서 오히려 불평등과 갈등을 심화시킬 것이다(이해진, 2012). 결국 실질적 이익에 기초한 공동체적 신뢰와 통합은 호혜적 분배가 매개되어야만 효과를 거둘 수 있다.

호혜성의 원리는 구성원에게 공동체의 일원으로서 수행한 미덕과 의무, 대칭성의 원칙에 따라 경제적 보상을 제공하는 것이다(폴라니,

2009: 188; 김왕배, 2011). 공동체의 유대를 돈독하게 만드는 호혜적 분배의 과정은 공동의 이익을 통해서 개인의 이익을 증대시키는 원리를 갖는다. 이러한 호혜적 분배의 경험을 통해서 사회적 신뢰와 지역 정체성을 고양시키고 공동협력의 가능성도 높아질 수 있다. 따라서 지역사회 기업가주의와 결부된 경제적 이익은 호혜적 분배를 통해서만 지역사회 사회적 자본의 형성과 지역발전으로 연결될 수 있다. 지역발전에 기여하는 기업가주의와 사회적 자본이 효과적으로 작동하기 위한 조건으로 호혜적 분배의 원리가 충족되어야 한다.[8] 이러한 논의들은 결국 사회적경제를 가능하게 하는 조건이 호혜성의 원칙에 있으며, 사회적경제를 통한 지역발전을 분석함에 있어서도 호혜의 요소가 혁신이나 협력과 어떻게 연관되는가를 함께 다루어야 함을 의미한다.

호혜성은 사회적경제의 원리로서 그동안 규범적 측면이 주로 강조되었다(김정원, 2014). 그러나, 호혜의 가치는 당위적이거나 규범적인 것으로만 주장될 수 있는 것이 아니라, 호혜적 교환의 이면에 작동하는 현실의 사회적 기반과 물적 조건들이 함께 고려될 필요가 있다. 호혜적 분배의 형평성과 상호성은 일차적으로 자신과 상대방의 이해

---

8 사회적 자본은 개인과 집단의 이해관계의 갈등 및 권력의 저항에 의해 그것의 형성과 지속가능성이 위협받는다. 사업성과가 즉각 나타나지 않고 이해관계가 파편화되면 지역개발사업에서 혁신을 통한 공동자원(커먼즈)의 생산과 사회적 자본의 지속은 어렵게 된다. 협력과 호혜의 원칙에 따라 사업이 시작되더라도 지역의 기득권 세력이 이를 가로막거나 그들에게 이익이 집중되고 독점되면 더욱 그렇다(정동일·허목화, 2012: 157).

관계를 동등하게 고려하면서 예상된 보상의 가치가 자신이 공급한 자원의 가치와 등가적으로 보장될 때 작동하는 것이다. 지역사회 기업가주의를 통해 창출된 공통의 부와 개인적 이익을 지역사회 사회적 자본으로 축적함으로써 지역사회에서 사회적경제의 기반을 구축하기 위해서는 이러한 호혜적 분배가 수반되어야 한다. 9 혁신적 기업가주의의 성과가 지역사회 구성원들에게 호혜적으로 체험되고 공통적인 것으로 소유되어야 한다. 이러한 호혜적 분배의 공정성과 공통성은 호혜적 교환의 규범보다는 호혜적 분배의 실질적 내용을 강조하는 것이다. 호혜적 분배가 호혜적 규범과 교환을 가능하게 하는 실질적 조건이자 물적 토대라고 할 수 있다. 따라서 지역사회 기업가주의를 통한 경제적 성과가 다수의 공동이익을 보장하는 방식으로 호혜적 분배가 실현될 때에만 신뢰와 협력의 지역사회 사회적 자본과 공동사업체나 공통의 부와 같은 물질적인 공통적인 것을 형성할 수 있다. 사회적경제의 혁신, 호혜적 분배, 협력의 결과로 지역사회에 공동자원 또는 커먼즈(commons)를 재생산하거나 새롭게 형성할 수 있는 것이다. 10

한편, 호혜적 분배의 평등성과 공익성은 지역리더와 지역주민들의

---

9 호혜적 분배에 기초한 사회적 자본의 유형은 한국에서 오래된 역사를 가진 '계'에서 발견할 수 있다. 현재에도 존재하는 한국의 어촌계에서 확인할 수 있듯이, 계는 계원들의 상호출자에 의해 기금을 활용하기 때문에 구성원의 이해관계가 균형 있게 고려되어 분배가 등가적으로 이루어져야지 어느 일방이 혜택을 입어서는 안 된다 (최종렬, 2004: 120~121). 이러한 계는 마을의 공동자원의 사례이다(김자경, 2019).

10 이러한 점에서 사회적경제와 지역발전의 주제는 커먼즈 논의와 연계된다(이해진, 2019; 김자경, 2019; 정남영, 2015).

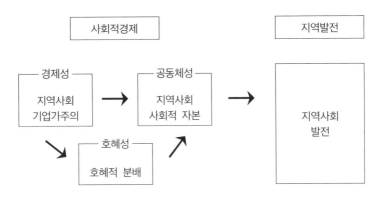

〈그림 5-1〉 사회적경제와 지역발전의 관계 분석틀

혁신적 기업가주의가 학습과 교육을 통해 재생산되고 공유되는 과정을 거쳐 확보될 수 있다는 점에 주목해야 할 것이다. 덧붙여 이러한 호혜적 분배를 작동시키는 사회적 기반은 바로 마을민주주의와 같은 지역사회의 사회적 관계와 역량에 기초한다. 따라서 호혜적 분배는 사회적경제를 작동시키는 호혜적 교환의 물적 토대이자 혁신이나 민주주의와 같은 지역사회 사회적 기반에 의존한다는 특성을 지닌다.

〈그림 5-1〉은 지금까지의 논의를 종합해서 이 연구의 분석틀을 도식적으로 나타낸 것이다. 이 논문에서는 사회적경제와 지역발전의 관계를 논의하기 위하여 사회적경제의 핵심적인 구성요소들과 원리를 중심으로 이 요소들이 서로 결합하는 메커니즘과 지역발전에 미치는 효과를 분석한다. 사회적경제의 핵심 원리를 경제적인 것(경제성)과 사회적인 것(공동체성), 그리고 양자를 매개하는 공통적인 것(호혜성)으로 구분해서 각각 지역사회 기업가주의, 지역사회 사회적 자본, 호혜적 분배라는 내적 구성요소들로 파악하고, 이러한 사회적경제의

요인들이 결합하면서 지역발전에 이르는 역동적 과정을 분석한다. 구체적으로 농촌 지역개발 과정에서 지역사회 기업가주의가 지역사회 사회적 자본을 창출하는 기제를 검토하고 이들이 지역개발사업의 성과를 통해 지역발전에 미치는 효과를 살펴본다. 아울러 이 과정에서 호혜적 분배가 이러한 과정을 완성시키는 매개요인으로 작동한다는 점을 분석한다. 이러한 이론적 프레임을 농촌지역개발사업에 대한 실증적 분석에 적용해서, 사회적경제의 구성요소들과 이들의 결합관계가 지역사회에서 사회적 자본과 사회적경제를 구축하는 중요한 요인들임을 밝혀 볼 것이다. 나아가 사회적경제와 지역발전의 관계를 규명하는 작업을 통해 새로운 지역발전 전략으로서 사회적경제의 가능성과 조건을 제시할 것이다.

3. 자료와 연구방법

1) 분석자료

이 연구의 자료는 2005년부터 2010년까지 농촌마을종합개발사업에 참여한 4개 권역의 주민들에 대한 설문조사와 개별면접을 통해 수집되었다. 농촌마을종합개발사업은 마을주민 중심의 자발적이고 상향식 방식으로 공동사업을 추진하도록 한 사업이다. 설문조사의 표집 방법은 2005년에 농촌마을종합개발사업이 시작하면서 최초로 선정된 전국 36개 권역을 모집단으로 삼아 층화표집과 지역 할당표집 방법을 활용하여 4개 권역의 마을주민들을 조사하였다. 먼저, 2010년 말 사업 종료 후 농림수산식품부가 평가한 기초자료와 연구자가 권역별 현장방문과 사전조사 및 인터뷰를 통해 생산한 자료를 바탕으로, 사업성과를 기준삼아 상위 8개 권역, 하위 8개 권역을 추출하였다. 다음으로 각 층에서 지역 할당을 고려하여 최종 4개 권역을 선정한 다음, 해당 권역 주민들의 마을인구, 성별, 연령별 비례를 감안하면서 리더 역할과 참여도를 반영하는 눈덩이표집을 실시하였다. 사업에 주도적으로 참여했던 위원회 대표와 임원들을 먼저 조사하고 이들로부터 주요 참여자들과 마을주민들을 소개받는 방식으로 표집했다. 설문조사 방법은 조사원이 가구별 방문을 통해 조사방법을 설명하고 피면접자가 구조화된 설문지에 직접 기입하거나 면접원이 응답내용을 설문지에 기입하는 방식으로 이루어졌다. 조사기간은 2011년 11월부터 2012년 2월까지 진행되었고, 권역별로 약 35명 내외로 수집된 전체 설문지 중 최종적으로 121부가 유효 설문지로 분석에 활용되었다. 응답자의 인구학적 특성을 보면 응답자 총 121명 가운데 남성이 71.9%, 여성이 28.1%였고, 교육수준은 중학교 졸업 이하 학력이 69.4%, 고등학교 졸업 이상이 30.6%였다. 연령은 평균 63.4세(표준편차 = 10.96, 최솟값 = 24, 최댓값 = 82)로 2012년 통계청 조사결과인 농가경영주 평균연령 64세와 거의 유사했고, 연간 가구총소득으로 측정한 소득수준은 평균 3,416만 원으로 2014년 통계청 조사결과인 3,495만 원과 거의 일치하였다.

2) 변수 측정

이 연구는 지역개발사업에서 지역사회 기업가주의가 지역사회 사회적 자본에 미치는 영향과 이러한 사회적경제 구성요소들이 지역발전에 기여하는 효과를 분석하려는 목적을 갖기 때문에, 종속변인은 지역사회 사회적 자본과 지역발전, 두 개의 변수로 구성된다. 먼저, 최종 종속변수인 '지역발전' 변수는 지역개발사업에 대한 종합평가, 마을발전에 기여, 지역공동체와 경제발전, 삶의 질 등 5개 척도에 대한 지역주민들의 평가를 합산해서 측정하였다(크론바흐 α = 0.911). [11] 다음으로 지역사회 기업가주의 변수는 5개의 항목을 종합해서 구성했다. 이 글의 이론적 논의 부분에서 다룬 내용을 바탕으로 지역주민들이 기업가적 혁신을 학습하고 공유하는 과정, 농촌 지역발전의 새로

---

[11] 지역발전 변수는 다른 변수들과 마찬가지로 지역단위의 객관적 지표들로 구성된 것이 아니라 설문조사를 활용한 지역주민 개인들의 주관적 평가에 기초한 결과들이다. 이러한 주관적 분석 모델을 선택한 이유는 분석대상인 지역개발사업에 대한 정부의 평가 등 객관적 지표와 실제 사업에 참여한 주민들의 주관적 평가가 다를 수 있으며, 사회적경제 사업과정에서의 변화를 포착할 수 있다는 장점을 갖기 때문이다. 또한, 사회적경제 요소들이 지역발전에 미치는 영향은 구체적인 사업과정을 통해서 파악할 수 있는 것이기 때문에 주민들의 평가에 기초한 측정을 통해서만 측정이 가능하거나 적합한 부분이 있다. 아울러 당사자들이 인식하는 변화에 대한 주관적 평가가 지역발전을 측정하는 실제 지표들에 비해서 지역사회자본의 형성 과정과 요인에 대한 미시적 변화와 특성을 보다 풍부하게 반영할 수 있다는 점에서 객관적 지표보다 응답자의 주관적 평가가 더 효과적인 측면도 존재한다. 그럼에도 불구하고 향후 연구에서는 객관적이고 거시적인 지표와 주관적이고 미시적인 지표의 장점을 결합한 연구방법들이 보완되어야 할 것이다[김영정(2014). "지역연구의 동향과 전망". 〈한국사회〉, 15(1)].

운 주체로 등장하고 있는 귀농·귀촌인의 기업가주의 역할, 지역 내생적 발전의 동력인 지역자원의 활용, 마을 공동사업을 통한 경제적 이익의 경험, 지역 외부 전문가와 연계된 지식 정보 네트워크 등이 지역사회 기업가주의를 경험적으로 측정하기 위한 분석 지표들로 활용되었다. 이러한 지표들의 순서대로 "주민들은 마을사업을 위한 교육, 견학 모임에 적극적으로 참여했다", "도시경험과 전문성을 갖추고 귀향, 귀농한 사람들의 역할이 컸다", "우리 마을만의 고유한 지역자원(경관, 특산물)을 잘 활용하였다", "마을외부 전문가(컨설팅업체, 자문교수)는 사업성과에 기여하였다", "주민들은 추진과정에서 눈에 보이는 경제적 이득을 경험했다"는 설문항의 진술에 응답자들이 동의하는 정도로 '지역사회 기업가주의' 변수를 측정했다. 이들 5개의 문항을 측정한 결과들을 종합하여 지역사회 기업가주의라는 변수로 구성했다(크론바흐$\alpha = 0.711$). 이러한 지역사회 기업가주의 변수는 지역사회 사회적 자본의 형성과 지역발전에 미치는 영향을 분석하기 위한 독립변수로 사용되었다.

'지역사회 사회적 자본' 변수는 지역개발사업 추진과정을 통해 형성된 신뢰, 협력, 참여, 규범, 정보 공유의 정도를 측정한 5개의 항목들을 종합해서 구성했다. 이를 측정하기 위해 조사에서 활용한 설문항들은 다음과 같다. "지역주민들은 사업을 진행하면서 서로 믿고 협력했다", "같은 권역 내 마을과 마을끼리 서로 소통하고 협력했다", "나를 포함한 주민들은 마을지도자를 믿고 따랐다", "권역담당 지자체 공무원과 소통과 협력이 잘 이루어졌다", "사업내용이 모든 주민에게 알려졌고 주민들은 충분히 이해했다" 등 이상의 5개 항목들에 대한 응답들을 종합해서 지역사회 사회적 자본 변수로 새롭게 범주화하였다(크론바흐α = 0. 860). **12** 지역사회 사회적 자본 변수는 지역사회 사회적 자본의 형성에 영향을 미치는 요인들을 분석하기 위한 종속변수로 활용되었고, 지역발전을 종속변수로 삼은 분석에는 독립변수로 투입되었다. '호혜적 분배' 변수는 사업과정에서 다수의 이익을 추구하고 참여자들에게 공통의 몫이 돌아가도록 공정하게 추진되었는지 호혜적 분배의 정도를 측정한 2개의 문항을 합산해서 구성했다(크론바흐α = 0. 881). 지역주민들은 자신들의 이해관계와 연결되고 실질적인 혜택으로 돌아오는 자신들의 몫이 지역사회 전체에 호혜적으로 공유될수록 자발적이고 적극적으로 교육 및 협력에 참여할 가능성이 높을 것으로 예상된다. 한편, 사회적 자본에 미치는 영향이 기업가주의와 호혜적 분배의 독립적 효과인지, 혹은 기존에 구축되어 있던 사회적 자본이 사업 진행 과정에서 발현된 것인지를 가늠하기 위해서 '기존의 사회적 자본' 변수를 구성했다. 사업이 시작되기 이전에 지역사회에 존재했던 신뢰, 협력, 참여의 정도를 측정한 5개의 질문의 합으로 구성하였다.

이러한 변수들을 활용해서 두 번의 회귀분석을 실시하였다. 첫 번

---

12 한편, 이러한 지역사회 사회적 자본은 일종의 전환적(*transformative*) 혹은 구성적(*constructive*) 사회적 자본의 특성을 갖는다고 할 수 있다. 지역사회 사회적 자본은 기존에 지역사회 수준에서 오랜 기간 축적된 고정된(*established*) 사회적 자본이 아니라, 지역개발사업의 사회적경제 활동 과정에서 형성된 지역 수준에서의 신뢰와 협력의 사회적 자본을 측정한 것이다. 이러한 전환된 사회적 자본은 실제로 사회적경제 활동이 전개되는 과정에서 구성되는 사회적 자본의 동학을 보여준다는 의의를 갖는다.

째 분석은 지역사회 사회적 자본의 형성을 종속변수로 설정한 모델이다. 지역사회 사회적 자본의 형성에 영향을 미치는 독립변수로는 지역사회 기업가주의, 호혜적 분배 변수가 사용되었다. 기존 연구들에서 사회적 자본을 형성하는 요인들로 분석되었던 교육, 소득 요인(김영범·이기원·안동규, 2011)과 사업 이전의 사회적 자본을 통제변수로 포함시켜 위계적 회귀분석을 실행했다. 두 번째 분석은 사회적경제의 핵심 구성요소들인 지역사회 기업가주의, 지역사회 사회적 자본, 호혜적 분배를 독립변수로 투입하고, 지역발전을 종속변수로 삼아, 마찬가지 위계적 다중회귀분석을 이용하여 분석하였다.

4. 분석결과

1) 지역사회 사회적 자본 형성 요인

〈표 5-1〉은 지역사회 사회적 자본 형성에 대한 회귀분석결과를 제시한다. 모형 1을 보면 성별, 연령, 교육, 소득 변수 모두 지역사회 사회적 자본 형성에 유의한 효과를 갖지 않는 것으로 나타났다. 사회적경제의 경제적 차원으로 측정된 지역사회 기업가주의를 추가한 모형 2는 지역사회 기업가주의가 보다 잘 발휘될수록 지역사회 사회적 자본도 유의미하게 증가한다는 사실을 보여 준다. 지역사회 기업가주의가 지역사회 사회적 자본의 형성에 영향을 미치는 요인이라는 점을 확인할 수 있다. 호혜적 분배를 추가한 모형 3에서는 호혜적 분배

가 보장될수록 지역사회 사회적 자본도 통계적으로 유의미하게 높아진다는 것을 알 수 있다. 소득 변수도 새롭게 유의미성을 확보하면서 지역사회 사회적 자본 형성에 긍정적인 효과가 있는 것으로 나타났다. 모형 4는 사업 이전의 사회적 자본의 정도를 통제한 결과이다. 지역사회 기업가주의의 영향력이 여전히 유의미하게 나왔으며, 회귀계수의 값의 변화도 거의 없고, 이전 사회적 자본보다 지역기업가혁신과 호혜적 분배의 값이 더 크다는 점에서 지역사회 기업가주의와

〈표 5-1〉 지역사회 사회적 자본 형성에 대한 회귀분석결과

	모형 1	모형 2	모형 3	모형 4
성별(여 = 1)	0.239 (0.181)	0.217 (0.138)	0.249* (0.105)	0.174 (0.109)
연령	0.004 (0.009)	0.012 (0.007)	0.007 (0.005)	0.005 (0.005)
교육	-0.007 (0.105)	-0.069 (0.081)	-0.039 (0.061)	-0.037 (0.060)
소득(로그)	0.161 (0.201)	0.195 (0.153)	0.314** (0.117)	0.278* (0.117)
지역사회 기업가주의		0.745*** (0.082)	0.254** (0.082)	0.240** (0.083)
호혜적 분배			0.567*** (0.062)	0.527*** (0.064)
기존 사회적 자본				0.176** (0.081)
상수	2.370 (1.108)	-0.293 (0.892)	-0.799 (0.680)	-0.899 (0.671)
N	117	117	117	117
R^2	0.019	0.437***	0.678***	0.701**

참조: 비표준화계수(표준오차) * $p < 0.05$, ** $p < 0.01$, ***$p < 0.001$

호혜적 분배가 지역사회 사회적 자본에 미치는 영향은 독립적이고 타당한 것이라고 할 수 있다. 또한, 지역사회 사회적 자본이 사회적경제를 통해 새롭게 형성되거나 강화되는 효과를 보여 준다고 할 수 있다. 결론적으로 지역사회 기업가주의와 호혜적 분배의 정도가 높을수록 지역사회 사회적 자본을 구축할 가능성이 높아진다는 점을 확인할 수 있다.

이러한 분석결과를 통해 이 연구의 핵심 주제 가운데 하나인 지역사회 기업가주의가 지역사회 사회적 자본을 형성하는 중요한 요인이라는 점이 확인되었다. 풀어서 설명하면, 마을리더와 귀농귀촌인이 혁신적 기업가로서 자신들의 전문적 경험과 역량 및 네트워크를 동원해서 지역 고유의 자원을 활용한 창의적 아이디어와 사업기회를 발굴하여 실행한다. 이를 지역주민들에게 학습과 교육을 통해 공유하며 외부의 전문가 및 네트워크를 활용한다. 이렇게 다양한 혁신적 기업가주의를 통해 가시적인 사회적경제적 효과를 경험하게 되면, 해당 지역사회에 이전보다 강화된 신뢰와 협력의 지역사회 사회적 자본이 새롭게 창출되는 것이다.

또한, 호혜적 분배는 지역사회 기업가주의가 지역사회 사회적 자본을 형성하는 데 매우 중요한 매개 역할을 한다는 점을 확인할 수 있다. 모형 2와 모형 3에서 나타났듯이 호혜적 분배가 투입되었을 때, 지역사회 기업가주의의 회귀계수 값이 0.745에서 0.254로 현저하게 줄어든 것을 확인할 수 있다. 매개효과의 다른 조건인 독립변인과 종속변인의 관계에서도 지역사회 기업가주의는 호혜적 분배에 유의미한 영향을 미치는 것으로 나타났다(회귀계수 $= 0.632$***, $p < 0.000$).

아울러 호혜적 분배가 지역사회 사회적 자본에 미치는 효과도 유의미한 것으로 나타났다(회귀계수 = 0.784***, $p < 0.000$). 지역사회 기업가주의가 지역사회 사회적 자본 형성에 영향을 미치는 과정에는 지역개발사업이 주민 다수의 이익을 추구하며 구성원 상호 간의 이익도 공정하게 보장하는 호혜적 배분이 중요한 매개 역할을 하는 것이다. 지역사회 기업가주의가 지역사회 사회적 자본의 형성에 영향을 미치기 위해서는 호혜적 분배를 수반해야 함을 알 수 있다.

다른 한편, 지역사회 기업가주의가 지역사회 사회적 자본에 유의미하게 영향을 미치는 것으로 나온 결과에 따르면, 지역사회 기업가주의 변수에 포함된 지표인 귀농귀촌인과 전문가의 외부 자원 및 네트워크와의 연계는 부분적이나마 지역사회 수준의 사회적 자본을 보다 개방적인 것으로 만드는 데 기여할 가능성이 있는 것으로 여겨진다. 또한 혁신이 기존의 문제와 상황을 개선하는 일체의 새로운 실천과 과정을 의미하는 만큼, 교육과 외부견학에 적극적으로 참여하는 활동이 높을수록 이러한 혁신성이 지역사회 수준의 사회적 자본이 폐쇄적이고 약화되지 않도록 제어하거나 개선할 수 있는 잠재력을 보여주는 것도 기업가주의의 역할 가운데 하나라고 해석해 볼 수 있을 것이다. 지역사회 기업가주의와 호혜적 분배는 지역사회 사회적 자본이 다수의 이익(共益)과 보편적 이익(公益)을 구축하는 데 기여할 수 있을 것이다.

2) 사회적경제 요인들이 지역발전에 미치는 효과

〈표 5-2〉는 지역사업개발의 성과를 측정한 지역발전을 종속변수로 하여 인구 사회적 통제변수와 사회적경제의 원리를 구성하는 핵심 요인들을 단계적으로 포함시킨 회귀분석의 결과를 제시한다.

통제변수만을 포함한 모형1의 결과에서 성별, 연령, 교육, 소득 변수가 모두 지역발전 평가에 유의미하지 않은 것으로 확인되었다. 이어서 지역사회 기업가주의를 추가한 모형 2에서 모형적합도는 크게 상승하였고($R^2 = 0.539$), 남성보다 여성이, 그리고 연령이 높을수록 지역발전에 대한 평가가 높은 것으로 나타났다. 지역사회 기업가주의는 지역발전의 효과에 강한 영향력을 미치는 것으로 분석되었다. 다음으로 지역사회 사회적 자본을 추가한 모형 3에서도 지역사회 사회적 자본의 형성 정도가 높을수록 지역발전에 미치는 영향이 높아지는 것으로 확인되었다. 지역사회 기업가주의는 여전히 지역발전에 대해 긍정적인 효과를 갖는 것으로 나타났다. 마지막으로 호혜적 분배가 포함된 모형 4는 지역사회 기업가주의의 정도가 높을수록, 지역사회 사회적 자본의 형성이 높게 나타날수록, 그리고 호혜적 분배가 효과적으로 높게 발휘되었을수록, 지역발전의 효과가 높게 나타나는 것으로 분석되었다.

이로써 사회적경제의 원리를 구성하는 핵심 요인들인 지역사회 기업가주의, 지역사회 사회적 자본, 호혜적 분배가 모두 지역발전에 긍정적인 영향을 미치는 조건이라는 점을 확인하였다. 먼저, 사회적경제의 공동체성과 경제성 차원을 의미하는 지역사회 사회적 자본과 지역사회 기업가주의가 지역개발사업의 성과를 결정하는 데에도 매우 핵심적인 역할을 한다는 점이 밝혀졌다. 지역사회 기업가주의를 통해 지역사회 사회적 자본을 형성하는 과정을 거치면서 지역사회의 사회적, 경제적, 문화적 발전에 대한 주민들의 긍정적 평가도 높아지는 것이다. 또한, 〈표 5-2〉의 모형 4와 앞서 〈표 5-1〉의 결과에서 확인하였듯이, 호혜적 분배는 지역사회 기업가주의와 지역사회 사회적 자본이 지역발전에 기여할 수 있도록 만드는 중요한 요인이다. 호혜적 분배가 사회적경제의 경제적인 것(기업가주의)과 사회적인 것(사회적 자본)을 매개하면서 공통적인 것(공통의 부, 커먼즈)을 생산함으

〈표 5-2〉 지역발전평가에 대한 회귀분석결과

	모형1	모형2	모형3	모형4
성별(여=1)	0.341 (0.218)	0.305* (0.151)	0.166 (0.125)	0.265 (0.114)
연령	0.007 (0.011)	0.016* (0.008)	0.008 (0.006)	0.009 (0.006)
교육	0.128 (0.130)	0.013 (0.091)	0.049 (0.074)	0.052 (0.067)
소득(로그)	0.036 (0.245)	0.049 (0.169)	-0.081 (0.140)	0.081 (0.130)
지역사회 기업가주의		1.007*** (0.091)	0.541*** (0.097)	0.404*** (0.092)
지역사회 사회적 자본			0.633*** (0.085)	0.296** (0.101)
호혜적 분배				0.446*** (0.008)
상수	2.286* (1.352)	-1.071 (0.982)	-0.851 (0.805)	-1.361 (0.734)
N	112	112	112	112
R^2	0.025	0.539***	0.694***	0.752***

참조: 비표준화계수(표준오차)   * $p < 0.05$, ** $p < 0.01$, ***$p < 0.001$

로써 사회적경제를 통해 지역발전을 가능하게 하는 것이다. 이상의 분석결과, 사회적경제가 지역발전을 가져올 수 있다는 가능성이 경험적으로 규명되었다고 할 수 있다.

5. 맺음말 및 함의

이 연구는 지역사회 차원에서 전개되는 사회적경제의 가능성과 조건을 규명하기 위해서 사회적경제의 구성요소인 지역사회 기업가주의, 호혜적 분배, 지역사회 사회적 자본을 중심으로 사회적경제가 지역발전에 미치는 효과를 분석하였다. 실제로 마을권역 단위에서 진행된 사회적경제 활동과 공동의 사업을 대상으로 이에 참여한 지역주민들의 인식과 실천을 분석함으로써 지역사회에서 사회적경제를 구축해 가는 역동적 과정과 사회적경제를 실현하기 위한 조건들을 파악했다. 지역 수준에서 이루어지는 사회적경제의 사례를 경험적 분석에 활용함으로써, 사회적경제의 원리를 구성하는 핵심 요인들의 관계와 이들이 지역발전에 미치는 영향을 경험적으로 확인할 수 있었다. 경험적 분석을 통해 발견된 주요 내용과 이를 바탕으로 고려할 수 있는 이론적 실천적 함의들을 제시하면 다음과 같다.

첫째, 지역사회 기업가주의는 지역사회 사회적 자본을 형성하는 역할을 한다. 사회적 자본이 빈약하거나 새로운 사회적 자본이 요구되는 지역에서, 지역사회에 배태된 기업가주의가 지역사회 사회적 자본을 구축하는 중요한 요인이 될 수 있음을 발견했다. 지역사회 차원의 사회적경제 사업이 교육과 학습을 통한 사업개발, 지역자원의 활용, 귀농귀촌인과 외부 전문가들의 전문지식 및 창의적 사업기획과 같은 혁신적 기업가주의, 그리고 경제적 성과와 결합되면, 지역사회 이해관계자들 간의 협력과 신뢰할 수 있는 지역사회 사회적 자본을 형성하는 것이다. 혁신이 협동을 생성시키는 수단이 될 수 있는 것이다. 또한, 혁신적 기업가주의와 경제적 성과는 지역 공통의 부를 창출함으로써 지역사회 사회적 자본과 지역발전의 토대인 커먼즈를 생산한다. 이러한 지역사회 기업가주의는 농촌 및 낙후지역 등 사회적자본이 미흡한 지역이나 도시에서 동네 혹은 마을형 사회적경제 조직과 사업을 시작하는 단계에서 사회적경제를 촉발시켜 새로운 지역발전 모델의 싹을 틔우는 데 유용한 전략이 될 것이다. 따라서 농촌 및 낙후지역에서 지역주민의 협력과 신뢰의 사회적 자본을 구축하려면 지역사회에 배태된 기업가주의를 증진시키는 방안을 모색할 필요가 있다. 예컨대, 향후 농촌형 사회적경제를 구축하기 위해서 귀농귀촌인과 외부 전문가를 활용하고 지역주민의 역량을 강화하는 지역사회 기업가주의 교육프로그램을 시도하는 것이다.

한편, 선행 연구들의 성과와 이 연구에서 발견된 결과들을 종합해 보면, 사회적경제의 구성요소인 공동체와 경제, 사회적인 것과 경제적인 것이 결합된 균형적 상호작용이 사회적경제를 실천하기 위한 현실적 조건이라는 점을 시사해 준다. 기존 연구들은 주로 사회적 자본이 기업가주의에 미치는 영향을 분석해 왔다. 이 연구는 이와 반대로 지역사회 기업가주의가 지역사회 사회적 자본의 형성을 촉진시키는 동학을 확인함으로써 기존 연구와 차별적이면서 보완적인 연구 결과를 제시하였다. 이러한 연구 결과는 사회적경제와 지역발전 연구에서 혁신적 기업가주의의 역할과 지역사회 사회적 자본의 형성에 관한 후속연구의 필요성과 지역 현실에 기초한 새로운 이론화의 가능성을 제시한다. 사회적경제가 지역발전에 기여하기 위해서는 사회적경제의 경제성과 공동체성, 사회적인 것과 경제적인 것 사이의 상호 연관성과 균형 있는 발전이 요구된다. 이처럼 지역사회에 배태된 기업가주의와 사회적 자본의 형성은 지역사회 차원에서 사회적경제를 구축하는 데 매우 중요한 요인이다. 형식적으로 유사한 지역개발사업이 실행되어도 사회적경제의 원리인 공동체성과 경제성의 관계에 따라 지역발전의 성과가 다르게 나타날 수 있는 것이다. 이를 통해 본 연구는 지역발전 및 사회적경제 정책과 운동에도 실천적인 함의를 제공할 수 있을 것이다.

지역사회에서 사회적경제 모델이 대안성을 확보하는 실천력과 지속가능성을 갖기 위해서는 사회적인 것과 경제적인 것, 다시 말해서 공동체성과 경제성의 양극단으로 매몰되는 편향성을 경계해야 한다. 사회적경제의 원리를 지역발전의 전략으로 연결시키기 위해서는 신자유주의와 지역주의(localism)의 함정을 넘어서야 한다. 경제성 없는 공동체성, 즉 혁신과 경제적 사업성과와 결합되지 못한 지역사회 사회적 자본은 그 자체가 새롭게 형성되기 어려울 뿐더러, 지역중심주의와 지역정치에 내재된 권력관계를 간과할 위험이 있으며, 폐쇄적이고 배타적인 사회적 자본의 부정적 측면에 함몰될 소지가 있다. 또한, 사회적 목적과 가치를 규범적인 당위성으로만 강조할 뿐, 경제적으로 자립적이며 지속가능한 현실성을 갖추지 못하면 대안 모델로서의 사회적경제의 잠재력과 대안성은 끊임없이 의심받을 수밖에 없다. 사회적경제의 제도화에 따른 동형화, 시장화, 정치화에 종속되지 않기 위해서는(이해진, 2015), 혁신적 기업가주의를 통한 경제적 자생력이 필요하다. 다른 한편, 공동체성 없는 경제성, 즉 신뢰와 협력의 지역사회 사회적 자본으로 연결되지 못하는 지역사회 기업가주의는 신자유주의적 경쟁과 이익 독점으로 인해서 오히려 불평등과 갈등을 초래할 수 있다. 공동체성이 생략된 경제적 성과에만 집착하면 혁신과 공동사업의 결과를 지역의 공통의 부, 즉 공공재로 축적하지 못하고 권력과 자본을 가진 소수의 이익에만 한정되는 신자유주의적 기업가주의나 통치성에 갇힐 수 있다. 결국 사회적경제가 지역발전에 기여하는 효과적인 수단이 되기 위한 관건은 사회적경제의 내적 원리인 사회적인 것과 경제적인 것이 어떻게 상호 균형을 이루면서 발전하는가의 문제이다. 사회적경제의 두 가지 핵심 요소인 공동체성과 경제성이 균형과 순환을 이루며 상호작용할 때, 사회적경제를 통한 지역개발사업이 효과적인 성과를 가져올 수 있다.

둘째, 지역사회 단위에서 사회적경제를 착근시키고, 이에 필요한 지역사회 기업가주의와 지역사회 사회적 자본이 원활하게 작동하도록 하려면, 호혜적 분배의 과정이 작동해야 한다는 점을 발견했다. 호혜적 분배가 충족될 때 지역사회 기업가주의가 지역사회 사회적 자본을 촉진하는 데 기여할 수 있으며, 나아가 지역사회 기업가주의와 지역사회 사회적 자본과 결합된 사회적경제가 지역발전을 가져올 수 있다. 사회적경제에서 사회적인 것과 경제적인 것이 균형 있게 상호작용하려면 호혜적 분배라는 공통적인 것과 결합돼야 한다. 지역사회

사회적 자본과 지역사회 기업가주의뿐만 아니라, 이러한 공동체 경제의 성과가 호혜적 분배의 원리에 의해 뒷받침될 때, 사회적경제가 지역발전에 미치는 효과를 극대화할 수 있다.

셋째, 사회적경제를 구성하는 지역사회 기업가주의와 지역사회 사회적 자본, 그리고 호혜적 분배는 지역개발사업을 성공적으로 만드는 요인이다. 사회적경제 원리의 핵심 요소인 혁신, 호혜, 협력은 사회적경제와 지역발전을 가능하게 해주는 과정이자 조건임을 확인하였다. 사회적경제 조직과 활동이 농촌 및 낙후지역의 새로운 지역발전 전략이 될 수 있음을 보여 준 것이다. 사회적경제와 지역재생의 관계를 경험적으로 분석함으로써 사회적경제의 핵심 구성요소들의 역동적 상호연관성과 균형을 통해 사회적경제가 지역사회 발전을 도모할 수 있는 대안전략이 될 수 있음을 보여 주었다. 사회적경제가 낙후된 지역의 사회경제적 복원과 지속가능성을 보장하고 지역주민들의 필요를 충족시킬 수 있는 대안적 지역발전 패러다임이라는 점을 확인한 것이다.

마지막으로, 지역사회 기업가주의, 지역사회 사회적 자본, 호혜적 분배의 결합에 요구되는 지역사회의 사회적 조건에 주목할 필요가 있다. 호혜적 분배가 혁신과 협동을 매개하는 것은 지역사회에서 권력과 자본의 독점 및 지배를 민주적으로 통제하는 사회적 관계가 형성되어야 가능하다. 따라서 마을민주주의와 시민적 공공성과 같은 시민사회의 기반을 지역사회에 뿌리내리는 집합적 실천과 제도의 구축이 요구된다. 한국의 사회적경제는 정부가 주도하는 제도에 종속되고 시장에서 생존경쟁에 압박당하는 문제에 직면해 있다는 점에서(이해진, 2015), 시민사회의 사회권력과 역량을 강화해야 할 때이다(라이트, 2013). 역설적으로 이러한 마을민주주의와 공공적 시민성은 지역사회의 사회적경제 활동을 통해서 형성될 수도 있다. 지역주민들의 필요와 연관된 공동의 사업들이 혁신적으로 창안되고, 여럿이 공동생산한 성과를 호혜적으로 재분배하고 공공재와 커먼즈로 축적해 나가는 사회적경제 활동의 과정에서 마을민주주의와 민주적 자치의 시민적 공공성의 체험을 쌓아 가는 것이다. 농촌 및 낙후지역에서 지역재생 운동은 작고 소소한 실천 경험을 통해 배우며 단계적으로 발전하는 것이 중요하다(구자인, 2014). 이를 통해 사회적경제를 통한 새로운 지역발전 전략은 이전의 토건적 지역개발정치를 대체할 수 있는 혁신적 지역발전모델로 자리 잡게 될 것이다. 이 지점에서 이 논문의 향후 과제가 도출된다.

이 연구는 사회적경제의 내적 구성요소들이 지역발전을 촉진하는 긍정적 효과를 중심으로 살펴보았기 때문에, 사회적경제 요소들의 발전을 제한하는 사회적경제 외적인 사회 구조적 제약요인들을 함께 다루지 못한 한계를 지닌다. 실제 많은 마을공동체에서 혁신이 호혜나 협력으로 연결되는 것을 제한하거나 가로막는 사회구조적 조건들, 즉 신자유주의적 개발주의, 토건적 지역개발정치, 개발동맹, 지역주의정치, 마을민주주의 문제가 여전히 작동하고 있다. 이러한 요인들과 사회적 근거들을 이 연구에서 다룬 내용들과 대비시키고 종합함으로써 향후 사회적경제를 통한 마을공동체의 발전이나 새로운 지역발전 패러다임을 보다 체계적으로 이론화하는 것이 가능할 것이다. 이 연구가 "왜 협동이 이루어지지 않는가?", "어떻게 협력이 가능한가?"라는 문제에 집중한 것이라면, 다음으로 "왜 혁신과 호혜가 작동하지 않는가?", "혁신과 호혜의 사회적 조건은 무엇인가?"라는 질문이 후속연구의 과제가 될 것이다. 그럼에도 불구하고, 이 연구의 기본 문제의식과 논점이 한국 농촌과 지역의 현실 및 사회적경제 운동의 실천으로부터 얻어진 것인 만큼, 이 연구가 사회적경제를 통해 대안적 지역발전과 회복력(resilience)을 모색하는 사회적경제 혁신가들의 실천전략에 기여하고, 나아가 한국사회와 지역 현실에 기초한 사회적경제의 이론화에 보탬이 될 수 있기를 기대한다.

참고문헌

구자인(2007). "주민주도 상향식의 농촌 마을 만들기". 〈도시와 빈곤〉, 84: 55~68.

_____(2014). "지역재생과 로컬 거버넌스 구축: 진안군마을만들기 10년의 경험을 중심으로". 〈국토〉, (390): 32~41.

김영범·이기원·안동규(2010). "자발적 결사체 참여와 지역 사회적 자본: 신활력사업 지역을 대상으로". 〈지역사회학〉, 12(1): 111~130.

김영정(2014). "지역연구의 동향과 전망". 〈한국사회〉, 15(1): 163~199.

김영철(2011). "사회적경제와 지역의 내발적 발전". 〈지역사회연구〉, 19(2): 25~49.

김왕배(2011). "'호혜경제'의 탐색과 전망". 〈사회와 이론〉, 19: 177~213.

김원동·최홍규·박준식(2014). "강원도 폐광지역의 사회경제적 기반 조성을 위한 새로운 방향 모색: 먹거리 협동조합의 활성화를 중심으로". 〈농촌사회〉, 24(2): 61~120.

김자경(2019). "공동자원을 둘러싼 마을의 의사결정구조와 공동관리: 제주 행

원리 사례를 중심으로". 〈환경사회학연구 ECO〉, 23(1): 35~74.

김정원(2014). "사회적경제와 호혜: 경제 행위를 통한 사회의 재구성". 〈지역사회연구〉, 22(2): 285~308.

김창진(2015). 《퀘벡모델: 캐나다 퀘벡의 협동조합·사회경제·공공정책》. 가을의아침.

네그리·하트(Negri, A. & Hardt, M.). 정남영·윤영광 역(2014). 《공통체: 자본과 국가 너머의 세상》. 사월의책.

드푸르니·보르자가(Defourny, J. & Borzaga, C.), 박대식 외 역(2009). 《사회적기업 I: 이론과 실재편》. 시그마프레스.

라이트(Wright, E. O.). 권화현 역(2013). 《리얼유토피아》. 들녘.

박준식·성경륭·정동일(2012). "지역발전의 새로운 패러다임: 사회적 창조성의 관점에서". 《지역창조의 사회학》, 50~83. 소화.

베버(Weber, M.). 박성환 역(2009). 《경제와 사회 - 공동체들》. 나남.

성경륭·박준식(2013). "지역경제의 위기와 창조적 균형발전 전략의 모색". 〈지역사회학〉, 15(1): 91~112.

세넷(Sennett, R.). 김병화 역(2013). 《투게더: 다른 사람들과 함께 살아가기》. 현암사.

신명호·이아름(2013). "원주 지역 협동조합의 생성과 지속가능성에 영향을 미치는 요인: 사회적 자본의 관점에서 본 네트워크의 효용". 〈정신문화연구〉, 36(4): 31~58.

엄한진·권종희(2014). "대안운동으로서의 강원지역 사회적 경제: '연대의 경제'론을 중심으로". 〈경제와사회〉, (104): 358~392.

이해진(2012). "농촌지역개발사업의 성과의 차이와 농촌사회 발전에 대한 함의". 〈농촌사회〉, 22(2): 7~48.

_____(2015). "한국의 사회적경제: 제도화의 정치과정과 지역화 전략". 〈지역사회학〉, 16(1): 135~180.

_____(2019). "먹거리 커먼즈와 청주시 지역먹거리정책의 방향". 〈환경사회학회지 ECO〉, 23(1): 107~156.

이해진·김철규(2013). "대안가치지향 귀농귀촌인의 사회적 특성과 역할." 〈농촌사회〉, 23(2): 49~90.

장원봉(2007). "사회적 경제의 대안적 개념화". 〈시민사회와 NGO〉, 5(2):

5~34.

정남영(2015). "커먼즈 패러다임과 로컬리티의 문제". 〈로컬리티 인문학〉,
(14): 89~122.

정동일·성경륭(2010). "창조적 지역발전과 그룹지니어스: 신활력사업 대상 낙
후지역을 중심으로". 〈한국사회학〉, 44(1): 60~97.

정동일·허목화(2012). "'낙후지역에서의 사회적 자본 형성 전략'. 《지역창조
의 사회학》, 127~167. 소화.

최종렬(2004). "신뢰와 호혜성의 통합의 관점에서 바라본 사회자본: 사회자본
개념의 이념형적 구성". 〈한국사회학〉, 38(6): 97~132.

최혁진(2012). "사회적협동조합을 통한 지역의 사회적경제 실현 전략". 재단법
인 지역재단(편), 《지역재단제22차 지역리더포럼 자료집》, 3~14. (재)
지역재단

폴라니(Polanyi, K.). 홍기빈 역(2009). 《거대한 전환》. 길.

한상일·이재희(2018). "사회적경제와 지역발전: 연구의 경향과 쟁점". 〈지역
발전연구〉, 27(2): 1~31.

Alsos, G. A., Carter, S., Ljunggren, E. & Welter, F. (2011). "Intro-
duction: Researching Entrepreneurship in Agriculture and Rural
Development". in Alsos et al. eds., *The Handbook of Research on
Entrepreneurship in Agriculture and Rural Development*, 1~20. Edward
Elgar Publishing.

Amin, A., Cameron, A. & Hudson, R. (2002). *Placing the Social Economy*.
New York. Routledge.

Amin, A. eds. (2009). *The Social Economy: International Perspectives on
Economic Solidarity*. New York; Zed Books.

Atterton, J. (2007). "The 'Strength of Weak Ties': Social Networking by
Business Owners in the Highlands and Islands of Scotland". *Sociologia
Ruralis*, 47(3), 228~245.

Atterton, J., Newbery, R., Bosworth, G. & Affleck, A. (2011). "Rural
Enterprise and Neo-endogenous Development". in Alsos et al. ed.,
The Handbook of Research on Entrepreneurship in Agriculture and Rural

Development, 256~280. Edward Elgar Publishing.

Bacq, S. & Janssen, F. (2011). "The Multiple Faces of Social Entre-preneurship: A Review of Definitional Issues Based on Geographical and Thematic Criteria". *Entrepreneurship & Regional Development: An International Journal*, 23(5~6): 373~403.

Baumgartner, D., Schulz, T. & Seidl, I. (2013). "Quantifying Entre-preneurship and Its Impact on Local Economic Performance: A Spatial Assessment in Rural Switzerland". *Entrepreneurship & Regional Development*, 25(3~4), 222~250.

Beaudoin, J-M., LeBel, L. & Bouthillier, L. (2011). "Agricultural and Forestry Entrepreneurship: Learning from the Experience of an Aboriginal Community in Canada". in Alsos et al. ed., *The Handbook of Research on Entrepreneurship in Agriculture and Rural Development*, 281~295. Edward Elgar Publishing.

Bertotti, M., Harden, A., Renton, A. & Shreidan, K. (2012). "The Contribution of a Social Enterprise to the Building of Social Capital in a Disadvantaged Urban Area of London". *Community Development Journal*, 47(2), 168~183.

Borzaga, C. & Defourny, D. eds. (2001). *The Emergence of Social Enter-prise*, London, Routledge.

Bosworth, G. & Atterton, J. (2012). "Entrepreneurial In-migration and Neoendogenous Rural Development". *Rural Sociology*, 77(2), 254~279.

Bouchard, M. (2012). "Social Innovation, an Analytical Frid for Under-standing the Social Economy: the Example of the Quebec Housing Sector". *Service Business*, 6, 47~59.

_____ (2013). "Introduction: the Social Economy in Québec, a Laboratory of Social Innovation". in Bouchard, M. ed. *Innovation and Social Economy: the Québec Experience*, 3~24. Toronto: University of Toronto Press.

Connelly, S., Markey, S. & Roseland, M. (2011). "Bridging Sustainability and the Social Economy: Achieving Community Transformation through Local Food Initiatives". *Critical Social Policy, 31*(2), 308~324.

Dana, P. (2008). "Community-based Entrepreneurship in Norway". *Entrepreneurship and Innovation, 9*(2), 77~92.

Defourny, J., Nyssens, M. (2006). "Defining Social Enterprise". in Nyssens, M. ed., *Social Enterprise: At the Crossroads of Market, Public Policies and Civil Society*, 3~26. London, Routledge.

_____ (2010). "Conceptions of Social Enterprise and Social Entrepreneurship in Europe and United States: Convergence and Divergences". *Journal of Social Entrepreneurship, 1*(1), 32~53.

European Commission. (2013). *Social Economy and Social Entrepreneurship.*

Evans, M., Syrett, S. (2007). "Generating Social Capital? The Social Economy and Local Economic Development". *European Urban and Regional Studies, 14*(1), 55~74.

Evers, A. (2001). "The Significance of Social Capital in the Multiple Goal and Resource Structure of Social Enterprises". in Borzaga, C. & Defourny, J. eds. *The Emergence of Social Enterprise*, 296~311. London: Routledge

Eversole, R., Barraket, J. & Luke, B. (2014). "Social Enterprises in Rural Community Development". *Community Development Journal, 49*(2), 245~261.

Fukuyama, F. (1995). *Trust: The Social Virtues and the Creation of Prosperity.* New York: Free Press.

Gedajlovic, E., Honig, B., Moore, C. B., Payne, G. T. & Wright, M. (2013). "Social Capital and Entrepreneurship: A Schema and Research Agenda". *Entrepreneurship Theory and Practice, 37*(3), 455~478.

Granovetter, M. (1985). "Economic Action and Social Structure: The Problem of Embeddedness". *American Journal of Sociology, 91*, 481~510

Hudson, R. (2009). "Life on the Edge: Navigating the Competitive Tensions between the 'Social' and the 'Economic' in the Social Economy and in its Relations to the Mainstream." *Journal of Economic Geography*, *19*, 1~18.

Hulgård, L. (2014). "Social Enterprise and the Third Sector‐Innovative Service Delivery or A Non‐Capitalist Economy?". in Defourny, J., Hulgård, L. & Pestoff, V. eds. Social Enterprise and the Third Sector: Changing European Landscapes in a comparative perspective, 66~84, New York: Routledge.

Hulgård, L., Roger S. (2006). "Social entrepreneurship and the Mobilization of Social Capital in European Social Enterprise". in Nyssens, M. ed. Social Enterprises: At the Crossroads of Market, Public Polices and Civil Society. 85~108, London, Routledge.

Johannisson, B. (1990). "Community Entrepreneurship-cases and Conceptualization". *Entrepreneurship & Regional Development: An International Journal*, *2*(1), 71~88.

Johannisson, B., Nilsson, A. (1989). "Community Entrepreneur-networking for Local Development". *Entrepreneurship & Regional Development: An International Journal*, *1*(1), 3~19.

Johnstone, Ha., Lionais, D. (2004). "Depleted Communities and Community Business Entrepreneurship: Revaluing Space through Place". *Entrepreneurship & Regional Development: An International Journal*, *16*(3), 217~233.

Jung, D-I. (2014). "Bringing Entrepreneurship into the Context of Community Development". *Korean Regional Sociology*, *15*(3), 5~32.

Julien, P. A. (2007). *A Theory of Local Entrepreneurship in the Knowledge Economy*. Edward Elgar.

Kay, A. (2006). "Social Capital, the Social Economy and Community Development". *Community Development Journal*, *41*(2), 160~173.

Kwon, S-W., Helflin, C. & Ruef, M. (2013). "Community Social Capital and Entrepreneurship". *American Sociological Review*, *78*(6), 980~

1008.

Laville, J. L., Levesque, B. & Mendell, M. (2008). "The Social Economy: Diverse Approaches and Practices in Europe and Canada". in Antonella, N. & Clarence, E. eds. *The Social Economy-Building Inclusive Economies*, 155~181, OECD.

Light, P. (2008). *The Search for Social Entrepreneurship*. Brookings Institution.

Lukkarinen, M. (2005). "Community Development, Local Economic Development, and the Social Economy". *Community Development Journal*, *40*(4), 419~424

McKeever, E., Anderson, A. & Jack, S. (2014). "Entrepreneurship and Mutuality: Social Capital in Processes and Practices". *Entrepreneurship & Regional Development: An International Journal*, *26*(5~6), 453~477.

Nicholls, A. eds. (2008). *Social Entrepreneurship: New models of Sustainable Social change*. Oxford University Press.

Putnam, R. (1993). *Making Democracy Work: Civic Traditions in Modern Italy Princeton*: Princeton University Press

_____(2000). *Bowling Alone - the collapse and revival of American community New York*: Touchstone books.

Ratten, V., Welpe, I. M. (2011). "Special issue: Community-Based, Social and Societal Entrepreneurship". *Entrepreneurship & Regional Development: An Intrernational Journal*, *23*(5~6), 217~233.

Schumpeter, J. A. (1934). *The Theory of Economic Development: An Inquiry into Profits, Capital, Credit, Interest, and the Business Cycle*(Opie, R. Trans.), Cambridge, MA: Harvard University Press.

Sonnino, R. & Griggs-Trevarthen, C. (2013). "A Resilient Social Economy? Insights from the Community Food Sector in the UK". *Entrepreneurship & Regional Development: An International Journal*, *25*(3~4), 272~292.

Spilling, O. (2011). "Mobilising the Entrepreneurial Potential in Local

Community Development". *Entrepreneurship & Regional Development*, 23 (1~2), 23~35.

Thompson, J. (2008). "Social Enterprise and Social Entrepreneurship: Where Have We Reached?" *Social Enterprise Journal*, 4 (2), 149~161.

Torri, M. C. (2009). "Community Entrepreneurship among Lower Castes in India: A Grassroots Contribution towards Poverty Alleviation and Rural Development under Conditions of Adversity and Environmental Uncertainty". *Journal of Development Entrepreneurship*, 14 (4), 413~ 432.

Woolcock, M. (1998). "Social Capital and Economic Development: toward a Theoretical Synthesis and Policy Framework". *Theory and Society*, 27, 151~208

Young, N. (2010). "Business Networks, Collaboration and Embeddedness in Local and Extra-local Spaces: The Case of Port Hardy, Canada" *Sociologia Ruralis*, 50 (4), 392~408

제6장

지역사회복지의 대안적 실험
의료복지사회적협동조합

김흥주 · 박혜린

1. 지역사회복지의 변화

1) 복지환경의 변화

지역사회복지(*community welfare*)는 "전문 혹은 비전문 인력이 지역사회 수준에 개입하여 지역사회의 각종 제도에 영향을 주고 지역사회의 문제를 예방하고 해결하고자 하는 일체의 사회적 노력"이며(최일섭 · 이현주, 2006: 25), "지역사회라는 영역에서 지역사회를 대상으로 그리고 지역사회를 수단과 방법으로 해서 사회복지를 실현"하는 것이다 (김종일, 2004: 28). 비슷한 맥락에서 "지역사회에서 살고 있는 사람들의 욕구와 문제를 해결함으로써 지역주민의 삶의 질을 증진시키고자 하는 일체의 사회적 노력"으로도 정의된다(이재완, 2013: 4). 이러한 정의들에서 지역사회복지는 지역사회를 영역, 대상, 주체로 삼아, 사회복지 전문 인력뿐만 아니라 일반 주민도 참여하여, 지역사회의 욕구와 문제를 해결해 가는 사회적 노력임을 알 수 있다.

최근 몇 년 사이 지역사회복지의 제도적 환경이 빠른 속도로 변화하고 있다. 새로 제정된 관련 법률만 해도 〈사회서비스 이용 및 이용권 관리에 관한 법률〉(2011년), 〈협동조합기본법〉(2012년), 〈도시재생 활성화 및 지원에 관한 특별법〉(2013년), 〈지역개발 및 지원에 관한 법률〉(2014년), 〈사회보장급여의 이용제공 및 수급권자 발굴에 관한 법률〉(2015년) 등이 있다. 여기에다 〈사회복지서비스 규정〉을 〈사회서비스 규정〉으로 바꾸고, 이것의 시장화·민영화 근거를 마련한 〈사회보장기본법〉 전면 개정(2012년), 사회복지 지방이양 사업을 지원할 분권교부세를 지방교부세로 전환한 〈지방교부세법〉 개정(2015년) 등 지역사회복지 추진체계와 관련된 새로운 규정들이 그야말로 '쏟아져 나오고' 있다.

지역의 복지환경과 욕구도 크게 변화하고 있다. 국민소득 3만 달러 시대에 진입하는 등 국내의 경제적 여건이 달라지고 삶의 질에 대한 국민들의 관심이 높아진 동시에 저출산·고령화로 인한 새로운 사회적 위험이 제기됨에 따라 사회복지의 다각적인 변화가 요구되고 있다(류기형, 2000: 68). 이러한 사회복지 수요 확대와 다양화에 대한 요구는 복지환경이 변화한 것 때문인데, 그 변화양상을 구체적으로 제시하면 다음과 같다.

첫째, 신(新) 빈곤층[1]이 급격하게 증대하고 사회양극화 현상이 심화

---

1 전통적인 빈곤층은 노인이나 장애인 등 근로능력이 없는 이들이 대부분이었지만,

되고 있다. 2018년 한국노동연구원에서 공개한 한국의 소득불평등 실태는 심각한 수준이었다. 우리 사회 소득 상위 10% 집단이 벌어들인 소득이 20세 이상 개인 소득의 50%를 넘는다. 1990년대 중반 이후 이 비중은 치솟기만 했다. 지난 15년여 동안 우리는 이미 자본주의 발전 국가 중 상위 10%의 몫이 가장 큰 나라였다. 더 큰 문제는 사회양극화에 대한 주관적 인식이 매우 부정적이라는 데 있다. 계층별, 성별, 세대별 갈등의 소지가 그만큼 커지기 때문이다. 2019년 5월 한국보건사회연구원 "사회통합 실태 진단 및 대응 방안 연구(V)" 보고서에 따르면, '한국의 소득격차는 너무 크다'는 의견에 '매우 동의'가 39.7%, '약간 동의'가 45.7% 등 격차가 크다는 의견이 85.4%에 달했다. "소득격차가 너무 크다"는 인식을 0점(매우 반대)부터 4점(매우 동의)으로 측정했을 때의 점수는 3.22점에 이르렀다. 이러한 사회양극화의 확대는 고용불안정과 함께 임금 및 자산소득 격차가 커지면서 발생하고 있다. 경쟁력 확보를 위한 구조조정 및 노동시장의 유연화 등으로 인한 임시·일용직의 임금격차가 확대되면서 근로빈곤층과 같은 신빈곤층이 발생하고 있으며 이러한 '빈곤의 구조화'가 최근 한국사회의 특징적인 현상으로 자리 잡고 있다는 것이다(박순일, 2005: 62).

둘째, 세계에서 유례가 없을 정도로 급속하게 고령화가 진행되고 있다. 한국보건사회연구원에 의하면, 한국은 2000년 고령화율이 7%를 넘는 고령화 사회(*aging society*), 2018년 고령화율이 14% 이상인

신(新) 빈곤층은 일할 능력이 있고 일을 하는데도 빈곤의 늪에 빠져 벗어나지 못한다는 구조적 특징이 있다(김홍주, 2018).

고령 사회(*aged society*)를 거쳐, 2025년에는 초고령 사회(고령화율 20~21% 이상, *super aged society*)에 진입할 것으로 예상된다. 고령화 수준도 문제지만 더 큰 문제는 '급격한' 진행에 있다. 급증하는 노인층에 대한 돌봄·보호·안전망을 구축할 시간적 여유가 부족하기 때문이다. 일본의 경우 고령화 사회에서 고령 사회로 진입하는 데 25년, 고령 사회에서 초고령 사회로 넘어가는 데 10년이 소요됐지만, 한국은 2000년 고령화율 7.2%로 고령화 사회에 들어선 후 불과 17년 만인 2018년에 고령화율 14.3%로 고령 사회에 접어들 정도로 진행 속도가 빠르다.

독거노인 문제도 심각하다. 노인 자살 문제에서부터 홀로 사는 노인이 쓸쓸히 죽음을 맞고 수년 뒤에나 발견되는 이른바 고독사(死) 문제까지 독거노인은 그야말로 복지 사각지대 최전선에 놓여 있다. 통계청 장래인구추계에 의하면, 2017년 독거노인가구 수는 125만 2천 가구로 전체 가구 대비 6.9%, 노인가구의 20.4%에 이른다. 보건복지부 보고서 "2018년 독거노인 사회적 관계망 조사"에 의하면, 경로당이나 복지관을 다니는지, 종교 활동을 하는지, 한다면 일주일에 몇 번이나 하는지 묻는 질문에 과반(52%·48만 5천 명)이 "아무 활동도 하지 않는다"고 응답했다. 이렇다 보니 국내 고령층 우울증 환자(60세 이상)도 2010년 19만 6천 명에서 2018년 31만 1천여 명으로 크게 늘었다. 외로운 삶이 우울증을 부르고, 우울증이 다시 남들과 사이에 더 높은 벽을 쌓는 악순환이 저소득층뿐 아니라 모든 계층에서 일어나고 있다는 뜻이다. 이런 현상은 고독사 증가로 이어졌다. 돌보는 사람 없이 혼자 살다 숨진 65세 이상 '무연고 사망자'가 2014

년 538명에서 2018년 1,056명까지 한 해도 빠짐없이 매년 늘었다.

셋째, 지역 격차가 갈수록 심해지고 있다. 2017년 기준 재정자립도가 20% 미만인 지자체 48곳 중 군 지역이 39곳(81.3%)으로 대부분을 차지했다. 군 단위 지자체가 우리나라의 지역내총생산(GRDP)에서 차지하는 비중도 9.5%에 불과해 시(47.4%)와 구(43.1%) 단위지역에 크게 못 미친다. 인구·재정적 측면에서 군(郡) 지역의 위기가 가속화되는 상황에 행정서비스 비용은 오히려 증가하고 있다. 위기를 벗어나기 위해 출산 장려·인구 유입 대책 등에 예산을 더 써야 하기 때문이다. 또 인구는 적지만 넓은 면적과 지역 특성으로 인해 농·축산, 산림 등의 수요에도 대응해야 한다. 이렇다 보니 풍족한 도시에 비해 재정이 열악해지는 불균형의 악순환이 계속되고 있다. 이로 인해 도시로 떠나는 주민들도 많아지면서, 군 지역의 인구는 더욱 감소했다. 지난해 기준 소멸위험 지역 89곳 중에서 70곳이 군지역인 것으로 나타났다. [2]

결과적으로 한국사회는 경제구조가 취약해지고 저출산·고령화 문제가 심각해지면서 복지환경이 급속하게 열악해지고 있음을 확인할 수 있다. 이렇게 기존의 복지제도로는 한계가 있기 때문에 대안적 복지체제를 시급하게 구축해야 할 시점이다(임호, 2012: 3). 이에 따라 새로운 지역사회복지를 추구하고 대안을 제시하는 다양한 움직임이 일어나고 있다.

---

2 〈뉴스원〉(2019. 5. 18.), ""지자체 소멸 막자" … '특례군 도입' 대안 될까". https://news.v.daum.net/v/20190518090003888

2) 지역사회복지의 패러다임 전환

이렇게 한국의 복지환경이 급격하게 변화하면서 지역사회복지 패러다임의 전환과 대안적 복지체제를 주장하는 학자들이 늘어나기 시작했다.

류기형(2000)은 경제위기에 대처하기 위한 사회복지의 발전적 전략과 과업으로 사회안전망 구축, 공적 영역과 민간 영역의 사회복지 파트너십 실현, 사회통합 및 지역공동체 건설, 주민운동의 활성화, 민간사회복지협의체 구성과 지역사회복지 서비스 네트워크 구축을 제시하였다. 임호(2012)는 지역복지를 둘러싼 내외 환경의 변화에 따라 지역 중심의 복지체계 혁신의 방향으로 지역사회의 역량 강화, 민관협력에 기반을 둔 복지거버넌스 구축, 복지사업 주체의 다양화와 효율성 제고 등을 제시하였다. 현외성(2013)은 최근 복지논쟁에 따른 사회복지정책의 기본방향으로 지속가능한 복지정책의 실현, 생애 맞춤형 복지정책 마련, 사회투자적인 복지정책 수립, 계층 및 다문화 가족을 아우르는 통합 복지정책의 구현, 중앙과 지방을 아우르는 균형 복지정책 실현, 공공과 민간의 역할분담이 적절하게 이루어진 혼합 복지정책과 사회변동을 반영하는 연성 복지정책의 실현 등을 주장하였다.

이해진·김철규(2014)는 지역사회에서 급격하게 증가하고 있는 노인과 기초생활수급자, 이주노동자 등의 사회적 약자들을 위한 돌봄·건강·의료와 같은 사회서비스 제공은 민간 요양시설과 같은 시장 기제에 맡기기보다 공공성(*publicness*) 차원에서 이뤄져야 한다고 강조하였다. 아이들의 돌봄에 공공의 가치를 부여하고 이렇게 변화된 가치가 제도에 반영될 수 있도록 시민사회가 강력한 정치적 노력을 기울여야 한다는 것이다. **3** 그들은 이러한 사회서비스 공공성을 위해 새로운 패러다임의 지역사회복지가 필요하다고 보았다. 국가복지가 지역적 특성과 요구를 반영하기 어려운 반면에, 지역사회복지는 지역적 범위 내에서 지역사회와 주민이 필요로 하는 복지욕구를 충족시키고 지역문제를 해결하기 위해 노력하기 때문에 사회서비스의 공공성을 확보하는 데 적합하다는 것이다.

김홍주(2018)는 복지환경의 변화에 대응하는 과정에서 지역사회를 단위로 공공과 민간, 그리고 시장이 어우러져 하나의 복지구조를 이루는 지역 기반의 복지체제(*welfare regime based in the community*)가 부각되고 있다고 주장하였다. 지역주민들이 가장 필요로 하는 돌봄 서비스를 가장 효율적으로 제공하기 위해서는 지역, 마을, 이웃, 공동체 단위가 적격이기 때문이다. 국가복지는 광대하지만 서비스 효율성이 낮고 주민들의 접근성이 떨어진다. 가정과 같은 비공식 보호는 친근하지만 계층별 편차가 크고 제도적이지 못하다. 지역사회는 적절하게 제도적이면서도 적절하게 친근한 서비스를 제공할 수 있고, 적어도 얼굴을 맞대면서 지내는 삶의 터전을 만들어 낼 수 있다. 그래서 지역사회가 주체이자 대상이 되는, 새로운 패러다임의 복지체제가 적절한 대안으로 떠오르고 있다는 것이다.

---

3 트론토(Tronto, 1993: 178)는 이를 '공공의 돌봄 윤리'(*public ethic of care*)라고 개념화한다.

정리하자면, 최근의 지역사회복지는 복지환경의 변화에 따라 급격하게 증가하고 있는 지역사회의 노인, 이주노동자, 다문화가정 등에 대한 돌봄을 시장기제에 맡기기보다 공공의 영역에서 맡겨야 한다는 논의가 활발해지고 있다. 이에 문재인 정부는 사회서비스의 공공성 확보를 위해서 사회서비스원(院)의 설립과 더불어 2019년부터 사회서비스의 효과성을 높이기 위해서 재가보호 중심의 커뮤니티 케어 사업을 시범적으로 실시하고 있다. 정부는 노인 중심 커뮤니티 케어 선도사업 이후 장애인과 아동을 대상으로 하는 사업계획도 순차적으로 선보일 예정이다. 의료적 도움이 필요한 주민들이 병원에 입원하는 대신, 자기 집이나 그룹홈 등 지역사회에 거주하면서 돌봄을 받는 재가보호 방식에 주안점을 두었다. 노인들을 위한 주거지원, 식사배달 등의 돌봄 서비스와 방문의료 서비스, 재택간호 서비스 등이 통합되는 방식도 중요하다. 그래서 '지역사회 통합' 돌봄 사업이라고도 한다. 하지만 이러한 정부 주도의 사회서비스 제공은 이전의 복지국가 논쟁에서 그랬듯이 항상 '고비용-저효율' 문제에서 쉽게 벗어날 수가 없다. 그래서 최근에는 정부가 주도하되, 시민사회가 적극적으로 참여하는 사회적경제 모델이 더욱 주목을 받고 있다.

2. 지역사회복지와 사회적경제의 만남

1) 사회적경제의 지역화

사회적경제의 지역화는 사회적경제의 제도화의 문제점과 정치화에 대응하는 사회적경제 진영의 실천전략이다. 행정편의와 정치권력에 대한 시민사회 권력의 우위를 통해 사회적경제를 주도하기 위해서는 시민사회와의 연대와 사회적경제 운동의 성과를 바탕으로 지역사회에서 사회적경제를 두텁게 만드는 지역화 전략이 필요하다는 것이다. 이런 점에서 사회적경제의 지역화는 사회적경제의 의미와 성과를 시민사회에 확장시킴으로써 지역사회에 뿌리내리는 과정이자, 시민들의 사회적 욕구, 문제, 필요를 지역사회에서 사회적경제 조직과 활동을 통해 해결하는 과정을 의미한다(이해진, 2015a: 149).

사회적경제 조직체들은 지역화 과정을 통해서 국가와 시장의 권력에 대항하는 지역역량과 지방자치를 강화함으로써 새로운 차원의 지역사회복지를 가능하게 한다. 나아가 정부의 일방적 제도화에 따른 문제를 해결하고, 지방정부와의 민관협치에서 교섭력과 주도권을 확보하며, 지역사회에서 제도화된 관행들을 혁신하는 시민정치의 실천을 가능하게 한다. 주민의 참여와 협력과 연대의 네트워크를 통해 낙후 지역의 재생과 지역사회의 돌봄 역량을 증대시키는 지역개발을 가능하게 한다.

한상일·이재희(2018)는 사회적경제가 지역단위에서 다양한 사회·경제적 문제해결에 효과적인 수단으로 인식된 배경을 다음과 같이 설명하고 있다. 첫째, 경제적 관점이다. 지역에 속한 소규모 기업과 상점 등의 경쟁력이 약화되면서 지역사회가 공동화(空洞化) 되고 기초적인 공공서비스나 사회서비스가 제공되지 못하는 결과를 낳았다. 결국 이런 상황에서 지역주민의 참여로 스스로 문제를 인식하고 자생적인 발전의 노력을 통해 자본과 재화, 서비스의 이동을 활성화하는 것이 사회적경제의 개념이다. 사회적경제 속에서 협동조합과 사회적기업이 활성화될 때 지역경제의 공동화를 막을 수 있으며 외부 환경의 변화에 자생적으로 대응할 수 있는 자원이 확보된다는 것이다.

둘째, 인구학적 관점이다. 노년층을 위한 의료서비스가 열악해지고 지방정부는 증가하는 수요를 충당할 만큼 충분한 자원을 갖지 못하게 된다. 민간기업도 이러한 상황에서 자금을 투자할 만한 인센티브를 발견하지 못하면 지역에는 충족되지 못하는 사회적 수요가 남게 되는 것이다. 특히 개발도상국가의 맥락에서 의료서비스 및 사회서비스의 공급이 원활하지 못한 한편 이주와 다문화현상의 가속화로 인한 인구구조의 왜곡은 지역사회에 적합한 사회서비스의 제공을 필요로 하게 된다. 이러한 상황에서 지역사회에 적합한 사회서비스의 공급은 사회적경제체제를 통해서 가능할 것으로 기대되었다.

셋째, 지역발전 관점이다. 주기적으로 도래하는 경기침체는 국가의 규모와 역량을 축소시킨다. 이는 산업구조와 인구구조를 변화시키고 이로 인해 지역공동체에 촉발되는 다양한 수요를 충족시키기 어렵게 한다. 이러한 변화는 국제기구나 원조 공여국의 역량도 감소시킨다. 결국 개발도상국가에서도 외부자원에 대한 의존도를 줄여야 하는 상황에 직면하게 된다. 따라서 선진국과 개발도상국가 모두에서 사회적경제가 지역사회의 사회적 수요충족에 유용한 수단으로 주목받게 되었다.

이해진(2015b: 78)은 새로운 지역발전 전략으로서 사회적경제를 주목했다. 2000년대 중반부터 한국에서 새로운 지역사회개발 모델로 사회적경제가 부각되었다. 협동조합, 사회적협동조합, 사회적기업, 마을기업, 자활기업, 농어촌공동체회사, 커뮤니티비즈니스 등 다양한 사회적경제 조직들이 지역사회 차원에서 돌봄·의료·교육·고용 서비스를 제공하며 새로운 지역공동체를 만들고 있다는 것이다. 나아가 이해진·김철규(2014)는 지역사회복지의 실천 주체와 전략으로서 사회적협동조합의 활동을 강조하였다. 사회서비스의 시장화 경향 속에서 2012년 〈협동조합기본법〉에 의해 제도화된 사회적협동조합이 지역사회복지의 공공성과 정체성을 확립하고, 협동복지에 기반을 둔 새로운 지역사회복지실천의 모델을 만들고 있다는 것이다.

새로운 방식의 지역사회복지실천에서 사회적경제는 세 가지 기능을 수행할 수 있다. 첫째, 사회적경제 조직은 국가와 시장이 해결하지 못하는 문제들에 혁신적으로 대처하는 특징을 갖기 때문에(Borzaga & Depedri, 2012; Evers & Laville, 2004), 지역사회의 필요와 문제를 해결하고 지역 기반의 사회서비스를 혁신하고 다양화하면서 사회복지의 효율성을 증진시킨다. 둘째, 지역의 일자리와 소득을 증대시켜 자원이 지역에서 선순환하는 지역순환의 경제체계를 만들어 간다. 셋째, 사회적경제 조직은 다중 이해관계자들의 협동과 호혜를 통해 지역사회에 필요한 사회서비스의 공공성을 실천한다. 사회적경제에 기반을 둔 지역사회복지실천을 통해 주민들의 돌봄 욕구와 필요를 충족하고, 사회서비스를 공익적으로 재분배함으로써 공공의 돌봄 윤리를 실현한다. 이 때문에 최근의 지역사회복지는 사회적경제의 이념과 가치, 그리고 조직체의 다양한 활동을 통하여 새로운 실천모델을 제시하고 있다.[4]

2) 사회서비스의 공공성과 사회적협동조합

공공성은 개인이나 특정 집단의 사적 이해를 넘어 사회적으로 구성되는 국가 혹은 사회공유의 특성이라 할 수 있으며, 이는 공적관계 혹은 공적질서 그 자체로 표출되는 경향이 있다(조대엽, 2012: 4). 사회서비스는 국가·지방자치단체 및 민간 부문의 도움이 필요한 모든 국민에게 복지, 보건의료, 교육, 고용, 주거, 문화, 환경 등의 분야에서 인간다운 생활을 보장하고 상담, 재활, 돌봄, 정보의 제공, 관련 시설 이용, 역량 개발, 사회참여 지원 등을 통하여 국민의 삶의 질이 향상되도록 지원하는 제도를 말한다(〈사회보장기본법〉 제3조4항).

사회서비스의 공공성 개념은 시장화·민영화에 대비되는 측면에서 이해할 수 있다. 사회서비스의 시장화가 영리 조직에 의한 시장, 경쟁, 가격 중심의 사회서비스를 제공하는 과정이라면, 사회서비스의 공공성은 영리의 확대가 아니라 공공의 이익을 추구하며, 이윤추

---

4 한국사회복지교육협의회에서 5년 단위로 발간하는 '사회복지학 교과목 지침서'에 따르면, 2016년부터 지역사회복지실천의 특수 분야로 사회적 기업, 사회적협동조합, 자활기업, 마을기업 등 사회적경제 조직체의 실천모델을 제시하고 있다(한국사회복지교육협의회, 2016: 75).

구가 아니라 사람과 노동 및 공동체의 가치를 지향한다. 최근 들어 사회서비스의 공공성이 논의되는 배경에는 한국의 사회서비스 체계가 지나치게 민영화·시장화된 것에 대한 성찰의 의미가 강하다. 과도한 시장화에 따른 이용자 비용부담, 접근권 제한, 서비스의 질 저하 등의 문제를 효과적으로 풀기 위해서는 국·공립 복지시설의 비중을 높여서 공공에서 직접 사회서비스를 제공하는 게 가장 이상적이다. 하지만 정부 복지시설 비중이 0.4%에 불과한 현 시점에서 막대한 예산이 소요되는 이런 논의는 현실적이지 못하다. 이 때문에 사회서비스의 공공성을 실현할 다양한 방안이 모색되고 있는데, 그중에서도 핵심이 사회적협동조합의 돌봄 윤리 가치를 활용하는 방식이다.

사회적협동조합은 "협동조합 중에서 지역주민들의 권익·복리 증진과 관련된 사업을 수행하거나 취약계층에게 사회서비스 또는 일자리를 제공하는 등 영리를 목적으로 하지 않는 협동조합"이다(〈협동조합기본법〉 제2조3항). 공익 목적의 사업을 운영할 수 있으나, 신고제로 운영되는 협동조합과 달리 정부 부처로부터 승인 허가를 얻어야 하며, 비영리법인으로서 이익 배당이 금지되어 있다. 사회적협동조합은 조합원만의 이익에 한정하지 않고, 주민들에게 서비스 기회를 제공하며, 주민을 조직화하여 지역사회 중심의 돌봄체계(*community-based caring system*)를 구축할 수 있다.

사회적협동조합은 공익적 경제활동을 통해 자생력을 갖추며, 공공부문으로부터 제도적 지원을 받고 이와 함께 지역사회의 다양한 자원을 연계·활용함으로써 사회서비스의 공공성을 지속가능하게 할 토대를 마련한다. 나아가 지역문제를 해결하고 지역주민을 조직화하여 사회정치적 목적까지 실현한다. 예컨대 협동이라는 일상의 정치가 '사회적'으로 재구성되면서 이웃이, 마을이, 지역이 하나의 자치조직으로 활동할 기반을 갖게 되는 것이다. 이처럼 국가와 시장이 해결하지 못하는 문제들에 혁신적으로 대처하는 특징을 갖기 때문에, 사회적협동조합이 지역사회복지의 정체성과 사회서비스의 공공성을 강화하는 새로운 주체이자 실천기제로 부각되고 있는 것이다. 사회적협동조합이 지닌 호혜, 연대, 통합, 참여, 지역, 돌봄, 공공의 가치가 새로운 지역사회복지실천의 윤리 및 가치와 거의 유사하다는 점도 주목할 필요가 있다.

나카가와 유이치로(2002)는 이탈리아의 사회적협동조합과 영국의 커뮤니티 협동조합이 고령자·장애인 간병, 육아·보육과 그에 따른 직업훈련·교육, 고용창출 등 커뮤니티의 질과 그 주민의 생활의 질을 높이는 역할을 한다고 보았다. 헤르베르트와 부르가르트(Herbert & Burghard, 2007)는 사회적협동조합의 일자리창출 성과에 대해 주목하였다. 사회적협동조합은 지역사회에서 네트워크를 구축하여 창업하기 때문에 개입창업보다 위험분산 효과가 커서 일자리창출에 효과적이라는 것이다. 김원동(2013)은 사회적협동조합이 사회적 약자에 대한 관심을 복원시키고 강화시킨다는 점에서 지역사회 사회통합의 중요한 기제가 된다고 하였다. 모리(Mori, 2014)는 사회적협동조합이 협동과 호혜를 통해 지역사회에 필요한 사회서비스의 공공성을 실천한다고 하였다. 사회적협동조합의 특성은 협동조합 조합원 중심의 이해를 지역사회의 다양한 이해관계자들과의 호혜성(*reciprocity*)으로 확장시킨다는 것이다.

3. 사회적경제와 의료복지사회적협동조합

1) 의료생협의 등장

오늘날 보건의료 영역의 협동조합은 50여 개 나라에서 약 1,300여 단위 조합이 활동하고 있으며, 여기에는 저개발국가에서 복지선진국에 이르기까지 다양한 경제, 사회, 문화적 배경을 가진 국가들이 망라되어 있다. 이는 보건의료 협동조합이 매우 다양한 조건에서 존재할 수 있고, 다양한 형태로 발전됐음을 의미한다(황인섭, 2004: 1569). 한국의 의료생협운동은 1989년 7월 도시지역의료보험 전면 실시에 따른 전(全) 국민 의료보장의 실현을 전후로 1세대 의료협동조합과 2세대 의료생활협동조합(이하 의료생협)[5]으로 나눌 수 있다.

1세대 의료협동조합은 도시빈민 등 의료사각지대에 놓인 사람들의 자조운동으로 시작되었다. 1968년 5월 장기려, 채규철 등 부산의 기독교인을 중심으로 723명의 조합원이 '청십자의료협동조합'을 출범시켰다. 이듬해 보건사회부로부터 최초의 자영자의료보험 시범사업장으로 인가를 받고 민간 의료보험조합으로서 큰 역할을 하였으며, 1970년대에 의료보험조합 설립운동이 확산되는 데 기폭제가 되었다. 1989년 7월부터 도시지역의료보험이 실시됨에 따라 6월 30일자로 자

---

5 생활협동조합은 상부상조의 정신을 바탕으로 한 소비자들의 자주·자립·자치적인 활동을 촉진하여 조합원의 소비생활 향상과 국민의 복지 향상에 이바지하는 협동조합을 말하며, 일상에서는 흔히 생협이라고 한다(〈소비자생활협동조합법〉 제4조1항). 생협 중에 의료행위 중심의 활동을 하는 단체를 의료생협이라고 한다.

진 해산했으며, 그 당시 조합원이 23만 명에 달하였다.

1976년 3월 서울 난곡에서는 김혜경 등을 중심으로 118세대의 조합원이 '난곡희망의료협동조합'을 창립했다. 서울의대 가톨릭학생회의 주말진료 팀과 제휴하는 모형으로 출발했고, 1986년 총회에서 "우리 힘으로 병원을 만들자"고 결의하고 모금활동에 들어갔다. 1988년 8월 영등포에 요셉의원을 개원했는데, 조합이 임의단체여서 가톨릭 소속 사회복지법인을 별도로 만들어 설립하였다. 조합원은 월 1천 원의 후원금을 운영비 조로 내고 진료받을 때 보험수가 정도만 내는 구조였다. 그런데 1989년 7월 도시지역의료보험이 실시되면서, 원장이 조합원들에게 거주지에 있는 병원으로 갈 것을 권유하고 요셉의원은 무의탁자와 노숙자를 무료 진료하는 자선병원으로 바꿔 갔다. 이에 조합은 자동적으로 해산된 상태가 되었다(정원각, 2012: 274~285).

2세대 의료생협은 도시빈민운동 차원에서 시작된 1세대와 달리 1987년 민주화 이후 활발하게 전개된 보건의료운동 및 지역공동체운동의 흐름 속에서 등장하였다. 1987년 경기도 안성군 고삼면 마을 청년들과 연세대학교 기독학생회 의료인들이 주말 진료소를 차렸다. 당시만 해도 농촌 지역에서 제대로 된 진료를 받을 병·의원이 없었다. 이렇게 7년을 활동하다 제대로 된 진료기관을 만들고자 지역주민 300여 명과 의료인 2명이 뭉쳤다. 농협의 경험이 있는 농민들은 협동조합 형태로 병원을 만들었다. 그렇게 1994년 우리나라 최초의 의료생활협동조합이 탄생했다. 제대로 된 보건의료서비스를 받을 기회가 흔치 않은 농촌 주민들에게 이러한 의료생협은 새로운 기회를 제공할 수 있었다.

1994년 안성의료생협 설립 이후, 의료생협은 한국의 의료보장제도가 가지고 있는 한계점들을 보완하고 의료사각지대의 문제를 해결하기 위한 대안으로 부각되었다. 주민의 자발성과 연대성을 바탕으로 스스로 주체가 되어 공공의료의 비효율성과 민간의료의 상품화에서 오는 문제점들을 극복하고, 치료보다는 보건과 예방에 중점을 두어 주민의 건강한 생활을 지향해 나가는 데 목적을 두고 운영되었기 때문이다. 의료생협은 의료 공공성 확보와 건강 약자를 위한 의료지원이라는 명분으로 전국에 확산되었다. 1996년 11월 인천평화의료생협이 두 번째로 설립됐는데, 이는 기존의 의료기관을 협동조합으로 전환한 사례이며 최초로 도시에 설립된 2세대 의료생협으로서 의미를 가진다. 1999년 8월 6일 시행된 〈소비자생활협동조합법〉은 의료생협의 법적 근거를 마련해주었다. **6** 이에 따라 2000년대 들어 안산의료생협(2000년 4월), 원주의료생협(2002년 5월), 대전민들레의료생협(2002년 6월), 전주의료생협(2004년 4월) 등이 지역 시민운동단체와 주민들의 연대로 설립되었다. 이들이 모여 2003년 6월 한국의료생협연대를 결성했으며, 이를 승계하는 연합조직으로 한국의료생협연합회가 2011년 12월에 창립되었다.

2세대 의료생협은 1세대와 달리 건강, 의료, 생활과 관련된 문제

---

6 〈소비자생활협동조합법〉제45조(사업의 종류) 1의4항을 보면, "조합원의 건강 개선을 위한 보건·의료사업"을 할 수 있으며, 제46조(사업의 이용) 3항에 의해 다른 생협과는 달리 보건·의료생협은 50% 한도 내에서 비조합원의 이용도 가능하게 되었다. 조합원 중심의 협동조합 규정에 비하면 예외적인 조항으로 의료생협의 활성화에 근거가 되었다.

들을, 지역자원들을 조직화하여 민주적 참여, 자율적 협동, 연대성을 통해 해결하는 자발적 참여 조직의 성격을 지니고 있다.

2) 유사 의료생협의 문제

이렇듯 의료생협의 설립에서 지역사회의 운동단체나 주민들의 주도성이 큰 역할을 하게 되었지만, 이 경우도 가치를 공유하는 의료인의 참여가 필수적이다. 주민의 자발적인 움직임이 있고, 협동조합 설립 환경이 조성되었다 하더라도 뜻을 같이하는 의료인이나 종사자가 없으면 의료생협의 설립이나 운영이 어려울 수밖에 없는 한계가 있다. 이 때문에 대다수 의료생협은 의료인의 거취에 따라 수익성이나 지속성, 지역화에 문제가 생기는 경우가 많이 있다(임종한 외 2011: 32).

더 큰 문제는 의료생협을 통해 병원 설립이 가능하다는 사실을 알게 된 많은 사람이 이른바 '사무장 병원'을 차리는 경우가 빈번해지면서 유사 의료생협이 대거 등장한 데에 있다. 〈표 6-1〉에 의하면 2005년 이후 지난 10년 동안 923개의 의료생협이 설립되고, 548개의 의료생협이 여러 가지 이유로 폐업을 하였다. 2015년 현재 의료기관 종별 의료생협은 병원 17개, 요양병원 132개, 의원 382개, 치과병원 1개, 치과의원 41개, 한방병원 10개, 한의원 164개로 의원이 가장 많다.

의료생협이 확대되는 이유 중 하나는 의료생협 개설 의료기관과 일반 개인 병·의원의 세제 혜택의 차이이다. 개인 의료기관의 과세대상 소득은 총 수입금액에서 필요경비를 제외한 나머지 전부이지만,

<표 6-1> 의료생협의 증가 추이: 2005~2015

	2005	2006	2007	2008	2009	2010	2011	2012	2013	2014	2015	계
개업	36	38	41	41	17	50	166	136	162	153	83	923
폐업	-	8	16	25	21	31	57	82	82	90	136	548

의료생협 개설 의료기관의 경우에는 총 수입금액에서 필요경비뿐만 아니라 기타 모든 비용을 제외한 나머지 순수매출액이 과세 대상이다. 또한, 세율에서도 큰 차이를 보이는데, 개인 의료기관은 최소 6%에서 최고 35%로, 최대 과세율이 높은 경향이 있으나, 의료생협 개설 의료기관의 경우에는 〈조세특례제한법〉(제72조)에 따라 당기순이익의 9%만 과세를 적용한다. 그렇기에 조합원들의 자치를 기반으로 한 의료생협은 매우 적고 의료생협을 이윤추구의 모델로 삼으며 비(非)의료인에 의한 의료기관 설립을 금지하고 있는 현행 의료법의 규정을 회피하고 있는 탈법적 의료생협이 다수 생기고 있었던 것이다. 다음의 인터뷰 내용이 이런 사정을 잘 알려 준다.

의료생협이 2000년대 들어 언론에 자주 소개가 되면서 주목을 받게 됐어요. 그런데 이른바 '사무장 병원'이라는 곳이 의료생협법을 이용해 영리 병원을 차리기 시작했습니다. 의료생협법인을 열기 위해서는 조합원 300명에 3,000만 원 이상의 출자금이 필요한데, 설립을 대행해 주는 업자도 있다고 해요. 서류로 조합원 300명을 꾸미면서 의료생협이라는 이름으로 일단 개원을 한 뒤에 조합 운영 따위는 안중에도 없고 그냥 영리 병의원을 운영하는 거죠.[7]

건강 약자를 위한 보건의료운동과 지역 돌봄을 위한 주민운동이 중심이 되어 설립·운영하던 의료생협들은 유사 의료생협과의 차별화를 위하여 2003년 '한국의료생협협동조합연대'를 조직하여 운영하였다.[8] 여기에는 한국 최초의 의료생협인 안성의료생협, 인천평화의료생협, 안산의료생협, 원주의료생협, 전주의료생협, 서울의료생협, 대전민들레의료생협 등 15개 정도의 의료생협이 가입하여 활동하였다. 반면에 전국의 대다수 유사 의료생협은 가입이 거부되거나 스스로 가입하기를 꺼려하였기 때문에 연대 소속 의료생협과 구별되었던 것이다.

3) 의료생협의 연대사업과 복지활동

의료생협연대가 생기면서 개별 의료생협 조직들은 연합회 수준에서 자신의 입장을 대변할 수 있게 되었다. 의료생협연대의 형성이 의료생협운동 전체에 미친 가장 큰 영향력 중에 하나는 길동무(사회적 일자리, 재가케어) 사업 추진이다. 의료생협연대는 이 사업을 2004년 6월 1일부터 2009년 4월 2일까지 약 5년간 해마다 노동부에 재신청하였다. 추진 방식은 연대 차원에서 선정되면 소속 회원 의료생협들이

---

7 〈프레시안〉(2013. 11. 20.), "'의료생협'이 간판을 바꾸는 이유는?". www.pressian.com/news/article/?no=112495

8 〈소비자생활협동조합법〉 제2조(정의) 3항에 의하면, 1항의 조합과 2항의 연합회의 공동이익을 도모하기 위하여 이 법에 따라 소비자생활협동조합 전국연합회를 조직할 수 있다.

분담하여 추진하는 형식으로 이루어졌다. 이러한 의료생협의 연대사업은 다음과 같은 세 가지 의미가 있었다.

첫째, 길동무 사업을 통해 의료생협은 각 지역과 정부 부처로부터 인지도와 공신력을 획득할 수 있었다. 무엇보다 의료와 복지가 연계된 사회 서비스 제공 경험을 통해 의료생협운동의 새로운 비전을 수립하는 계기를 얻었다. 나아가 의료생협은 길동무 사업의 경험을 기반으로 가정간호사업 재가장기요양기관과 같은 사업을 확장할 수 있는 밑거름이 되었다.

둘째, 정부의 재정적 지원을 받아 사업을 실시할 수 있는 전문 인력을 충원하게 되면서 지역복지사업을 지속적으로 펼칠 수 있게 되었고, 이를 통해 의료생협이 의료행위를 넘어 지역사회에서 돌봄 서비스를 제공하는 복지시설로도 활동할 수 있게 되었다. 이 시기부터 의료생협의 사업내용이 지역복지사업 중심의 협동조합 성격이 강해진 반면에 보건의료운동이라는 운동적 성격은 약화되기 시작하였다.

셋째, 협동조합으로서 정체성을 확립하는 계기가 되었다. 사실 당시에 의료생협은 〈생협법〉 개정 과정에서 소비자협동조합들과의 갈등 관계로 협동조합으로서 정체성 위기를 겪고 있었다. 일반 생협은 의료생협이 조합원이 아닌 비조합원을 진료하거나 의료인 중심으로 조직을 운영했다는 점을 들어 협동조합의 정체성이 모호하다고 지적하였다. 길동무 재가케어사업은 이러한 의료생협운동의 정체성 위기 담론을 극복하고 보건의료운동 성격을 넘어서 복지와 돌봄이라는 새로운 운동방향을 설립하는 중요한 발판이 되었다. 나아가 이 사업을 계기로 2007년 〈사회적기업육성법〉 시행과 함께 의료생협연대 소속

주민참여형 의료생협들은 사회적기업 인증을 받기 시작하였다.

의료생협운동은 2012년 〈협동조합기본법〉 제정 과정에서 의료와 돌봄 영역의 비영리성을 강조하는 근거법을 만들고자 노력했다. 그 결과 한국사회에서 처음으로 사회적협동조합 개념이 법 조항에 포함되었으며, 의료생협연대 소속 주민참여형 의료생협들은 스스로를 유사 의료생협과 구별하기 위하여 대다수 사회적협동조합으로 전환하기 시작했다.

4) 사회적협동조합으로의 전환과 의료복지운동

2012년 제정된 〈협동조합기본법〉의 가장 큰 의미는 협동조합의 통합적 관리체계를 갖추게 되었다는 점과 '사회적협동조합'이라는 새로운 협동조합 법인격이 출현하였다는 것이다. 최소 설립인원 기준 등이 완화되면서 다양한 경제영역의 협동조합 및 사회적협동조합의 설립이 용이하게 되었고, 소규모 협동조합의 등장도 가능해졌다. 그러나 의료생협운동 차원에서 〈기본법〉이 갖는 가장 큰 의미는 지역과 공공 관점을 도입하였다는 점, 의료복지서비스가 사업 영역에 명시되어 있다는 점, 그리고 사회적협동조합연합회를 설립하여 연대활동을 펼칠 수 있다는 점으로 요약할 수 있다.

〈협동조합기본법〉의 정의에 의하면, "사회적협동조합"이란 협동조합 중에서 지역주민들의 권익·복리증진과 관련된 사업을 수행하거나 취약계층에게 사회서비스 또는 일자리를 제공하는 등 영리를 목적으로 하지 아니하는 협동조합을 말한다(제2조3항). 사회적협동조합은 첫째, 지역사회의 재생, 지역경제의 활성화, 지역주민들의 권익·복리 증진 및 그밖에 지역사회가 당면한 문제해결에 기여하는 사업(지역 관점), 둘째, 사회적 취약계층에 복지·의료·환경 등의 분야에서 사회서비스를 제공하는 사업 및 공익증진에 이바지하는 사업(공공 관점)을 수행한다(제93조).

의료복지사회적협동조합은 〈협동조합기본법〉 제93조2항에 의거, 지역의 건강 약자와 사회적 취약계층에게 보건·의료·돌봄·교육서비스를 제공하기 위해 지역주민과 의료인들이 함께 출자해서 설립한 협동조합으로, 보건복지부에서 인가하는 사회적협동조합을 말한다. 의료사협은 의료와 복지 관련 필요를 조합원 간 협동의 힘으로 해결하기 위한 비(非)영리조직이다. 의료서비스의 공공성 증진을 지향하며, 협동의 성과를 지역사회에 나눠 건강한 공동체를 만든다는 목적을 갖고, 운영 과정에서도 민주적이고 공개적인 참여형 구조와 연대활동 중심이기 때문에 공익(公益)적이고 사회적인 성격을 갖는다. 주민의 참여를 바탕으로 만들어져 운영 중인 전국 22개의 의료사협은 "한국의료복지사회적협동조합연합회"9라는 연대조직을 통해 한국의 의료와 복지, 협동조합 운동의 건강성과 확산을 추구하고 있다.

의료사협은 새로 시작된 조직이 아니다. 앞서 언급한 것처럼 2000년대 초반부터 활발하게 활동한 의료생협이 사무장 병원으로 상징되는 유사 의료생협의 문제를 해결하기 위하여 비영리조직인 사회적협동조합으로 전환한 조직이다. 기존의 의료생협은 영리를 목적으로 사

---

9 http://hwsocoop.or.kr

무장이 의료인을 고용해 협동조합이라는 이름을 달고 병원을 설립하는 경우가 많았다. 이에 협동조합의 운동적·공익적 성격이 강한 의료생협들이 〈협동조합기본법〉 제정을 계기로 사회적협동조합으로 전환한 것이다.

설립 기준을 엄격하게 해도 유사 의료생협이 생겨나자 의료사협으로 전환한 조직들이 연합회를 조직하여 가치와 철학, 사업을 차별화하고 있다. 2019년 통합 18차**10** "한국의료복지사회적협동조합연합회 정기총회" 자료집에 따르면, 연합회는 건강할 권리·협동하는 사람·건강한 세상의 가치를 실현하는 의료사협을 육성, 지원하고 의료의 공공성 실현과 지역공동체 회복을 통해 건강한 사회를 만드는 데 기여하는 것을 목적으로 한다. 2018년 사업목표는 문재인 정부의 커뮤니티 케어 정책과 연관하여 "주민참여 지역통합 돌봄체계를 확장하는 의료사협"으로 설정하였다. 조직운영의 성과는 연대사업의 결과에 따라 점차 확산되고 있다.

〈표 6-2〉에 의하면, 조합원이 2013년 32,711세대에서 2018년에는 44,922세대로 5년 동안 12,211세대가 증가하였고, 총 공급고는 159억 원에서 362억 원으로 203억 원이 증가하였으며, 출자금 또한 71억 원이 증가하였다. 하지만 기존 400여 개의 의료생협 중 사회적협동조합으로 전환하여 회원으로 가입한 조합 수는 22개에 불과하며, 그나

---

10 2003년 설립된 한국의료생협연대로부터 시작되기 때문에 통합 18차가 된다. 2011년 12월 한국의료생협연합회로 전환하였고, 2013년 10월에 한국의료복지사회적협동조합연합회로 전환하였다.

<표 6-2> 의료사협연합회 운영 성과: 2013~2018

	조합원(세대)	출자금(억 원)	활동조합원(명)	총 공급고(억 원)
2013	32,711	55	2,593	159
2014	30,823	67	1,555	196
2015	34,281	77	4,266	204
2016	38,420	103	3,964	264
2017	41,243	117	3,830	325
2018	44,922	126	2,847	362

출처: 한국의료복지사회적협동조합연합회 18차 자료집(2019: 28)

마 몇 개는 휴업중이고, 부천 의료사협은 2019년 5월에 폐업했다.[11]

2018년 12월 기준으로 의료사협 연합회에 가입한 의료사협은 안성, 인천평화, 안산, 원주, 서울, 대전민들레, 전주, 서울함께걸음, 해바라기, 성남, 수원, 시흥희망, 서울살림, 대구시민, 서울마포, 순천, 건강한 의료사협, 느티나무 의료사협, 홍성 우리마을, 부천 (2019년 5월 폐업), 익산 의료사협 등 모두 22개이다. 전체 의료생협이 320여 개인 점을 감안한다면 의료사협으로의 전환 비율은 매우 낮은 수준이다. 이런 의료생협들은 협동조합의 형식을 갖추고 있지만 조합원이나 지역주민에게 공익적이지 못하고 영리적 활동에 치중하기 때문에 많은 문제가 있다.

의료사협으로의 전환이 의료공공성 실현과 지역의 돌봄 공동체 구축에 꼭 필요한 과정임에도 전환 비율이 낮은 이유는 두 가지로 설명

---

11 부천의료사협은 2013년 준비모임을 시작으로 2017년 정기총회를 거쳐 의료사협을 설립하여 지역사회에서 건강돌봄의 주체적 역할을 하려 했다. 하지만 설립 초기 재정적 부담과 사업 부진으로 2019년 5월에 폐업하였다. 2019년 11월 현재, 조직을 재건하기 위해 많은 주민과 활동가들이 노력하고 있다.

할 수 있다.

첫째, 조합 설립 기준이 강화됐다. 의료생협에서는 조합원 300명에 출자금 3천만 원이 최소 설립 기준이었는데, 사회적협동조합이 되기 위해서는 조합원은 500명, 출자금은 1억 원을 넘겨야 하고, 1인당 출자금도 5만 원 이상이어야 한다는 조건을 충족해야 한다. 이에 조합원과 출자금이 모자란 의료생협들은 출자금을 추가로 걷고 조합원을 늘리는 작업을 선행해야 했다. 더구나 사회적협동조합은 비영리 활동을 중심으로 하기 때문에 이윤이 축적되지 않고, 조금 축적된 경우라도 조합원에게 배당할 수 없으며 모두 적립하거나 공익사업을 해야 한다. 의료복지나 주민운동에 투철한 조합원이 아닌 이상 증자에 참여하기가 쉽지 않고, 지역운동에 참여하기도 어려운 현실인 것이다. 이 때문에 조합원의 합의가 없는 대부분의 의료생협은 사회적협동조합으로 전환하기가 어렵다.

둘째, 현실의 법적 구속 때문에 사회적협동조합을 효율적으로 운영하기가 쉽지 않다. 먼저 의료사협의 사업 범위를 전국 단위가 아니라 기초 시·군·구나 광역시·도 등의 행정 구역으로 제한해야만 한다. 일반 의료기관의 경우 환자의 주소지를 따지지 않는데, 의료사협만 협동조합 제7원칙인 '지역사회에 대한 기여'를 적용하여 행정구역으로 의료 환자 주소지를 제한하는 것은 역차별일 수 있다. 비조합원이 의료사협 병원을 이용하는 데도 여러 제약조건이 있다. 〈협동조합기본법〉 시행령에 따르면 '보건·의료사업을 하는 사회적협동조합은 수급권자, 장애인, 응급환자 등을 제외한 조합원이 아닌 자는 이용할 수가 없다. 50% 범위에서 비조합원의 이용을 허용하고 있지만 이마저도 사회적기업 인증을 받은 사회적협동조합만 비조합원 진료가 가능하다. 이런 사정을 다음의 인터뷰 기사가 잘 설명해 준다.

> 의료생협 때도 비조합원 진료를 50% 할 수 있었어요. 그런데 사회적협동조합에서는 요건이 강화돼서 사회적기업 인증을 못 받으면 100% 조합원만 진료를 해야 돼요. 이 운동 자체가 의료의 공공성을 보완하기 위한 것이기 때문에 아픈 사람은 모두 진료를 할 수 있어야 하죠. 사회적기업 인증을 받는 데 시간이 걸리는 신생 의료사협에게는 사업 확장 및 안정에 치명적이죠. 진료를 받으려면 일단 5만 원 출자부터 해야 하는데 환자들에게는 상당한 문턱이 됩니다.[12]

이처럼 어려운 사정에도 불구하고 2000년대 초반에 설립되고, 연대체 중심으로 보건의료운동을 펼쳐 나갔던 의료생협은 주민들의 적극적인 조합원 가입과 출자금에 힘입어 대부분 의료사협으로 전환하였다. 연합회에 소속된 의료사협들은 설립 시기와 주체, 지역 특성에 따라 조금씩 차이는 있지만 사회적 성과를 통한 가치의 실현 측면에서는 몇 가지 공통점이 발견되었다. 첫째, 주민의 자발적 참여와 자치를 보장하며 지역사회가 중심이 된 건강 및 돌봄 공동체를 구축하고자 하였다. 둘째, 협동조합 간의 협동 및 상생을 통해 지역사회에 기여하고자 하였다. 셋째, 사회적 가치의 실현뿐만 아니라 조합의 자

---

12 〈프레시안〉(2013. 11. 20.), "'의료생협'이 간판을 바꾸는 이유는?". http://www.pressian.com/news/article/?no=112495

립과 지속적 성장에 필요한 전략을 꾸준히 모색하였다. 이러한 점은 의료사협이 협동조합으로서 경제적 가치 중심의 정체성과, 사회적협동조합으로서 사회적・복지적 가치 중심의 정체성을 동시에 지키면서 이를 조합 운영에 반영하고 있다는 사실을 알려 준다.

4. 대안적 실험의 성과와 과제

1) 성과

새로운 지역사회복지를 실천하는 과정에서 사회적경제 조직으로서 의료사협의 적극적인 활동으로 다음과 같은 성과를 내고 있다. 첫째, 사회적협동조합은 다중이해관계자들이 지역이라는 공간에서 함께 미래를 설계하고 협력해 나가는 새로운 지역운동 모델을 제시하고 있다. 이들의 활동은 사회적경제 주체로서 조합원의 편익에 앞서서 공동체적 가치실현을 우선시한다는 명확한 방향성이 존재한다. 둘째, 의료사협을 통해 열악한 공공의료의 사각지대를 줄여 나가고 있다. 2016년 OECD 통계에 따르면, 국내 병원 중에서 공공병원의 비율은 5.8%에 불과하다. [13] 자료를 제출한 26개국 평균이 52.6%인 점을 감안하면, 한국의 공공의료 현실이 얼마나 열악한지 분명하게 알 수

---

[13] 〈시사IN〉(2019. 8. 16), "의료의 질 높은 공공병원 확 늘려라". https://www. sisain. co. kr/news/articleView. html?idxno=35268

있다. 의료사협은 지역에서 다수 주민을 대상으로 공공의료가 제공하지 못하는 의료와 돌봄서비스를 제공해 주고 있다. 셋째, 의료사협은 사회적협동조합의 특성상 지역사회를 단위로 보건·의료·돌봄 공동체를 구축하는 데 기반이 되고 있다.

의료사협 관련 선행연구들은 조합원 대상 의료서비스보다 지역주민 대상 돌봄서비스가 의료사협의 지속 및 성공요인이라고 지적하고 있다. 김재엽(2017)은 안성·인천·안산 의료사협을 대상으로 의료사협 성공의 원인을 분석한 결과, 기관의 목적이 시민사회운동의 성격보다는 주민이 원하는 지역사회복지 성격을 가졌을 때 조합원 규모가 확대된다는 결론을 얻었다, 이재희·윤민화(2018)가 전국 5곳을 대상으로 분석한 결과, 의료사협은 의료복지라는 조직의 목표를 달성하기 위해 지역을 중심으로 사람을 통해 누구나 건강하게 살아야 한다는 권리를 지향하는 실천 활동을 중시하고 있었다. 의료사협의 정체성이 '지역'과 '사람'을 통해 지켜진다는 것이다. 김신양(2013)은 의료생협을 주민이 주체가 되어 서로 돌보고 보살펴 건강한 관계를 만드는 실천모델로 보았다. 이해진과 김철규(2014)는 지역사회복지 실천의 주체로서 사회적협동조합을 언급하며 사회서비스의 공공성을 강화하기 위해 지역사회 기반, 참여와 신뢰, 네트워크 협동과 호혜의 원리를 강조했다.

결과적으로 의료사협의 지역복지활동은 국가복지의 제도화 요인이나 민간복지의 민영화 요인을 넘어 주민들이 자발적으로 만들어 가는 지역화 요인이 중심이 되고 있다는 점에서 새로운 지역복지 실천 모델로 정착될 수 있는 가능성을 보여 준다.

2) 과제

2018년 기준 연합회 소속 22개 의료사협은 적정 진료, 예방 중심, 방문 진료, 일차 의료, 주치의 활동 등을 하면서 지역사회에서 의료적 공공성과 돌봄의 공공윤리를 실천하고 있다. 하지만 의료사협도 협동조합인 이상 사회적 가치에만 매몰되어 조직의 지속성을 경시할 수는 없다. 실제로 많은 의료사협이 잦은 의료인 교체와 조합원의 외면으로 수익성에 문제가 있으며, 무리하게 지역사업을 펼치면서 조합원의 참여율이 현저하게 떨어지는 경우가 많다. 이 때문에 조직의 성공적인 운영을 위해서는 조합원의 참여도를 높일 수 있는 방안을 모색해야 한다.

수익률 개선 방안도 모색할 필요가 있다. 의료시장의 경쟁 환경이나 의료수가의 변화와 같은 외부 환경의 변화는 통제 불가능하기 때문에 내부역량을 강화하고 관리의 효율성을 높여 수익성을 개선해야 한다. 더욱이 의료사협은 사회적협동조합으로서 협동조합에 참여하는 지역주민(조합원), 의료인, 직원, 자원봉사자 등 다양한 이해관계자가 존재하는데, 샌크먼(Shankman, 1999)에 따르면 다양한 이해관계자를 고려하는 것이 재무적 성과목표를 달성하는 데 필수적이다.

사회적협동조합으로서 의료사협의 사회적 가치의 실현은 지역사회에 대한 참여와 기여를 통해 가능하다. 협동조합의 지역사회 기여 역할은 크게 두 가지 차원으로 나눌 수 있다. 그 하나가 국가와 시장의 손길이 미치지 못한 곳에서 '보완적 역할'을 하는 것이라면, 다른 하나는 국가와 시장의 논리가 작동하는 곳에서 협동조합이 가진 가치와 내용으로 새로운 영역을 만들어 나가는 '대안적 역할'이다. 이렇게 본다면 협동조합의 지역사회 기여는 조직 차원의 활동 프로그램의 수준을 넘어서는 의미를 담고 있다. 즉, 운동과 경영, 활동과 사업을 구분해 놓고, 경제활동을 통해 확보된 수익의 사회적 환원을 위한 방법으로 접근한다면 협동조합이 지역사회에 기여하는 역할을 너무 제한시킬 수 있다는 것이다.

신자유주의와 글로벌 경쟁의 파고로 세계의 주류 경제가 심각한 혼란을 겪는 상황이다. 이럴 때 경쟁과 배제가 아닌 협동과 공생의 원리로 작동하는 대안적 경제 영역들을 많이 만들어서 경제적 생태계를 다양하고 풍성하게 만들어 가는 일이야말로 지역사회의 지속가능한 발전에 매우 중요하다. 이런 점에서 지역사회복지의 새로운 실천 패러다임을 추구하는 의료사협의 성공을 위해서는 철저한 '지역화'를 통해 풀뿌리 지역에서부터 사회적협동조합의 협동조합운동 성격을 강화하고 신자유주의 국가의 제도화 정치에 맞서는 대항 헤게모니를 구축하는 전략의 모색이 필요하다. 의료사협의 지역화 실현이 지역사회복지를 발전시키는 기반이 된다는 것이다.

참고문헌

김신양(2013). "협동조합을 통한 지역복지 활성화 방안". 〈복지동향〉, 174: 56
~61.
김흥주(2018). "지역의 사회복지와 사회적경제". 《지방분권형 개헌과 지역의

미래》. 한국지역사회학회 춘계학술대회 자료집(미간행).

나카가와 유이치로(2002). "협동조합 운동의 새로운 조류 - 이탈리아 사회적협
　　동조합과 영국 커뮤니티협동조합을 중심으로". 〈한국협동조합연구〉,
　　20(1): 127~135.

류기형(2000). "지역사회복지의 상황적 변화에 따른 발전전략과 과업". 〈한국
　　지역사회복지학〉, 9: 67~86.

박순일(2005). "복지환경의 변화와 사회안전망의 사각지대". 〈복지보건포럼〉,
　　104: 62~77.

이재희·윤민화(2018). "의료복지사회적협동조합에서의 '일'의 방식". 〈한국사
　　회복지행정학〉, 20(4): 239~273.

이해진(2015a). "한국의 사회적경제: 제도화의 정치과정과 지역화 전략". 〈지
　　역사회학〉, 16(1): 135~180.

이해진(2015b). "사회적경제와 지역발전". 〈한국사회학〉, 49(5): 77~111.

이해진·김철규(2014). "지역사회복지의 실천주체로서 사회적 협동조합의 의
　　의". 〈한국지역사회복지학〉, 51: 155~189.

임　호(2012). "전환기 지역복지 확충과 혁신이 시급". 〈DBI 포커스〉, 180:
　　1~12.

임종한 외(2011). 《우리동네 주치의, 의료생협 이야기, 가장 인간적인 의료》.
　　스토리플래너.

정원각(2012). 《한국생활협동조합운동의 기원과 전개》. 푸른나무.

조대엽(2012). "현대성의 전환과 사회 구성적 공공성의 재구성: 사회 구성적
　　공공성의 논리와 미시공공성의 구조". 〈한국사회〉 13(1): 3~62.

최일섭·이현주(2006). 《지역사회복지론》. 서울대학교출판부.

한국사회복지교육협의회(2016). 《사회복지학 교과목 지침서》. (미간행).

한국의료복지사회적협동조합연합회(2018). 《제18차 정기총회 자료집》.

한상일·이재희(2018). "사회적경제와 지역발전". 〈지역발전연구〉, 27(2):
　　1~31.

현외성(2013). "최근 복지논쟁과 한국 복지국가의 진로". 〈사회과학연구〉, 22:
　　256~280.

황인섭(2004). "의료생활협동조합의 비영리조직성 및 특징에 관한 연구". 〈산
　　업경제연구〉, 17(6): 1569~1591.

Borazga, C. & Depedri, S. (2012). "The Emergence, Institutionalization and Challenges of Social Enterprises: the Italian Experience", *CIRIEC - España, Revista de Economia Publica, Social y Cooperative*, *75*: 35~53.

Evers, A. & Laville, J-L., ed. (2004). *The Third Sector in Europe*. Edward Elgar Publishing.

Herbert, k. & Burghard, F. (2007). "Genossenschaften und ihre Potenziale fur Innovation, Partizipation und Berschaftigung, Der Beitrag von Genossenschaften zur sozilae Verantwortung, *KNi Bericht*, 36~38.

Mori, P. A. (2014). "Community and Cooperation: the Evolution of Cooperatives towards New Models of Citizens' Democratic Participation in Public Services Provision", *Euricse Working Paper*, *63*: 14.

Tronto, J. (1993). *Moral Boundaries: A political Argument for an Ethic of Care*. New York: Routledge.

제 7장

사회적경제 조직과 지역 농민의 삶
완주 로컬푸드를 중심으로

김태완 · 김철규

1. 머리말

발전주의와 산업화의 길을 치달려 온 한국사회에서 농민들은 사회 ·
경제적으로 배제되어 왔다. 도농 간 소득격차가 증가하고 있을 뿐 아
니라 농촌과 농민은 사회 · 문화적인 면에서도 주변으로 밀려 있다.
열악한 사회 · 경제적 여건에서 한국의 농민들은 힘겹게 자신들의 삶
을 이어가고 있는 것이다. 이러한 상황에서 국가나 시장이 아닌 농민
들의 자체적 조직화를 원리로 하는 협동조합이나 사회적기업이 대안
으로 부상하고 있다(장원봉, 2006; 이해진 · 김철규, 2014; 이해진,
2015). 신자유주의 헤게모니와 그 폐해에 대한 비판과 성찰은 '사회
적인 것'(the social)에 대한 관심을 높였으며, 빈곤과 사회적 배제를
극복할 수 있는 새로운 경로로서 사회적경제가 등장했던 것이다. 장
원봉(2015)은 사회적경제를 "연대의 경제"로 보면서 재분배(redistri-

bution)와 호혜성(*reciprocity*)을 강조한다. 이는 자기조절적 시장 및 자유주의 경제학을 통렬하게 비판했던 폴라니(Karl Polanyi)의 경제에 대한 시각과 궤를 같이한다(Polanyi, 1944).

이 연구는 폴라니의 표현을 빌리자면, '사회에 뿌리내린 시장'(*socially embedded market*)이라고 할 수 있는 농촌의 협동조합 조직을 연구대상으로 삼아 사회적경제가 한국의 농촌에서 어떤 역할을 할 수 있는지에 대해 분석한다. 구체적으로는 완주로컬푸드협동조합에서 운영 중인 지역먹거리 직매장(*local food shop*)이 분석대상이다. 지역먹거리 직매장은 지역먹거리 운동이 제도화된 것으로, 농민과 소비자 사이를 매개하고, 판매 활동을 하는 조직이다. 지역먹거리 직매장은 '사업' 조직의 성격과 '운동' 조직의 성격을 모두 지니고 있다. 우리의 분석대상인 완주로컬푸드협동조합 역시 마찬가지이다. 완주로컬푸드협동조합은 지역먹거리 운동이 가진 지역사회 발전에 대한 관심, 참여 농민들의 복지, 시민농업의 이념 등을 공유한다. 동시에 직매장 사업을 통해 농민들의 소득을 높이고, 소비자들의 참여와 매출액을 증가시켜 직매장의 사업을 확장하려는 기업적 성격 역시 갖고 있다. 이러한 이중적 특성을 전제로, 우리 연구는 지역먹거리 운동이 실제 농민들의 삶과 지역사회에 어떤 영향을 미치는가를 경험적으로 분석할 것이다. 일반적으로 지역먹거리 운동은 생산지와 소비지의 물리적 거리, 그리고 생산자와 소비자의 사회적 거리를 줄이고자 한다. 지역 내에서 먹거리를 생산하고 소비함으로써, 지역경제의 활성화에 기여하며, 신뢰와 같은 사회적 자본도 증가한다. 또한 소비자는 신선한 먹거리를 상대적으로 값싸게 구할 수 있으며, 생산자는 중간상을 거치지 않아 상대적으로 높은 소득을 얻을 수 있다(Kneen, 1993; Lyson, 2004). 그런 의미에서 지역먹거리는 위기에 빠진 소농들에게 큰 의미를 지닌 대안으로 평가되었다.

하지만 지역먹거리 운동이 가지는 사회경제적 의미와 그것의 규범적 중요성에 대한 강조에도 불구하고 실제 지역먹거리 운동이나 사업이 농민들의 삶에 어떤 영향을 미치는가에 대한 경험적 연구는 부족한 형편이다. 우리는 이러한 연구의 공백을 메우고자 한다. 두 가지 차원의 연구 질문에 대한 답을 구함으로써, 관련 연구 분야에 기여하기를 기대한다. 첫째, 개인 수준에서의 질문으로 지역먹거리 사업이 농사를 짓고, 농산물을 판매하는 소규모 농민들의 생활에 어떤 구체적인 영향을 주었는가? 둘째, 농민들이 살고 있는 지역사회 차원의 질문으로, 지역먹거리 사업은 농촌사회에 어떤 변화를 가져오는가?

이러한 질문들에 답하기 위해 우리는 국내의 대표적인 지역먹거리 운동의 제도화 사례라고 할 수 있는 완주로컬푸드협동조합 참여 농민들을 연구하였다. 현장방문과 면접을 통해 완주로컬푸드협동조합 참여 농민들의 생활 경험의 변화를 규명하고자 했으며, 또 농민과 완주로컬푸드협동조합 관련자들의 입을 통해 지역먹거리 사업이 지역사회에 끼친 영향을 밝히고자 했다. 우리 연구는 지역농민의 생활과 지역사회의 변화를 경험적 수준에서 접근함으로써, 지역먹거리 활동이 가지는 사회학적 의미를 밝히는 데 일조할 수 있을 것이다. 더 나아가 보다 일반적인 수준에서, 사회적경제 조직이 참여 구성원들과 지역사회에 어떤 영향을 끼치는가에 대한 질문에 답을 제공할 수 있다.

2. 이론적 논의 및 선행 연구

지역먹거리 운동에 대한 학술적 관심은 기존의 세계화된 식량체계에 대한 비판과 대안의 모색에서 비롯되었다고 할 수 있다. 즉, 대량생산과 대량소비, 단작의 확산, 농식품 기업에 의한 식품체계 지배, 산업형 농업, 생태문제 등을 특징으로 하는 기업식량체제의 지속불가능성에 대한 대안으로 지역먹거리 운동이 부각되었다(Kneen, 1993; McMichael, 2005; McMichael, 2009). 지역먹거리 운동이 가지는 사회적 의미에 대한 연구들이 서구 학계에서 다수 발표되었으며, 농민시장, 공동체지원농업, 도시농업 등에 대한 경험적 연구들도 많이 이뤄졌다(Hinrichs, 2000; Hinrichs, Gillespie & Feenstra, 2004; Wittman, Beckie & Hergesheimer, 2012). 한국에서 지역먹거리에 대한 관심은 2000년대 중반부터 시작되었는데, 몇몇 연구자들이 '로컬푸드연구회'를 만들어 공동으로 번역과 저작 작업을 하면서 점차 확산되었다고 할 수 있다. 이후 일본과 미국의 지역먹거리 운동을 비교의 준거로, 한국의 농민시장, 꾸러미, 생협 등에 대한 경험적·이론적 연구들이 비교적 활발하게 진행되어 왔다(김원동, 2010; 김종덕, 2009; 김철규, 2011; 윤병선, 2008; 윤병선, 2015; 윤병선·김선업·김철규, 2012; 윤병선·김철규·송원규, 2013).

먼저 지역먹거리가 가지는 사회적 의미에 대해 이론적 차원에서 검토하도록 하자. 김철규(2011)는 기존 서구의 연구 성과와 국내 사례들에 대한 검토를 통해 지역먹거리 운동이 농민이 정당한 몫을 가져갈 수 있고, 소비자들이 안전한 먹거리를 얻을 수 있으며, 생산자와 소비자의 관계맺음을 통해 먹거리 공동체를 형성할 수 있을 것이라고 주장했다. 보다 구체적인 수준에서 이 연구는 지역먹거리라는 개념 안에는 현실적으로 다양한 형태의 조직이 존재하며, 따라서 이들을 세분하여 경험적 분석을 할 필요하다고 지적한다(김철규, 2011: 128). 힌리히(Hinrichs, 2000)가 소개했던 개념인 '배태성'(embeddedness)과 '시장성'(marketness)을 활용하여, 한국의 농민시장과 공동체지원농업에 대해 시론적 분석을 시도했다. 이에 따르면, 한국의 농민시장은 도구성 혹은 경제성이 강조되는 반면, 공동체지원 농업은 상대적으로 배태성이 중요했다. 또한 한국의 특수한 맥락에서 지방자치단체의 역할이 크다는 점을 지적하기도 했다. 윤병선·김선업·김철규(2011· 2012)는 배태성 개념을 사회적 배태성, 생태적 배태성, 지역적 배태성으로 세분하고, 이를 활용하여 원주 농민시장 참여자들을 대상으로 경험적 연구를 수행했다. 이들 연구에 따르면, 농민시장 참여를 통해 생산 농민과 소비자 사이에 사회적 배태성이 높아졌고, 생태적 배태성의 측면에서도 긍정적 변화가 나타났다. 지역먹거리 활동이 다양한 긍정적 효과를 낳고 있는 것이다.

지역먹거리와 관련된 대부분의 연구들은 지역먹거리 운동이 지역사회에 긍정적인 영향을 줄 수 있다는 점을 지적한다. 생산자와 소비자의 상호작용과 지역먹거리의 제도화는 지역사회의 지속가능성과 연결된다. 그런데 이를 위해서는 생산자 농민이 자신의 생계를 유지하고, 생산 활동을 계속할 수 있도록 경제적 지지를 받아야 한다. 사회적 의미 못지않게 소득과 같은 경제적 요인도 매우 중요한 것이다(Wittman, Beckie & Hergesheimer, 2012; 윤병선·김선업·김철규.

2011). 물론 경제적 요인과 사회적 의미가 서로 모순되거나 충돌되는 것은 아니다. 지역먹거리를 매개로 지역운동이 조직되어 사회적경제에 대한 인식이 높아질 수 있으며, 소비자와 생산자의 사회적 연대와 소통은 양측의 경제적 이익으로 귀결될 수 있다(이해진·이원식·김흥주, 2012; 정동일, 2012; 김원동·최홍규·박준식, 2014). 중요한 것은 지역먹거리 '운동'이 일정한 '조직'으로 제도화되어 이러한 변화를 계속 끌고 갈 수 있어야 한다는 점이다.[1]

지역먹거리 운동의 조직화와 이를 바탕으로 만들어진 지역먹거리 체계는 '경제'와 '사회'의 이분법을 넘어서는 의미를 지닌다. 이와 관련해서 폴라니의 실체적 경제 개념과 판 데르 플루흐(Van Der Ploeg)의 둥지 튼 시장(*nested market*) 개념을 검토하도록 하겠다.

실체적 경제는 이윤추구를 극대화하기 위한 형식적 경제에 대비되는 개념으로, 생활에 필요한 물질적인 것들을 충당하는 것을 의미한다. 즉, "물질적 욕구를 채우는 과정과 관계있는 것" 그 자체를 의미하는 것으로, 폴라니는 생활을 연구하는 것은 이러한 실체적 의미에서의 경제를 연구하는 것이라고 주장한다(Polanyi, 1977: 69~71). 이윤을 극대화하고, 끝없는 축적을 전제로 하는 경제가 아니라 실제 필요를 충족시키고, 사회적 맥락에 뿌리를 둔 시장이 작동하는 사회적

---

[1] 이러한 제도화를 통한 거버넌스·영양·물질적 순환을 포괄하는 지역먹거리 체계의 필요성을 강조한 것이 '밀라노 도시 먹거리정책 협약'이라 할 수 있다. 2015년 이탈리아 밀라노 엑스포에서 전 세계 117개 도시들이 지속가능한 먹거리 체계 형성을 위한 선언을 발표했다(http://www.foodpolicymilano.org/en/urban-food-policy-pact-2/).

경제의 보편성을 강조했다. 자기조정적 시장을 당연시하는 현대 신자유주의 경제체제는 사회적 관계와 생태적 관계를 상품화하고, 결국은 파괴해 버린다. 이는 결과적으로 경제체계 자체의 파멸을 낳을 수 있다. 반면 물질적 필요를 채우는 과정과 관계되는 활동인 실체적 경제는 사회적 관계와 생태적 관계의 틀 속에서 작동한다. 실체적 경제는 그런 면에서 사회적으로나 생태적으로나 지속가능한 체계라고 할 수 있다.

소규모 농가들의 경제활동은 실체적 경제에 가깝다. 소농들의 농사 활동은 농지를 포함한 자연환경과 동료들과의 협업을 필요로 한다. 그리고 만약 수확된 농산물을 대형마트와 같은 기업형 시장이 아니라 사회적 의미를 담고 있는 대안적 시장에 판매할 수 있다면, 이는 실체적 경제의 현실적 사례라고 볼 수 있다. 세계화되고 기업화된 현대사회에서 실체적 경제와 사회에 뿌리를 내린 시장은 현실적이지 않은 것처럼 보이지만, 지역먹거리 활동은 실체적 경제의 사례를 보여 준다고 할 수 있는 것이다. 우리는 이 연구의 분석대상인 완주로컬푸드협동조합을 이런 관점에서 접근하고자 한다. 소규모의 고령 농가들이 생계유지를 위한 농사활동을 하고, 그 수확물을 완주로컬푸드라고 하는 지역먹거리 조직을 통해 판매함으로써 경제적으로, 그리고 사회적으로 의미 있는 대안을 만들어 가고 있는 것이다. 이윤추구를 위한 경제활동이 만연한 시장제도에서 대안을 찾으려는 노력을 하지 않는다면, 생계유지를 위해 형식적 경제에 포섭될 수밖에 없다. 이러한 상황은 사회의 구성원들끼리 서로 공유하여 안정된, 물질적 삶을 가능하게 하는 실체적 경제가 없이는 사회의 수준이나 개인의 생활수준도 지속적으로 확보할 수 없다는 점을 보여준다(이병천, 2014: 182). 시장을 사회에 묻는 작업이 중요한 이유이다.

폴라니의 배태성 또는 사회에 뿌리내린 시장 개념은 최근 일련의 학자들에 의해 '둥지 튼 시장'(*nested market*) 개념으로 구체화된 바 있다. 헤빙크・슈나이더・플루흐(Hebinck, Schneider & Ploeg)는 폴라니의 이중적 움직임(*double movement*) 개념을 활용하여, 슈퍼마켓과 같은 전 지구적시장의 힘에 대항하는 다양한 대안적 활동들을 둥지 튼 시장으로 개념화하였다(Hebinck, Schneider & van der Ploeg, 2015: 5). 둥지 튼 시장은 그것을 구성하고 이용하는 사람들에 의해 만들어지며, "일반적인 식품 시장을 지배하는 관계에 대한 비판으로부터 등장한다"(Van der Ploeg, et al., 2012: 141). 둥지를 튼 시장은 공공재적 요소를 지니고 있으며, 따라서 식량권, 요리 전통, 빈곤 경감, 경관과 생명 다양성의 존중, 일자리창출, 공정무역 등의 공적 가치와 관련된다(Schneider, Van der Ploeg & Hebinck, 2015: 196).

실체적 경제와 둥지 튼 시장의 관점에서, 소규모 농민들은 생활에 필요한 물질적 필요를 충족하기 위해 생산활동을 한다. 소규모 농민들의 경제활동은 농산물 생산을 통해 생활 필수 물자를 확보하는 제도화된 과정으로, 이윤 극대화와 자본 축적을 위한 활동이라고 보기 어렵다. 농민들의 개별경제활동은 지역먹거리 조직과의 관계망을 통해 사회적 의미를 부여받으며, 소비자들은 지역의 생산자들과도 관계를 맺는다. 농산물은 둥지 튼 시장을 통해 사회적 의미를 갖게 되며, 관계망을 통해 지역사회가 구성되는 것이다.

지금까지 이론적 차원에서 지역먹거리 운동과 그 조직이 가지는 사회적 의미에 대해 논의했다. 본격적인 경험적 분석에 앞서, 우리의 연구 대상인 완주의 지역먹거리 사업에 대한 선행연구에 대해 검토하도록 하겠다. 우리나라 지역먹거리의 대표적인 사례로 꼽히는 완주의 지역먹거리 활동에 대한 선행 연구들은 크게 세 가지 정도로 나눌 수 있다.

첫째, 지역먹거리 사업의 성공 요인이 무엇인가에 관한 일련의 연구들이 있다. 이와 관련해서 대부분의 연구들은 지역의 행정과 같은 실행체계가 중요한 성공 요인이었다고 지적한다(주상현, 2012; 이동배, 2013; 윤재경, 2014). 구체적으로 보면, 완주의 지역경제순환센터를 중심으로 군에서 농촌활력과를 신설했고, 사업의 지속성을 보장하기 위해 제도적 장치를 마련했다는 점을 강조한다. 또한 이를 매개로 주민의 직접적인 참여와 행정과 주민 사이의 신뢰, 그리고 지자체장의 강력한 리더십이 있었기 때문에 완주 지역먹거리 사업이 성공할 수 있었다고 설명한다.

둘째, 완주 지역먹거리를 지역농업 또는 도농교류라는 맥락에서 바라보고, 그 활성화 방안이 무엇인지에 대한 연구들이 있다(나영삼, 2013; 김영란, 2014). 생산자의 지역먹거리에 대한 인식, 지역먹거리 사업을 통한 소득과 소비, 직매장을 이용하며 겪는 어려움 등을 조사함으로써, 완주 지역먹거리의 현실과 당면 과제를 객관적으로 파악하고자 하였다. 이를 근거로 연구자들은 관계형 시장형성을 통해 생산자와 소비자의 이해와 소통을 증진해야 할 필요를 강조했다. 구체적으로는 신선하고 안전한 농식품을 직매장을 통해 직거래하고, 공공급식을 통해 지역먹거리의 소비를 늘리는 등 다양한 시도를 해야 한다고 제안하기도 했다.

셋째, 로컬푸드 직매장 이용 소비자들에 대한 경험적 연구가 있다 (백승우·김수현, 2013; 이준우·김혜민, 2013; 홍성현·황성혁·정준호, 2014; 이효진, 2015). 설문조사를 통해 직매장을 이용하는 소비자가 직매장을 이용하는 동기와 생산자 조합원이 직매장에 출하하는 동기와 출하처별 출하량 등이 연구되었다.

기존 연구들은 완주 지역먹거리의 다양한 측면에 대한 그림을 제공했다는 점에서 의미를 지닌다. 그럼에도 불구하고 연구의 초점이 지역먹거리 조직 자체의 현황과 소비자들에 맞춰졌다는 점에서, 지역먹거리 사업의 중요한 주체인 농민들을 놓쳤다는 점에서 한계가 있다. 앞에서 지적했듯, 우리는 농민들의 생활 변화와 지역사회의 변화에 주목함으로써 이러한 연구 공백을 메우고자 한다. 우리 작업은 지역먹거리 운동이 가지고 있는 농촌 지역사회의 사회경제적 활성화에 대한 관심을 연구의 측면에서 뒷받침할 수 있을 것이다.

3. 연구대상과 연구방법

이 글의 주된 분석대상은 완주로컬푸드협동조합의 조합원인 소규모 농가이다. 소규모 농가를 대상으로 하는 이유는 두 가지이다. 첫째는 소농들이 지역사회에서 높은 비율을 차지한다는 점이다. 둘째는 소득창출이 어려웠던 소규모 농가의 경제활동을 지원하는 것이 이 지역먹거리 사업의 중요한 사업목적이었기 때문이다. 지역의 소농들이 지역먹거리 사업의 주요 대상이므로, 사업의 영향을 평가한다는 측면에서도 소규모 농가에 초점을 맞추는 것이 의미가 있을 것이다. 우리는 지역먹거리 사업이 지역 농민과 지역사회에 미치는 영향을 분석하기 위해 완주로컬푸드협동조합 조합원들을 대상으로 심층면접을 실시하였다.

1) 연구대상

완주의 지역먹거리 사업을 운영하고 있는 완주로컬푸드협동조합에 등록된 전체 생산자 조합원은 2014년 10월 1일 기준, 1,068명이고 그중 40대 이하가 17.6%, 50대가 31.3%, 60대가 29.7% 70대가 14.3%, 80대 이상이 1.3%였다. 이 중 실제로 직매장에 출하하고 있는 조합원은 2014년 7월에서 9월 자료를 기준으로 40대 이하가 13.0%, 50대가 27.5%, 60대가 29.2%, 70대가 13.9%, 80대 이상이 1.4%로 총 698명이었다(〈표 7-1〉 참조).

우리가 면접으로 생활경험 자료를 얻은 조합원은 총 51명이지만, 면접 내용의 실효성을 기준으로 7명의 면접 자료를 분석대상에서 제외하고 44명의 면접 내용에 대한 분석이 이뤄졌다. 최종 분석대상으로 선정된 44명 중 28명은 남성, 13명은 여성이었다. 이에 더해 마을기업 등의 단체 대표 3명을 면접에 포함하여 최종적으로 분석하였다. 연령분포는 50대가 13명, 60대가 12명으로 56.8%를 차지하며 30대 2명, 40대 4명, 70대 8명, 그리고 80대 2명이다. 젊은 30~40대 조합원보다 고령인 70~80대가 많은 것은 주로 고령의 조합원을 찾아가

<표 7-1> 직매장 출하농가와 피면접 조합원의 연령별 분포

단위: 명, %

조합원 구분	연령	40대 이하	50대	60대	70대	80대 이상	단체	총합계
출하 조합원	인원	91	192	204	97	10	104	698
	비율	13.0	27.5	29.2	13.9	1.4	7.3	100
피면접 조합원	인원	6	13	12	8	2	3	44
	비율	13.6	29.5	27.3	18.2	4.5	6.8	100

출처: 완주로컬푸드협동조합 내부자료, 2014년 7~9월 기준

면접했기 때문이다. 소득수준이나 경지면적에 대한 정보는 면담한 조합원들이 정확하게 밝히지 않는 경우가 많아 수치로 정리하지 못하고 출하하는 품목의 양이나 면접 내용의 맥락을 통해 대략적으로 파악하였다. 관련 자료를 정리한 것이 〈표 7-2〉다. [2]

2) 연구방법

이 연구에 사용된 지역주민의 생활경험 자료는 완주로컬푸드협동조합 조합원에 대한 심층 면접 내용으로 구성된다. 면접 내용뿐만 아니라 면접을 하는 장소인 직매장에서 벌어지는 상황을 관찰하였고, 고령의 조합원을 면접하기 위해 마을을 방문한 상황에서 연구자가 얻게 되는 다양한 경험들이 면접내용을 해석하는 데 활용되었다.

---

[2] 조합원 이름은 익명으로 처리하고, 대신 알파벳으로 명기하였다. 다음 절의 심층 면접 내용을 인용한 것과 관련하여, 면접 대상자의 사회경제적 정보가 필요할 경우 〈표 7-2〉를 참조할 것.

〈표 7-2〉 면접 조합원 관련 정보

no	조합원	거주지역	성별	나이	농사규모	품목	유통경로	판매금액	기타 사항
1	A1	구이면	남	48		쌀, 다품목	직매장		
2	B1	이서면 은교리	여	73		다품목	직매장		
3	C1	용진면 상삼리	남	57		다품목	직매장	직매장 이용 후 30% 수익증가	
4	D1	이서면 금평리	남	79	논 500평, 밭 400평	고추, 깨, 상추, 다품목	직매장		
5	E1	구이면 안덕리	남	52			직매장, 개인판매	수입의 20%는 약초 가외수입	부인과 면접
6	F1	봉동읍 구암리	남	61	콩 12톤 가공	두부, 콩물	직매장, 택배	1억 5천만 원	협동조합 이사, 고향으로 귀농, 영농조합법인, 직매장을 타깃으로 두부가공
7	G1	이서면 반교리	여	59		우리밀콩두부 과자	직매장		
8	H1	상관면 신리	여	48			직매장		귀농, 마을기업 4명 근무, 완주산 채료, 직매장 타깃
9	I1	용진면 신지리	여	74		갯잎	직매장	진료약값 수준	전화면접
10	J1	이서면 남계리	여	63	1,200평	벼	직매장, 농협(쌀)		
11	K1	정천면	남	58	7천 평		직매장		부부농사

〈표 7-2〉 면접 조합원 관련 정보(계속)

no	조합원	거주지역	성별	나이	농사규모	품목	유통경로	판매금액	기타 사항
12	L1	교산면	남	53	주당 400kg 원유 사용	요구르트	직매장, 자체매장, 택배		원주유업에서 원유 구매
13	M1	상관면 미치리	남	63			직매장	일 4만 원	두레농장 출하 책임자
14	N1	소양면 회산리	남	57			직매장		두레농장 출하 책임자
15	O1	비봉면 이전리	남	33		양파, 다품목	직매장(80%), 시장(20%)	월 2천만 원	대농 집안 이름
16	P1	소양면 명덕로	남	69	1,700평	블루베리	직매장		귀농 후 블루베리 농사
17	Q1	구이면 광곡리	여	62			직매장		조합원 초기 멤버 (10순위안쪽)
18	R1	구이면 원기리	단체	—		두부	직매장		마을기업 협동조합 (2년 운영, 원주신 콩 사용)
19	S1	상관면 신리	남	65	노지 1천 평, 하우스 100평 3동	엽채류, 다품목	직매장		
20	T1	구이면 광곡리	남	61	양계 2천 수, 유정란 1,200개(월간)	유정란	직매장		
21	U1	이서면 금평리	여	70	고추 4천 평	고추	직매장, 개인판매		
22	V1	이서면 은교리	남	78	논농사, 블루베리, 초크베리 1,200평, 밭 50평	벼, 블루베리, 초크베리, 다품목	직매장	연 1,200만 원	

no	조합원	거주지역	성별	나이	농사규모	품목	유통경로	판매금액	기타 사항
23	W1	상관면 마치리	남	45	1,200평 자가소유, 1,200평 임대	감자, 당근, 양파, 엽채류	직매장		2년 전 귀농
24	X1		남	61		축산, 다품목	직매장, 시장	월 100만 원	조합원 조기멤버
25	Y1	용진면 신지리	여	74	소 30두, 쌀 4천 평 복분자 1,200평	복분자, 쌀, 채소, 약초	직매장(50%)		경종축산순환농업, 아들에게 복분자밭 1,200평 때어줌
26	Z1	구이면 평촌리	남	58	1천 평	가지	직매장		귀농 1년 차
27	A2	이서면 은교리	여	75		흙박잎, 녹두, 다품목	직매장		직매장 생기기 전에 시장
28	B2	구이면 두현리	남	61		채소류, 여주, 쌀	직매장, 농협(쌀)		
29	C2	구이면 계곡리	남	57			직매장		협동조합 대의원
30	D2	봉동읍 낙평리	단체	—		제과	직매장		
31	E2	구이면 낙천리	여	54	하우스 100평, 양파 3천 평, 쌀가공	양파, 쌀	직매장, 개인판매, 정부수매, 농협		
32	F2	용진면 상삼리	남	81	1,800평	쌀채소, 깨, 다품목	시장, 직매장		
33	G2	이서면 금평리	남	68	2천 평	벼, 감자, 고추, 채소, 다품목	직매장	월 150만 원	협동조합 발기인
34	H2	고산면 읍내리	남	58		논우렁	직매장, 공공급식		

〈표 7-2〉 면접 조합원 관련 정보(계속)

no	조합원	거주지역	성별	나이	농사규모	품목	유통경로	판매금액	기타 사항
34	H2	고산면 읍내리	남	58		논우렁	직매장, 공공급식		
35	i2	구이면 안기리	남	75	밭 2,400평	채소	직매장		
36	J2	이서면 은교리	여	46	하우스 2천 평	화훼	서울 화훼공판장, 직판장		
37	K2	구이면 계곡리	여	58		복분자, 오디, 다품목			축산에서 농사로 전입 4년 차
38	L2	소양면 죽절리	남	81	2천 평	고추, 벼, 다품목	직매장		
39	M2	삼례읍	단체	—	1만 평	고구마, 파, 다품목	직매장	연 2,500만 원	저소득층 자활사업단
40	N2	이서면 은교리	여	61					이장
41	O2	구이면	남	37	350평	토마토			귀농 3년 차, 직매장 타깃, 부모농사 이어받음
42	P2	용진면 상운리	남	50대 중반			직매장	월 500만 원	떡방앗간
43	Q2	봉동읍 성덕리	남	65	3천 평	토마토, 복숭아, 오이	호지점, 하가점, 시장 출품		
44	R2	용진면	남	53	하우스 2천 평, 복숭아 2천 평, 논밭 1천 평		직매장, 도매시장, 마트	전체수입 중 직매장 수입이 50%이상	

2015년 4월 25일부터 3일간 완주로컬푸드협동조합에서 운영하는 4개의 로컬푸드 직매장 중 하나인 모악점에서 1차로 조합원 면접을 실시했다. 또한 이때 연구현장에 대한 탐색적 관찰과 관계자 면담을 진행하였다. 그 후 2015년 8월 9일부터 7일간 완주로컬푸드협동조합에서 운영하는 로컬푸드 직매장인 모악점, 효자점, 하가점과 조합원의 마을을 방문하여 본격적인 심층면접을 실시하였다. 면접을 통해 취득한 생활경험 자료는 근거이론(*grounded theory*)의 절차에 따라 분석했다(Glaser & Strauss, 1967; Strauss & Corbin, 2008). 녹음된 면접 내용을 문장 단위로 개방형 코딩한 후, 개방형 코딩자료에 코드를 부여하여 분류했다. 이렇게 분류된 자료는 비슷한 내용을 상위개념으로 묶는 과정을 반복적으로 시행하여, 지역먹거리가 생산자 조합원에 미치는 영향과 농촌 지역사회에 미치는 영향으로 최종 분류되었다. 그 결과를 정리한 것이 다음 절의 논의 내용이다.

4. 지역먹거리 사업이 농민과 지역사회에 미친 영향

1) 생산자 조합원에 대한 영향

(1) 소량상품 판로확보에 따른 소득증가

로컬푸드 직매장이 조합원의 경제적 소득에 긍정적인 영향을 준다는 것은 면접한 모든 조합원이 인정하고 있었다. 다만 농가 규모나 연령대와 같은 조합원 개인적인 상황이 영향을 줄 수 있다고 했다. 소농들의 소득증가에 영향을 미친 직매장의 가장 큰 기능으로는 소량판매가 가능한 판로를 열어 주었다는 것과 다양한 품목을 계절에 크게 영향을 받지 않고 상품으로 제공할 수 있도록 다품목 기획생산체제를 갖추었다는 것이다.

직매장에서는 조합원이 소량으로 생산한 농산물을 판매할 수 있다. 그 방법으로 소포장이 대표적인데, 가공되지 않은 모든 농산물은 소포장 형태로 판매하고 있다. 소포장에 대한 조합원들의 반응은 크게 두 가지였는데, 대량으로 품목을 취급하지 못하는 소규모 농가의 경제활동을 돕고 있으며, 대용량 포장이 아니기 때문에 다양한 품목을 판매할 수 있도록 한다는 것이다.

협동조합 관계자는 근래에 핵가족화와 독신 가구가 늘어나서 대용량 포장보다는 소포장이 소비자에게 더 인기가 높다고 하면서, 생산농가인 조합원이 번거롭기는 하지만 소포장을 통해서 판매가 더 쉬울 것이라고 하였다. 무엇보다 대규모의 농사 활동을 하지 않아도 소포장으로 판매할 수 있어서 소농들에게 많은 이익이 된다고 한다. 소포장으로 작은 양을 판매할 수 있기 때문에 취급할 수 있는 품목이 많아져서 조금씩 판매 가능한 것으로도 수입이 된다고 하였다.

예컨대 81세의 고령농인 L2 조합원은 자가소비 및 자식들에게 나눠줄 용도로 재배했지만 지금은 직매장 판매용으로 재배하고 있다고 한다.

예전에는 농사지은 걸 혼자 다 못 먹잖아. 이웃에 나눠주는 것도 한두 개고 … 그래서 처리하기가 어려웠지. 애들에게(자녀) 오이 몇 개, 호

박 몇 개 가져가라고 전화하기가 미안했는데 요즘은 매장에 내기 때문에 문제될 게 없지. (조합원 L2)

비슷한 응답으로는 "채취한 것은 예전에는 나눠 먹었지만 지금은 직매장을 통한 수익이 가능하다"(조합원 F2), "예전에는 형제들끼리 나눠 먹는 것이 많았는데 요즘은 직매장에 물건을 내기 때문에 형제들끼리 나눠 먹는 것이 줄었다"(조합원 M1) 등이 있었다. 비슷한 다른 응답도 있었다.

바뀐 점은 시장에는 물건을 들고 가면 깔보고 싼값에 팔아야 하지만 매장에는 가져다 놓기만 하면 되니까 편리하고 좋다. (조합원 D1, 79세) 시장에 갈라면 조금은 못 가고 도매시장은 많이 가야 하지만 직매장은 조금씩 낼 수 있고 팔아 주니까 좋다. 팔아 주니까 물건 내놓고 자신의 일을 할 수 있다. (조합원 F2, 81세)

수익이 증가한 이유로, 오이를 재배하는 조합원은 직매장에서는 일반 오이도 도매시장의 특품 등급 가격으로 판매가 된다고 하면서 등급을 따지지 않고 판매해 줘서 좋다고 하였다.

직매장 하면서 수입이 많이 늘었어요. (이유는) 가격대 자체가 높게 형성되기도 하지만 보기가 안 좋지만 먹는 데는 지장이 없는 것은 직판장에서는 좀 싸게 팔 수 있는데 도매시장 가면 가격대가 너무 떨어지거든요. 다른 데서 소비자가 사는 가격은 비슷한데 시장에서 판매하면 농가

입장에서는 거의 두 배 가까이 차이가 나버려요. … 소포장 때문에 잠을 못 자는 사람들이 많아요. … 직매장 이용하면서 수익은 늘었지만 고생한 대비로 생각하면 … 글쎄요 … 특품 가격 기준으로 도매시장에 내는 수준으로 직매장 수익을 볼 수 있어요. 농사지으면 (결과물들이) 모두 특품이 나오지 않으니까 농사를 조금 지어서는 특품을 골라서 도매시장으로 나갈 수도 없어요. … 그래서 로컬푸드매장으로 나갈 수밖에 없어요. (조합원 R2)

완주군에서는 계절에 영향을 크게 받지 않고 농산물 생산을 하기 위해서 하우스 같은 시설을 지원하고 있다. 이러한 요인들이 작용하여 완주의 지역먹거리 사업과 관련된 대부분의 자료에 다품목 소량생산과 직매장의 관계가 포함된다. 조합원이 이야기한 내용 중 직매장 운영과 관계된 다품목 재배의 이유는 두 가지로 좁혀진다. 첫째, 로컬푸드 직매장에서 다른 조합원과 품목이 중복되는 경우를 줄이기 위해서 다양한 품목을 취급할 수 있어야 한다. 둘째, 직매장을 찾는 소비자들의 다양성에 대한 요구를 충족하기 위함이다. 두 가지 모두 직매장 운영과 조합원의 직매장 활동을 지속가능하게 하기 위해 필요한 부분이라 판단된다. 다품목 소량생산과 함께 완주군 로컬푸드 사업의 대표적인 특징은 계획생산이다. 조합원의 입장에서는 계획생산이 없이 다품목 소량생산을 하게 된다면 조합원이 많아질수록 취급품목의 중복으로 조합원 사이의 충돌이 생겨서 직매장에 다양한 품목이 꾸준히 나오기 어렵다고 한다. 또한 진열하는 품목은 직원이 권장량을 제시하는데 최종적으로 결정은 조합원이 한다고 한다. 가격 또한 마찬가지이다. 또한 계절에 상관없이 소비자가 찾는 상품을 구비하기 위해서는 다양한 품목을 꾸준히 직매장에 진열하여야 한다. 그러기 위해서는 계절의 영향을 줄여서 다양한 품목을 재배하고 가공할 수 있어야 하는데 이것은 계획된 다품목재배로 가능하다. 생산과 소비의 순환고리를 지속하기 위해 필요한 부분이라고 할 수 있다.

(2) 소포장에 따른 노동량의 변화

직매장을 통해 소량판매가 가능해지면서 다품목 계획재배를 하고 있는 생산자인 조합원들은 생산과 관련된 일을 하는 과정에서 어떤 변화를 경험하고 있는지 질문해 보았다. 대규모 농가의 경우에는 생산 자체에는 큰 변화가 없었으며 직매장이 기존의 유통경로 중 하나였기 때문에 소규모 농가에 비해서 변화가 적었다. 하지만 직매장에 의존하는 소규모 농가의 경우에는 생산양식과 판매를 위한 과정 자체가 바뀌기 때문에 변화가 컸다. 대규모 농가의 경우 생산과 판매의 역할 분담이 가능하도록 인력을 유연하게 대처할 수 있지만 소규모 농가의 경우에는 분담할 여건이 갖추어지지 않아 모든 일을 스스로 또는 부부가 해결해야 하기 때문인 것으로 판단된다.

　지역먹거리 사업에 참여하기 전후의 노동의 변화에 대한 가장 일반적인 응답으로는, 판매가 되기 때문에 수익이 오르는 것은 사실이지만 그만큼 더 쉴 틈이 없다는 것이 있었다.

　경제적 소득은 있지만 몸은 더 피곤하고 쉴 시간이 길은 높아지기 않았다. 혼자 농사짓는 경우 더욱 그러하다. (59세, 조합원 S1)

노동량이 증가하는 이유로는 크게 두 가지가 있었는데, 친환경적 다품목 생산과 소포장이 그것이다. 경제적 수입이 늘었지만 훨씬 바빠졌는데 다품목 재배관리와 화학농약을 사용하지 않는 농법이 주된 이유였다. 다품목 생산은 장점만 가지고 있는 것은 아니다. 다품목 재배관리에 대한 응답에서, 귀농 후 2,400평 농지에서 다양한 품목의 농사를 짓는 W1 조합원은 품목의 특성에 따라 관리방법이 달라져야 하기 때문에 다른 관리법을 필요로 하는 품목을 하나의 구역 또는 하우스에 넣을 수 없다고 하였다.

다품목을 할 경우 판매할 때는 좋지만 이것이 함정이에요. 몇 천평에 파 하나만 농사짓는 것과 500평에 여러 가지 품목을 농사짓는 것을 비교하면 여러 가지 농사짓는 것이 훨씬 힘드니까요. (조합원 W1)

또한 농약 관련해서 81세의 L2 조합원도 어려움을 토로했다. 무농약 재배가 노동력을 훨씬 많이 필요로 한다는 것이다.

무농약 재배를 해야 해서 농약 쓰는 것보다 상당히 손이 많이 가지요. 차라리 하우스를 이용해서 무농약으로 품목을 로컬푸드로 내고, 나머지 땅에 농약을 써서 농사를 짓는 게 낫지 않을까 고민 중이다 …(조합원 L2)

화학농약을 사용하지 않는 재배법의 특징으로 좀더 손이 많이 가고, 주변 농가들과 다른 재배법으로 심리적인 갈등이 존재한다고 하였다. 옆 농지에서 화학농약을 사용할 때는 본인의 농지로 농약이 넘어오지 않도록 지켜야 하는 것이 대표적이었다. 정기적으로 협동조합에서 진행하는 교육이나 회의에도 참석해야 하며 협동조합과 약속된 다품목을 재배관리하는 것도 쉽지 않다고 하였다.

노동량이 늘어나는 또 다른 이유로 소포장이 있었다. 경제적 소득은 있지만 소포장 등으로 많이 바쁘다는 것이다.

> 일찍 나와서 물건 진열도 해야 하고 물량 관리도 해야 하니 바쁘죠. 물건을 많이 내는 사람은 직매장 서너 군데 내려면 소포장 하느라고 밤에 엄청 바빠요. (79세, 조합원 D1)
> 직매장에 물건을 내고는 너무 힘들어졌어. (가공업, 조합원 H1)
> 로컬푸드를 하면 기본적으로 힘이 든다니깐. (81세, 조합원 L2)

소포장이 힘들기 때문에 잠을 못 자는 농가도 많고 목표량보다는 할 수 있는 양까지 능력껏 한다는 농가도 있었다. 소포장을 해야 하고 손이 많이 가기 때문에 시장가보다 비싼 것이 타당하다고 하면서, 세세하게 포장할 농산물을 골라서 소포장하는 노력을 생각할 때 직매장 가격이 비싸지 않다고 하였다. 소포장 이외에도 매일 아침 상품을 들고 나와서 직매장에 진열해야 하며 판매되지 않은 재고를 조합원 개인이 떠안아야 하기 때문에 부담이 된다는 응답도 있었다. 재고처리에 대해서는 협동조합 내부에서 공공급식이나 외부기관을 연계하는 방안에 대해 조합원들끼리 검토 중이었다. 면접 중 조합원이 마을사람에게서 들은 우스갯소리라고 이야기한 내용이 인상 깊었다.

로컬푸드를 시작하지 않았으면 아예 발을 들여놓지 말라고 … 하다 보
면 돈이 들어오는데 그 맛을 들이면 몸이 너무 힘들어지니까 몸이 상한
다고 …. (조합원 E1)

직매장을 이용하기 위하여 필요한 손질, 소포장, 운반 등의 과정들
을 할 수 있을 만큼 노동적인 측면의 여유가 없다는 것으로, 이러한
농가의 개별적인 상황에 따라서 다르게 해석될 수 있겠지만 직매장을
이용하기 위한 조합원들의 노동량 또한 지역먹거리 사업에서 고려해
야 한다는 것을 의미한다.

혼자 또는 부부가 생산활동을 해야 하는 소규모 조합원과 달리, 역
할을 분담할 인적 여유가 있는 대규모 농가나 마을기업과 같은 조직
은 역할별, 판매경로별로 분업을 하는 것이 관찰되었다. 예를 들어
대규모 농가에서 부모가 농사지은 것을 아들이 직매장이나 시장에 판
매하는 역할을 하고 있었으며, 부모가 농사의 특정 품목을 자식에게
물려주어 자식과 함께 농사를 짓는 경우도 있었다. 이때는 부모는 직
매장이나 시장과 같은 지역 내 유통경로를 담당하고, 자식은 인터넷,
전화 주문을 이용해서 택배배송과 같은 온라인 판매를 하고 있었다.
마을기업과 같은 조직에서는 주민들이 돌아가면서 가공, 포장, 배
달, 판매, 내부관리를 하고 있었다. 두부를 제조하는 마을기업인 협
동조합에서는 두부를 만드는 구성원과 직매장에 판매하는 구성원이
분리되어 있었다. 직매장을 담당하는 조합원은 아침에 두 시간동안
매장에 두부를 가지고 와서 진열하는 역할을 맡고 있다고 했다.

생산하는 품목과 규모에 따라서 차이가 있었지만 그들의 생활형태

와 노동형태는 직매장의 운영과 밀접한 연관을 가진다고 할 수 있다.

(3) 심리적 만족

로컬푸드 사업에 참여하면서 조합원들의 심리적인 부분에도 변화가 있었다. 특히 고령농에게서 두드러진 심리적인 변화는 스스로 경제 활동을 할 수 있게 되었다는 자부심이었는데, 할 일이 생겼다는 내적인 만족이 바탕이 된다.

> 매일 아침 일어나서 매장에 나오는 것이 좋아 … 수입이 많아졌다는 것 이외에 할 수 있는 일이 더 많아져서 좋고 … (74세, 조합원 Y1)
> 나이가 들어서는 많이 움직여야 하는데 로컬푸드 직매장에 낼 물건을 관리하고 소포장하고 물건을 내는 소일거리가 필요하고 … (79세, 조합원 D1)
> 로컬매장에 물건을 내고 나서 제일 바뀐 것은 수입이 늘고 자부심이 생겼다는 것이다. (조합원 E1)

수입이 크지는 않고 병원비나 약값 수준이라고 밝힌 74세의 I1 조합원은 농사지은 것을 직매장에서 순회운영하는 수집차량을 통해서 내었기 때문에 한 번도 직매장을 방문해 본 적이 없다고 하였다.

완주군에서 저온창고 등을 지원해 주기 때문에 예전보다 더 대접받고 있어 좋다는 의견도 있었다. 완주군이 멀리 느껴지는 것이 아니라 옆에서 챙겨 주어서 무척 가깝게 느껴진다는 것이다. 조합원을 면접하는 동안 로컬푸드 사업이 마치 본인의 사업인 듯 말하는 조합원이 많았다. 협동조합이어서 조합원이 주인이기도 하지만, 소비자와 직원들과 소통이 되고 협동조합과 완주군에서 다차원적인 지원을 하고 있다는 사실에 만족하는 것처럼 보였다.

2) 농촌 지역사회에 대한 영향

(1) 구성원들의 신뢰형성과 교류확대

조합원들의 교류에도 변화가 있었는지 살펴보았다. 사업을 시작할 당시에는 대부분의 사람들이 사업의 현황에 대해서 몰랐기 때문에 마을 모임이나 인적교류가 많았지만 요즘은 모두 익숙해져서 그러한 교류가 사업을 시작했을 때처럼 많지 않다고 했다. 하지만 사업현황과 같은 정보는 직매장에 진열하러 왔을 때 직원과 이야기하며 일상적으로 접한다고 하였다. 로컬푸드 사업이 없었다면 집에서 텔레비전을 보면서 놀았을 텐데 직매장에서는 본인이 모르는 것을 직원에게 배우고 아는 것을 다른 조합원에게 가르쳐 주는 재미로 산다는 조합원도 있었고, 의사표현에 적극적인 조합원은 직원들과 이야기를 많이 하는데 직접 대면하기도 하고 전화 또는 대의원을 통해서 건의를 하기도 한다. 또한 협동조합 이사장과 같은 협동조합 운영진이 마을을 직접 방문하여 어려운 점이나 개선해야 할 점들을 듣고 있었다.

지난번에 협동조합 이사장이 왔었는데 물건을 내는 수집차량이 비좁다고 이야기했더니, 차 지붕에 틀을 짜서 짐을 싣는 방법도 있다고 제안하고 갔어. 고맙더라고 …. (조합원 U1)

조합원들이 협동조합 운영이나 직원에 대해 신뢰하는지를 의미하는 질문을 하였을 때 많은 수의 조합원들이 '상호협력이 필요하다'라고 의견을 제시했다.

> 직매장 직원이 권해 주는 가격이 마음에 안 든다고 해서 농가에서 따라 주지 않거나 농가의 요구를 직원이 안 들어 주면 여기 물건이 팔리겠는가…. (조합원 R2)
> 직원들이 열정적으로 해 주고 있으니 믿고 맡긴다. (조합원 Z1)
> 협동조합 운영에 의견을 낼 때는 개선점을 내었을 경우 잘 들어 준다. (조합원 K2)

시장가격이 변동이 심한데 로컬푸드 사업이 안전망이 될 수 있는가라는 질문에, 고추, 벼 등 다양한 품목을 재배 중이며 직매장만을 이용하는 81세의 L2 조합원은 시장에 물건을 내본 적이 없기 때문에 시장가격에 대한 의식 자체를 하지 않는다고 대답하면서 직매장 직원들에 대한 강한 신뢰감을 표현하였다.

> 물건의 가격을 직매장 직원에게 위임을 하고 가격의 높낮이에 대해서 생각을 하지 않는다. 물건이 팔릴 가격이 중요한 것이 아니겠는가. (조합원 L2)

로컬푸드 사업과 관련된 마을상황을 물어보았다.

마을 수익이 높아져서 마을 분위기도 좋아지고 직원들이 와서 좋은 이
야기도 많이 해주고 좋아. (조합원 F2)

동네 인심이 괜찮아졌나 … 산골은 처음에는 단합이 잘 안 되었는데 요
즘은 나아졌지 …. (조합원 I2)

옛날보다는 경제적인 수입이 생겨서 마을 분위기가 좋아졌어요. (조합
원 B2)

이와 같이 긍정적인 대답이 많았으나 그렇지 않은 응답도 있었다.

마을 분위기는 마을 공동사업 같은 것을 운영하는 마을이 좋지. (조합원
K2)

솔직히 마을에서 홍보가 잘 되지 않아서 아직 적응을 잘 못 하는 사람들
도 있어요. (조합원 C2)

양파와 쌀 등을 생산하고 있으며 유통경로로는 직매장, 개인판매,
정부수매, 농협 등으로 내고 있다고 밝힌 E2 조합원은 "생활의 변화
는 별로 없지만 수입의 차이가 크니까 좋다"고 하였다.

(2) 귀농자 및 전업 농가 증가

직매장 운영으로 소규모 농가의 수익창출이 가능해지면서 귀농이나
전업하는 구성원들이 관찰되었다. 부부가 함께 귀농하여 하천부지
500평에서 전업으로 농사를 짓게 된 한 여성 조합원은 직매장 때문에
생활에 많은 변화가 있다고 하였다. 신상을 밝히지 말아달라고 부탁

한 그녀는 이렇게 말했다.

> 직매장 생기기 전에는 직장에 다니고 남편이 조금씩 농사지었는데, 로컬푸드가 생기고 나서 전업 농부가 되었으니 엄청난 생활의 변화가 있었다고 할 수 있겠지요. … 직매장이 생김으로써 판로가 있어서 농사를 짓기 시작했어요.

토마토 농사를 짓는 귀농 3년 차 O2 조합원도 직매장이 있어서 변화가 있었다.

> 현재 농사는 어머니가 지으시고 본인은 토마토 농사만 하는데 3년 정도 되었는데 직매장 개장 시기랑 맞추어서 짓기 시작 했지요 … 예전에는 판로가 없었기 때문에 물량을 못 내었고 … (조합원 O2)

과자를 만드는 H1 조합원은 "직매장을 염두에 두고 사업을 시작했다. 직매장이 없었다면 시작할 생각을 못 했을 것이다"라고 하면서 직매장이 자신의 생활에 엄청난 영향을 미쳤다고 하였다. 보통은 60대 이후에 귀농을 많이 하지만 요즘은 40대도 많이 보인다고 한다. 부모가 농사를 짓던 것을 자식에게 나누어 주고 같이 농사짓는 조합원도 관찰되었다. 직매장을 이용하는 귀농한 조합원의 추세로 완주군에 귀농한 인구를 추정하는 것은 적당치 않지만 직매장의 존재가 완주로 귀농하는 사람들에게 중요한 요소인 것은 부정할 수 없다.

완주군은 귀농·귀촌자를 적극적으로 지원하고 있었으며, 전북에서 완주는 고창에 이어 두 번째로 귀농·귀촌자가 많은 지역이다.

(3) 개별 농가 인지도 형성과 소비자와 생산농가의 소통

지역먹거리는 생산자와 소비자의 직접적인 소통을 통해 서로를 이해할 수 있는 환경을 만드는 데 도움을 줄 수 있다. 이를 위해 우선 소비자에게 개별 농가에 대한 정보가 주어져야 하며, 그럼으로써 생산자와 소비자가 바로 연결될 수 있다.

직매장에서 판매되는 상품에는 생산자의 이름, 주소, 연락처 그리고 생산 시기가 표기되어 있다. 그렇기 때문에 소비자가 별도의 노력 없이 구매한 상품의 생산자에 대한 정보를 얻을 수 있고, 필요에 따라서 소비자가 직접 생산자인 조합원에게 연락할 수 있다. 이러한 바코드 덕분에 생산자와 소비자가 상호 소통할 수 있는 방법이 생겼다. 별도로 협동조합에 문의하여 특정 상품의 생산자가 누구인지 묻는 과정이 생략된 것이다. 과정이 간단해진 만큼 더 편하게 연락할 수 있다. 그래서 생산자인 조합원들에 대한 개별농가 인지도와 선호도가 생겼다고 한다. 구매한 상품이 좋다면 바코드를 사진 찍어 두고 다음에 언제 어느 직매장으로 상품을 내는지 문의하기도 하고, 직매장에서 구매한 후에 생산자인 조합원에게 개별적으로 연락하여 추가로 구매하기도 한다. 이러한 상황에서 생산자인 조합원들은 직매장이 생기고 나서 소비자들의 인식이 많이 바뀌었다고 느낀다. 판매를 통한 경제적 소득도 중요하지만 소비자에게 개별 농가로서 인정받을 수 있다는 것은 정말 큰 힘이 된다고 한다. 소비자의 인지도와 선호도를 가진 조합원은 직매장에 상품을 낼 때 신경이 무척 많이 쓰이지만 좋은 상품과 소비자에 대한 마음을 이어 나가는 데 많은 도움이 된다고 한다.

이렇게 개별 농가의 인지도가 형성됨으로써 생산자와 소비자가 서로 자신의 목소리로 소통이 가능하다. 생산자인 조합원이 소비자에게 연락을 받는 경우는 다양하겠지만 세 가지로 정리할 수 있었다.

첫째, 상품에 대한 칭찬이나 불만 토로이다. "너무 싱싱하더라", "구하지 못하고 있었는데 직매장에서 구했다"와 같이 품질이 좋거나 장에서 쉽게 보기 힘든 품목을 구한 경우이다. 또한 품질에 대한 불만을 토로하는 경우가 있는데 직매장에서 상품을 보고 사기 때문에 상품에 대해서 불만을 토로하기보다 생산농가 입장에서는 의외의 불만을 듣는다고 한다.

더운 낮에 오이가 쪼글하다고 소비자에게 전화가 왔는데 소비자가 날씨 더운 곳에 보관해서 그런데 농가에 불만을 토로하니 기분 안 좋더라. (조합원 R2)

이 조합원은 이런 불만에 어떻게 대응해야 할지 모르겠다고 난감함을 표시했다.

둘째, 상품의 조리법을 묻는 경우이다. 어떻게 먹는지, 몸에 어떻게 좋은지 등을 문의한다.

요리를 어떻게 해야 하는가, 옥수수차나 결명차를 끓일 때 어떻게 볶아야 하는가 등을 물어본다. 볶으면 가공품으로 분류되어 직매장에 납품을 할 수 없어서 생기는 일이다. (조합원 Z1)

마지막으로, 직매장에 없는 품목을 판매할 수 있는지 물어보는 경우이다. 언제 직매장에 나오는지, 대량구매를 하고 싶은데 가능할지, 찾는 품목이 있는데 판매할 수 있는지를 문의한다고 한다. 매장에 나오지 않는 품목을 문의한다는 것은 해당 농가가 이미 직매장의 소비자에게 어떤 종류의 상품을 취급하는지 인지되었다는 뜻이기에 의미가 있다. 일반 시장에서는 판매자와 구매자의 관계에서만 소통이 되지만, 직매장에서는 협동조합이 매개자로서 생산자와 소비자를 직접 이어 줄 수 있기 때문에 생산과 소비 사이에 거리를 대폭 줄인 효과인 것으로 판단된다.

소비자가 직매장에서 지속적으로 구매하는 이유는 직매장의 상품에 대한 신뢰가 있기 때문이며, 이는 직매장 관리에 대한 신뢰와 생산농가에 대한 신뢰로 구분할 수 있다고 한다. 직매장에서 농약성분 검출 검사 등과 같이 다양한 관리를 하기 때문에 소비자가 믿고 산다고 한다. 또한 소비자의 믿음이 있어야 개별 농가의 이름을 걸고 안전한 농산물을 유통시킬 수 있다. 가격 또한 직매장에서 관리하는데, 시장에서 거래되는 가격과 무관하게 고정시켜 놓는 품목도 있었다. 상추가 그러한데, 상추의 시장가가 3천 원이더라도 직매장에서는 천 원에 꾸준히 내었다는 것을 알기 때문에 믿고 찾아온다고 한다.

변동이 클 때 시장가격이 높아서 시장에 물건을 내는 것이 더 이득이라고 해도 직매장은 생산자의 이름을 보고 오기 때문에 꾸준히 직매장에 물건을 내는 것이 소비자와의 신뢰 형성에 더 중요하다고 생각한다. (조합원 F2)

소득이나 편의뿐만 아니라 상호신뢰에도 많은 신경을 쓴다는 것을 관찰할 수 있었다.

완주로컬푸드협동조합을 로컬푸드 사업이 정착된 지역의 대표적인 조직으로 인식하고 견학을 오는 개인, 단체가 약 137회에 걸쳐서 4,758명에 이른다.[3] 완주에서 생산한 농산물을 전주에서 대부분 판매하기 때문에 전주의 소비자와 교류도 활발했다. 완주로컬푸드협동조합 직매장에 회원가입한 소비자는 30,705명으로 협동조합에서 별도의 조직화와 소비자 관리를 하고 있었다. 로컬푸드 소비자 '농촌체험투어'를 24회에 걸쳐 717명이 참석하였는데 지금도 꾸준히 진행하고 있다. 또한 다른 지역의 생산농가로부터 조합원이 직접 연락을 받는 경우도 있는데, 이들은 재배법이나 친환경 퇴비 만드는 법, 비화학 농약 제조법과 이러한 것들을 사용해야 할 때에 대해 문의한다.[4] 소비자뿐만 아니라 농민들도 완주 로컬푸드 사업에 많은 관심이 있다는 방증이 아닌가 생각된다.

(4) 유통경로의 제공

면접한 조합원 중 완주로컬푸드협동조합의 직매장으로만 농산물을 내는 비율이 상당히 높을 것이라고 예상했으나 과반수를 살짝 넘기는 정도만 그렇다고 응답하였다. 하지만 직매장에서 면접을 진행하였기 때문에 직매장에 직접 나오지 않고 순회수집차량을 이용하여 소량의

---

3 완주로컬푸드협동조합 대의원 총회(2014년 10월 14일 개최) 자료.
4 위의 자료.

농산물을 내는 소농을 고려한다면 완주로컬푸드협동조합의 조합원 중 직매장만을 이용하는 사람이 더 많을 것으로 추측된다.

자택에 방문하여 면접한 조합원 중 완주로컬푸드협동조합의 직매장만 이용하는 소농이 있었는데, 직매장에 한 번도 방문한 적은 없지만 순회수집차량을 이용해서 직매장을 이용하고 있었다. 81세의 L2 조합원은 새로운 품목을 소비자에게 소개하고 인지도를 높이는 용도로 직매장을 사용한 스스로를 뿌듯해 했다.

처음에는 민들레를 냈었는데 팔리지 않았어. 그래서 그 후로 꾸준히 민들레를 내면서 소비자들에게 민들레에 대한 인식을 시켰지. 그랬더니 물건이 잘 나가더라고 … (조합원 L2)

민들레와 같이 기존에 직매장에서 판매되지 않던 품목을 진열했을 때 소비자들은 거의 반응이 없었다고 한다. 하지만 꾸준히 진열을 계속하였고 시간이 지나면서 소비자들은 그 품목을 기억하고 찾기 시작했다는 것이다. 지금은 이 조합원이 진열하는 품목뿐만 아니라 흔히 구하기 어려운 품목에 대한 문의가 온다고 한다. 이 조합원은 스스로 직매장의 진열대를 본인의 매장으로 인식하고 시장을 개척하였다고 자평하고 있었다. 그 배경으로 협동조합이기 때문에 조합원이 직매장의 주인임을 강조하면서 매장의 적극적인 활용이 가능하다고 하였다. 완주로컬푸드협동조합의 발기인이라고 자신을 소개한 G2 조합원의 "내 점포로 알고 영업하는 마음으로 선전하고 있어요. 협동조합이니까 …"라는 응답에서 매장에 대한 주인의식을 느낄 수 있었다.

이러한 활용사례들을 종합해 보면, 직매장은 단순히 지역 소농을 위한 판로를 개척해 주는 역할만 하는 것이 아니라 소규모 생산자들의 마케팅을 위한 거점(hub) 역할도 하고 있다고 판단할 수 있다. 실제로 완주 지역에 위치한 기업에서 만든 유아용 의류세척제도 통로의 한쪽에서 판매하고 있었으며, 유아용 뻥튀기 과자와 잼, 식초, 장류 등 다양한 상품이 진열대에 있었다. 지역먹거리에서 시작하였지만 점차 확장된다면 지역생산물 전반에 대한 직매장도 가능할 것이다. 완주의 직매장처럼 판로를 찾기 어려운 소규모 생산자에게 판로를 제공하고, 유통과정에 발생하는 중간마진을 줄여 소비자와 생산자에게 이익을 돌린다는 목적을 공유하기 때문이다.

각 유통경로에 대한 평가를 비교해 보았다. 먼저 로컬푸드 직매장에 대한 평가이다. 소량의 농산물을 꾸준히 판매할 수 있다는 장점이 대표적이었다.

다른 곳에서 물건을 못 내는 양이라도 판매 가능 … (조합원 J1)
시장보다는 꾸준히 돈이 되는데 … (조합원 B2)

다음은 시장에 대한 평가이다. 시장을 이용할 때 중간마진으로 농가 수입이 줄고, 판매가 안정적이지 않다는 의견이 있었으며, 시장에서 이뤄지는 품질평가기준에 대해 비판적으로 보는 시각도 있었다.

시장 가판에는 조금씩은 들고 갈 수 있지만 팔릴지 안 팔릴지도 모르고 파는 데 노력이 많이 필요하다. … (81세, 조합원 F2)

경매장에 나가면 박스 값이 들고 택배비, 물건가격 자체가 낮게 책정된다. 일반 시장에서는 중간마진이 엄청나다. 물류비, 경매사비, 중간 유통상 등 4~5단계 거치기 때문에 차이가 많이 난다. … (조합원 O2)
시장의 중간상인이 좋아하는 것은 안전보다는 보기 좋은 농산물이다. … (조합원 C2)

다음으로 대형마트에 대한 평가이다. 농가보다는 사업 이익을 우선적으로 생각한다는 의견이었다.

대형마트에 로컬푸드 코너가 있지만 수익이 안 나면 농민을 위해서 운영을 하겠는가. (조합원 W1)

농협에 대해서는 일반 소농이 이용하기 불편하다고 다음과 같이 평가하였다.

농협은 농민을 위해 생긴 협동조합이지만 지금은 농협이 자기들만을 위한 조직이 되었는데 이런 농협이 로컬푸드를 준다고 해서 반갑지는 않다. (조합원 W1)
농협에서는 작목반이 있는 곳만 물건을 받는다. 그래서 단위농협으로 물건을 낸다. (조합원 I2)

다양한 판매경로에 대해 분석적인 의견도 있었다. 직매장과 도매시장, 그리고 마트에서 농산물을 판매하는 R2 조합원은 직매장과 시장의 상호작용의 가능성에 대해서 이렇게 분석했다.

> 도매시장으로 갈 물건들이 직매장으로 오는데 물량감소로 도매시장의
> 중도매인들이 줄어든다. 중도매인들이 중간상인에게 물건을 줄 때 마진
> 을 생각하면 싸게 줄 수가 없지만 판매량 확보를 위해 자신들의 마진을
> 낮출 수 있다. 로컬푸드 가격대는 도매가와 소매가 중간으로 책정하는
> 데 상호 피드백이 있어서 서로 가격이 떨어질 수도 있다. 조심해야 한
> 다. 소비자가 로컬푸드 직매장으로 몰리면 도매시장에 손님이 없으니
> 가격이 떨어지는데 그럼 직매장 가격도 떨어진다. 이런 악순환이 계속
> 일어날 가능성도 있다. (조합원 R2)

이렇게 유통경로들이 상호작용하는 현상의 가능성에 대해서 조합
원 C1도 "시장에서 팔리는 물량이 줄었다고 한다. 비슷한 가격이면
로컬 매장에서도 다 살 수 있으니까"라며, 충분히 실제로 일어날 수
있는 일이라고 이야기하였다. 조합원 본인들의 생계수단이자 경제적
수익의 경로이기에 직매장과 시장의 상황에 대해서 많이 생각하고 있
다고 추측할 수 있다.

5. 맺음말

이 연구는 지역먹거리 운동을 제도화한 직매장 사업이 생산자이자 농촌사회의 주요 구성원인 농민들에게 어떤 영향을 주며, 또 지역사회의 변화와 어떻게 관련되는지에 대해 분석했다. 지역먹거리 운동이 지역사회와 농민들의 삶에 다양한 변화를 추동하고 있는 것을 발견할 수 있었다.

농민들과의 직접적인 심층면접을 통해 발견한 내용을 간단히 정리하면 다음과 같다.

첫째, 지역먹거리 사업은 농산물을 소량으로 판매할 수 있게 해주는데, 이는 영세한 고령농민들에게 직접적인 소득증가로 이어지고 있었다. 기존의 유통경로가 아닌 완주로컬푸드협동조합 직매장이 가진 대안적 의미를 읽을 수 있는 부분이다. 둘째, 고령 농민들에게 판매참여와 소득증가는 스스로 경제활동을 한다는 자부심과 심리적 만족감을 제공하고 있다. 일을 할 뿐 아니라 완주군, 직매장 직원, 그리고 소비자들과의 관계로 인한 사회심리적 만족감 역시 지역먹거리 운동의 큰 수확으로 보인다. 셋째, 지역먹거리 사업은 지역 구성원들 간에 신뢰를 형성하고, 교류를 확대하는 데도 기여하고 있다. 직매장을 매개로 다른 조합원이나 직매장 직원들과의 정보 교류와 소통이 증가한 것이다. 넷째, 소수이긴 하지만 직매장의 판로 제공은 귀농자나 소규모 농가들에게 농사를 지을 수 있는 중요한 동기로 작용하고 있었다. 다섯째, 생산자들은 직매장 참여를 통해 소비자들과의 상호작용이 훨씬 늘어났으며, 농사를 지을 때도 소비자들의 반응에 신경을 많이 쓰게 되었다고 한다. 이는 장기적으로 먹거리를 매개로 한 사회적 공동체의 형성 자원으로 활용될 수 있을 것이다. 이러한 긍정적 효과 외에도 지역먹거리 사업에 참여하게 됨에 따라 소포장 등을 위한 노동량 증가와 같은 부정적 효과도 있었다.

이 연구는 완주라고 하는 특정 지역, 그리고 국내에서 가장 성공적인 사례를 대상으로 한 연구이다. 따라서 연구 결과를 일반화하는 것은 매우 조심스러운 일이다. 앞으로 다양한 지역의 다른 사례들에 대한 경험적 연구가 필요하며, 이들과의 비교 분석을 통해 지역먹거리 조직의 사회·경제적 의미에 대한 냉철한 평가가 이뤄져야 할 것이다. 지역사회에 대한 깊이 있는 연구를 위해서는 다양한 구성원들을 연구대상에 포함시키는 것이 바람직하다. 하지만 시간과 자원의 한계 때문에 완주로컬푸드협동조합의 생산자 조합원만을 면접대상으로 하였고, 소수의 사업관계자와 협동조합 직원으로부터 정보를 얻을 수밖에 없었다는 점 역시 아쉽다.

이러한 한계에도 불구하고 이 연구는 나름대로 의미를 지닌다고 할 수 있다. 첫째, 변화하는 농촌에 대한 경험적 연구가 부족한 상황에서, 농촌 위기 극복을 위해 진행되고 있는 대안적 프로젝트인 지역먹거리 사업을 심층면접을 통해 직접 조사했다는 점에서 자료와 분석이 현장성을 살리고 있다고 본다. 둘째, 지역먹거리의 성공 사례인 완주지역을 대상으로 한 이 연구는 '사업'이 아니라, 농민들의 생활에 초점을 맞춤으로써 '사람'과 '지역사회'를 이해하고자 했다. 셋째, 실체적 경제 및 둥지 튼 시장 등의 개념을 활용하여 완주의 지역먹거리 사례를 조망함으로써, 신자유주의적 시장주의에 매몰되어 있는 현실을 넘어 지속가능한 사회로 나아갈 수 있는 작은 실험의 의미를 부각시키고자 했다. 넷째, 보다 이론적인 수준에서 이 연구는 사회적경제 조직이 그동안 한국사회에서 배제되어 왔던 노인 농민들에게 사회·경제적 의미를 제공하며, 지역사회의 변화에도 긍정적인 기여를 하고 있음을 밝혔다. 우리 사례는 향후 사회적경제에 관한 중범위 이론을 구성하고, 모델을 만드는 데 유용한 자원으로 활용될 수 있을 것으로 기대한다.

참고문헌

김영란(2014). "로컬푸드 활성화 방안 연구". 동국대학교 식품산업관리학과 박사학위논문.

김원동(2010). "춘천 농민시장의 현실과 과제". 〈농촌사회〉, 20(2): 81~115.

김원동·최홍규·박준식(2014). "강원도 폐광지역의 사회경제적 기반 조성을 위한 새로운 방향 모색: 먹거리 협동조합의 활성화를 중심으로". 〈농촌사회〉, 24(2): 61~120.

김종덕(2009). 《먹거리 위기와 로컬푸드》. 이후.

김철규(2011). "한국 로컬푸드 운동의 현황과 과제 - 농민장터와 CSA를 중심으로". 〈한국사회〉, 12(1): 111~123.

나영삼(2013). "도농 간 연계·협력을 통한 지역발전 사례와 시사점: 로컬푸드를 통한 농촌 활성화를 중심으로". 〈농촌경제연구원 연구자료〉 D361: 53~64

바니 글레이저(Barney G. Glaser)·안젤름 슈트라우스(Anselm L. Strauss). 이병식·박상욱·김사훈 역(2011). 《근거이론의 발견》. 학지사; Glaser, B. & Strauss, A. (1967). The Discovery of Grounded Theory.

백승우·김수현(2013). "로컬푸드 직매장 소비자의 쇼핑동기와 만족도 분석 - 전북완주 로컬푸드 직매장 소비자를 중심으로". 〈식품유통연구〉, 30(2): 47~66.

완주군(2014). 《완주군 농촌활력사업 정책평가 연구용역》.

윤병선·김선업·김철규(2011). "농민시장 소비자와 배태성: 원주 농민시장 참여 소비자의 태도에 관한 경험적 연구". 〈농촌사회〉, 21(2): 223~262.

_____(2012). "원주 농민시장 참여생산자의 특성과 배태성 효과에 관한 경험적 연구". 〈산업경제연구〉, 25(3): 2279~2307.

윤병선·김철규·송원규(2013). "한국과 일본의 지역먹거리운동 비교". 〈농촌사회〉, 23(1): 49~86.

윤재경(2014). "지방자치단체의 커뮤니티 비즈니스 사례와 발전방향 고찰: 완주군의 마을회사와 로컬푸드 중심으로". 〈지방자치연구〉, 17: 93~122.

이동배(2013). "커뮤니티비즈니스의 성공 요인에 관한 연구: 완주군 사례를 중심으로". 전북대학교 행정학과 석사학위논문.

이병천(2004). "칼 폴라니의 제도경제학과 시장사회 비판". 〈사회경제평론〉, (23): 159~188.

_____ 2014. "후기 폴라니와 경제문명사의 도전: 《인간의 살림살이》를 중심으로". 〈사회경제평론〉, (43): 181~216.

이준우·김혜민(2014). "로컬푸드 직판장 유형별 운영실태 및 출하농가와 소비자 특성에 관한 연구". 한국식품유통학회 학술대회.

이해진·이원식·김흥주(2012). "로컬푸드와 지역운동 네트워크의 발전: 원주 사례를 중심으로". 〈지역사회학〉, 13(2): 229~262.

이해진·김철규(2014). "지역사회복지의 실천주체로서 사회적협동조합의 의의". 〈한국지역사회복지학〉, 51: 155~189

이효진(2015). "로컬푸드직매장 소비자의 인식분석: 완주로컬푸드 해피스테이션을 중심으로". 전북대학교 농업경제학과 석사학위논문.

장원봉(2006). 《사회적 경제의 이론과 실제》. 나눔의 집.

정동일(2012). "지역사회 개혁운동 혹은 소비자 운동?: 춘천지역 로컬푸드 운동의 프레임 변화와 그 현재". 〈지역사회학〉, 13(2): 195~228.

주상현(2012). "지방자치단체 커뮤니티 비즈니스의 성공요인 분석: 완주군 커뮤니티 비즈니스를 중심으로". 〈한국비교정부학보〉, 16(3): 281~319.

칼 폴라니(Karl Polanyi). 홍기빈 역(2009).《거대한 전환》. 길; Polanyi, K. (1944). *The Great Transformation.*

_____. 박현수 역(1998).《사람의 살림살이》1. 풀빛; Polanyi, K. (1977). *The Livelihood of Man.*

홍성현·황성혁·정준호(2014). "로컬푸드 직매장 소비자 선택속성에 관한 연구: 용진농협 로컬푸드 직매장을 중심으로". 한국식품유통학회 학술대회.

Hebinck, P., Schneider, S. & Van der Ploeg, J. D. (2015). "The Construction of New, Nested Markets and the Role of Rural Development Policies". in Hebinck, P., Schneider, S. & Van der Ploeg, J. D., eds., *Rural Development and the Construction of New Markets.* London: Routledge.

Hinrichs, C. (2000). "Embeddedness and Local Food Systems: Notes on Two Types of Direct Agricultural Market". *Journal of Rural Studies, 16,* 295~303.

Hinrichs, C., Gillespie, G. & Feenstra, G. (2004). "Social Learning and Innovation at Retail Farmers' Markets". *Rural Sociology, 69*(1), 31~58.

Kneen, B. (1993). *From Land to Mouth.* Toronto: Univ. of Toronto Press.

Lyson, T. (2004). *Civic Agriculture: Reconnecting Farm, Food, and Community.* Tufts.

McMichael, P. (2005). "Global Development and the Corporate Food Regime". Buttel, F. H., McMichael, P., ed., *New Directions in the Sociology of Global Development,* Oxford: Elsevier Press.

_____(2009). "A food Regime Analysis of the 'World Food Crisis'". *Agriculture and Human Values, 26,* 281~295.

Schneider, S., Van der Ploeg, J. D. & Hebinck, P. (2015). "Reconsidering the Contribution of Nested Markets to Rural Development". in Hebinck, P., Schneider, S. & Van der Ploeg, J. D., eds., *Rural Development and the Construction of New Markets.* London: Routledge.

Strauss, A. & Corbin, J. (2008). *Basics of Qualitative Research: Techniques and Procedures for Developing Ground Theory* (3rd ed.). CA: Sage Publications.

Van der Ploeg, J. D., Jingzhong, Y. & Schneider, S. (2012). "Rural Development through the Construction of New, Nested, Markets: Comparative Perspectives from China, Brazil and the European Union". *Journal of Peasant Studies. 39*, 133~173.

Wittman, H., Beckie, M. & Hergesheimer, C. (2012). "Linking Local Food Systems and the Social Economy? Future Roles for Farmers' Markets in Alberta and British Columbia". *Rural Sociology, 77*(1), 36 ~61.

제 8장

사회적기업의 지역사회 내
사회적 가치 평가에 관한 탐색적 연구

이명진 · 천희주

1. 머리말

최근에 한국사회에서 자본주의의 부정적 영향에 대한 대안으로 사회
적기업(*social enterprise*)에 대한 관심이 급증하고 있다. 사회적기업이
란 영리기업과 비영리기업의 중간 형태로 사회적 가치창출을 우선적
인 목적으로 하면서 상품을 판매하거나 서비스를 제공하는 기업이
다. 1997년 금융위기에 대응하여 단기적인 정부재정지원 일자리가
제공되었으나 안정적인 일자리로 이어지지 못하였다. 이에 따라 대
기업의 소수의 임금노동자를 대상으로 하는 노동시장과 그렇지 못한
노동시장 사이에 격차가 벌어지고 있다. 이에 대한 대안으로 시민사
회 내의 비영리법인이나 단체에 기반을 둔 유럽 등 선진국의 경험과
제도를 도입하려는 노력이 전개되어 왔다. 이러한 시도는 단기적인
복지나 일자리 제공을 넘어서 지역사회의 경제 활성화와 동시에 지속

가능한 복지를 지향하는 것이다.

선진국에서 사회적기업의 역사는 영국의 빅토리아 시대로 거슬러 올라갈 수 있으나 그 구체적인 형태는 매우 다양하다. 실제로 상품판매를 주된 활동으로 하는 사회적기업이 있는가 하면, 소외계층에게 금융 서비스를 제공하는 기업도 있다.[1] 아울러 지역사회에서 여가, 주거, 교육 등 각종 서비스를 제공하거나 무료로 여러 형태의 복지 사업을 운영하기도 한다. 사회적기업은 운영 면에서도 다양하다. 때로는 사회적기업의 사회적 공헌이나 비영리성이 강조되기도 하고, 운영에 있어서 사회적기업 내 구성원들 사이의 민주성이 강조되기도 한다(Cornelius, et el., 2008; Nicholls, 2008; Kerlin, 2009).

한국사회에서 사회적기업의 기원은 1990년대 초반에 빈민지역 중심의 생산공동체 운동으로 볼 수 있다. 2000년에서는 〈국민기초생활보장법〉이 제정되어 저소득층의 자활지원 사업이 제도화되었다. 이러한 시도는 2007년 7월 〈사회적기업육성법〉이 시행되면서 본격적으로 진행되었다. 당시에는 36개 사회적기업이 인증을 받았으나, 2010년 '한국사회적기업진흥원'이 설립되면서 그 규모가 급증하였다. 2013년에 이미 전체 사회적기업의 매출이 1조 원을 넘어섰다. 2018년 현재 법적인 인증을 받은 사회적기업은 1,905개이나 실제로는 1,713개가 활동 중인 것으로 알려졌다(한국사회적기업진흥원, 2018).

---

1 대표적인 예로 2006년 노벨평화상 수상자인 유누스(Yunus)는 1973년 제도권 금융 혜택을 받지 못한 빈민들을 대상으로 하는 마이크로금융(*microfinance*)을 시작하였고, 1983년 이를 확대하여 그라민은행을 설립하였다(Yunus, 1999).

이렇게 사회적기업의 객관적인 규모나 사회적기업에 대한 관심은 급증하고 있지만, 사회적기업이 구체적으로 어떠한 영향력과 사회적 가치를 만들어 내는가에 대해서는 알려진 것이 거의 없다. 또한 정부에서 사회적기업을 육성하기 위해 사용하는 법적인 기준과 절차 역시 사회적기업과 지역사회 간의 관계를 충분히 고려하지 않고 있다. 일반적인 기업과는 달리 사회적기업은 지역사회나 지역주민과 구분하여 보기 어렵다는 점에서 그 영향력과 사회적 가치는 별도로 탐구해야 할 필요가 있다.

　이 연구는 현재 사회적기업이 지역사회에서 산출하는 사회적 가치를 다룬다. 특히 문헌 검토를 통해 일반적인 사회적기업의 경제적 성과나 규모를 포함해서 사회적기업이 지역사회와 어떠한 유대를 가지고 있고, 어떠한 방식으로 공헌을 할 수 있는가를 검토한다. 아울러 사회적기업 종사자의 의견을 바탕으로 사회적기업과 지역사회 간의 관계를 살펴보고, 이에 대해 사회적기업의 종사자들이 이를 어떻게 인식하고 있는지 알아보고자 한다. 이러한 시도는 향후에 사회적기업이 지역사회 내에서 보다 지속가능한 형태로 발전할 수 있는 기초적인 자료를 제공해 줄 수 있을 것이라고 기대한다.

2. 사회적기업의 가치와 지역사회

1) 사회적기업의 사회적 가치

사회적기업의 사회적 가치는 그 특징에서부터 추론해 볼 수 있다. OECD(1999: 57)는 사회적기업의 주요 특징으로 두 가지를 꼽는다. 첫 번째 특징은 국가나 시장에 의해 만족스럽게 제공되지 않는 상품과 서비스를 제공한다는 것이고, 두 번째 특징은 사회적으로 혜택을 받지 못한 사람들을 고용한다는 것이다. 이와 같은 맥락에서 2007년에 제정되고 2012년에 최종 개정된 〈사회적기업육성법〉에서는 사회적기업을 "취약계층에게 사회서비스 또는 일자리를 제공하거나 지역사회에 공헌함으로써 지역주민의 삶의 질을 높이는 등의 사회적 목적을 추구하면서 재화 및 서비스의 생산·판매 등 영업활동을 하는 기업"이라고 정의 내렸다(법률 제11275호). 이뿐만 아니라 여러 연구에서 사회적기업은 사회적 가치를 실현함과 동시에 기업으로서 자립능력을 가진 기업이라고 정의한다(Defourny, 2001; Alter, 2007; Dees, 2011; 김성기, 2011; 장영배, 2009; 유효선·김생수, 2012; 김동철·김정원, 2016).

즉, 사회적기업은 기업적 특성과 사회적 특성을 동시에 지니고 있는 기관이다. 구체적으로, 사회적기업은 재화를 생산하고 판매함으로써 영리를 추구하는 자율적인 특성과 함께 취약계층을 위한 일자리 창출 혹은 사회서비스 제공 등의 공공적인 특성을 지니고 있다(김동철·김정원, 2016). 여기서 사회적기업의 사회적 가치는 두 번째 특성인 사회적 특성에서부터 비롯된다고 볼 수 있다.

드푸르니(Defourny, 2001: 16~18)는 사회적기업의 사회적 가치를 다섯 가지로 요약한다. 첫째, 지역사회에 도움이 되는 분명한 목표를 가지고 있어야 한다. 사회적기업의 주요 목표 중 하나는 지역사회 혹은 특정 집단의 사람들에게 봉사하는 것이다. 따라서 사회적기업은 지역 차원에서 사회적 책임감을 증진하고자 하는 욕구를 가지고 있다. 둘째, 시민들이 외부로부터 주어져서가 아니라 스스로 사회적기업을 시작해야 한다. 사회적기업은 특정한 필요성이나 목표를 공유하는 그룹 혹은 커뮤니티에 속한 사람들이 집합적으로 움직인 결과물이다. 셋째, 의사결정을 위한 권력이 자본소유에 기반을 두고 있지 않아야 한다. 이것은 일반적으로 구성원 한 명당 한 표를 행사하는 원칙, 혹은 적어도 자본 소유에 따라 투표권이 배분되지 않는다는 것을 의미한다. 넷째, 참여성향, 즉 사회적기업의 활동에 영향을 받는 사람들을 사회적기업의 활동에 참여하게 만드는 경향이 있어야 한다. 고객들을 대표함과 동시에 고객들의 참여를 이끌고, 이해관계자 지향적이며, 민주적인 경영스타일은 사회적기업의 중요한 특징이다. 많은 경우, 사회적기업의 목표 중 하나는 경제활동을 통해 지역 차원에서 민주주의를 증진하는 것이다. 마지막으로, 사회적기업은 이익분배를 제한하는 조직들을 포함한다. 완전히 이익분배를 제한하거나, 이익을 분배하더라도 이익을 최대화하기보다는 제한된 범위 내에서만 분배해야 한다.

이러한 사회적기업의 사회적인 특성을 바탕으로 이도희(2012)는 사회적기업의 구체적인 기능을 여섯 가지로 제시한다. 첫째, 취약계층의 경제활동을 확대한다. 이를 통해 사회적기업은 지역사회에서 고용창출 및 실업완충 역할을 수행한다. 사회적기업은 취약계층의 경제활동을 확대함으로써 지역경제 활성화를 이끌어 낼 수 있다. 둘째, 새로운 틈새 복지시스템을 창출한다. 사회적기업은 복지서비스를 제공함과 동시에 사회적 배제에 대한 보완적 기능을 할 수 있다. 즉, 노동시장에서 배제된 사람들을 고용하여 노인돌봄 종합서비스, 장애인 활동 보조지원사업 등의 사회서비스를 제공한다. 셋째, 지역사회 발전에 기여한다. 사회적기업은 지역사회에서 발생한 수요를 그 지역의 사회적기업이 해결하는 구조로 운영된다. 구체적으로 지역사회 주민들에게 일자리 기회를 제공하거나, 소외된 계층에게 주류 시장에 참여할 수 있는 기회를 주기도 하며, 지역사회에 네트워크를 형성함으로써 지역의 사회자본을 개발하고 각 지역의 욕구에 맞는 서비스를 제공한다. 넷째, 사회적 결속 및 사회자본을 창출한다. 시민들의 참여를 기반으로 하는 사회적기업의 활동은 시민들 간 연대와 상호부조를 증진시키며, 지역사회 내의 신뢰 확산 및 사회자본창출에 기여하게 된다. 다섯째, 양질의 공공서비스를 제공한다. 사회적기업은 기업적인 운영을 함과 동시에 고객중심의 경영을 추구하고, 사회적 목적 달성을 목표로 한다. 기업, 고객, 그리고 사회를 고려함으로써 사회적기업은 보다 효과적이고 효율적인 공공서비스를 제공할 수 있게 된다. 여섯째, 기업의 사회적 책임과 윤리를 제고한다. 사회적기업이 확산되면 시민들이 일반기업들에 대해 기대하는 윤리적 수준이 높아지게 된다. 기업의 환경적 책임, 사회공정거래 등에 대한 인식을 향상시킴으로써 사회 전반적으로 새로운 윤리기준을 만들어 갈 수 있다.

이러한 논의들을 바탕으로 본다면, 사회적기업의 사회적 가치의 차원으로 시민사회 주도성, 시민의 참여성, 사회적 이윤분배, 지역사회 공헌 등 네 가지를 들 수 있다. 실제로 정대용·김민석(2010)은 사회적기업이 사회적 가치를 추구하는 정도를 자본소유에 기초하지 않은 의사결정권, 지속적이고 참여적 활동, 사회적 이윤분배, 지역사회 공헌의 명확한 목표, 공익을 위한 확실한 목표를 기준으로 측정하였다. 이와 유사하게, 조영복·신경철(2013) 또한 사회적기업의 사회적 목적 실현에 대해 지역사회 기여, 서비스 이용자 가족의 소득증가, 안전사고 예방, 이윤의 재투자, 지역사회서비스 제공, 정부·지자체 사업수행, 사회적 책임 실현, 사회적 책임감 및 영향력을 기준으로 측정하였다.

2) 사회적기업의 지역사회 공헌

사회적기업의 사회적 가치가 실현되는 장소는 지역사회라고 할 수 있다. 사회적기업이 지역사회의 공동체를 발전시킨다는 것은 사회적기업의 사회적 목적을 달성하는 것을 의미한다. 이와 동시에 지역 공동체 안에서 사회적기업은 보다 안정적인 기업활동을 할 수 있기 때문에, 사회적기업이 지역사회를 기반으로 활동하는 것은 곧 사회적기업의 재정적 목적 또한 달성하는 것을 의미한다(임경수, 2009).

반면, 지금까지 지방자치단체들은 지역사회를 발전시키기 위해 경제적인 측면에 집중해 지역산업 육성에 힘썼다. 그러나 중앙정부 위주의 사업계획 추진, 지역사업정책의 중복과 비효율, 낙후지역에 대한 지원 미비 등으로 지역사업정책이 실질적으로 지역사회에 기여하는 측면은 제한적이었다(강현수, 2002; 이철우·박경숙, 2014). 지역사회에서의 기업활동이 지역주민들과 연계되지 않는 상황에서 사회적기업은 지역사회와 지역주민 간의 유대 및 연대에 기여할 수 있다.

사회적기업이 지역사회에 공헌하는 것은 크게 두 가지 영역으로 나눌 수 있다. 하나는 하드웨어적인 측면이라면, 다른 하나는 소프트웨어적인 측면이 강하다. 하드웨어적인 측면은 주로 일자리 제공과 같이 사회적기업이 지역사회의 경제적 측면에 공헌하는 부분이다. 구체적으로 생산과 소비, 고용, 그리고 환경으로 구분하여 볼 수 있다. 생산과 소비 영역에서 사회적기업은 적절한 생산품과 서비스 제공을 통해 지역주민의 삶의 질을 높이고 지역경제 활성화에 기여할 수 있다(이규천·김광선, 2011; 이종호, 2013). 고용 영역에서 사회적기업은 지역사회에 일자리를 제공함으로써 지역주민의 경제적 삶을 향상시킬 수 있다(김연정, 2012; 권상집·박은일·김희태, 2013; 이현정·이창섭·우소희, 2017). 이는 또한 지역사회 내에서 생산과 소비를 촉진하는 계기가 될 수 있다(김정순·이효영, 2009). 환경 영역에서도 사회적기업은 긍정적인 영향을 미칠 수 있다. 사회적기업은 전기전자 폐기물과 같은 폐자원을 재활용하여 자원의 순환에 일조한다(이형출, 2008; 백희영, 2011). 무엇보다도 사회적기업은 대규모 시설에 기반한 생산보다는 지역사회에 적절한 방식에 기반한 상품 생산과 서비스 제공을 할 수 있기 때문에, 지역사회 내에서 대응가능한 정도의 환경문제만을 발생시킨다.

반면에 소프트웨어적인 측면은 주로 지역공동체 활성화와 같이 지역사회의 정서와 유대감을 확산하는 것이다. 여기에는 지역사회 주민뿐만 아니라 사회적기업 종사자의 정서와 유대감이 포함되어 있다. 이러한 사회적 유대는 크게 사회적기업이 관계를 맺고 있는 중요 행위자인 지방자치단체, 지역주민, 그리고 사회적기업 구성원 사이의 유대를 포함한다. 우선, 지방자치단체와 사회적기업 간의 유대는 정치권에서 직접적으로 하기가 어려운 경제활동을 통해 지역주민의 복지에 긍정적인 영향을 줄 수 있다. 다시 말해, 지방자치단체의 입장에서 하기 힘든 경제활동을 사회적기업이 맡음으로써, 사회적기업은 지방자치단체의 지원을 받고, 지방자치단체의 행정과 재정 부담을 줄일 수 있다(김성기, 2011; 장우진, 2011; 김진열·이규명, 2015).

사회적기업이 지역사회와 관련하여 강화할 수 있는 또 다른 사회적 유대는 지역주민들 사이의 유대이다(문순영, 2010; 김도균·정선기, 2014). 지역사회의 파편화와 분절화를 가져온 대표적 원인 중 하나가 중앙으로만 연결된 경제구조이다. 개별 지역주민은 많은 경우에 대기업과 중앙으로만 연결되어 있다. 이는 곧 개별 지역주민 사이에 연결고리가 약해지고, 지역사회의 뿌리가 약해지는 결과를 초래한다. 이러한 상황에서 사회적기업이 지역사회에서 활성화되어 지역주민의 경제활동이 지역사회 내에서 의미를 갖게 된다면, 사회적기업이 지역사회 내에서 일종의 허브 역할을 할 수 있게 된다. 이에 따라 지역주민 사이에 소통이 좀더 활성화되고, 이렇게 형성된 사회적 유대는 지역사회의 여러 가지 사회적 비용을 줄이는 기반이 될 수 있다.

또한 사회적기업은 조직 내 직원들과 지역주민 사이에도 사회적 유대를 강화시킬 수 있다. 지역사회에 기반한 기업활동에는 지역주민과의 소통이 매우 중요하다. 중앙집중적이거나 공식적인 대응이 아닌 보다 유연한 대응 방식으로 사회적기업이 지역주민들과 소통하게 된다면, 직원들과 지역주민 사이에 사회적 유대를 강화시킬 수 있다. 이러한 사회적 유대의 강화는 기업의 기반을 좀더 공고하게 만들고 지속가능성을 높일 수 있을 것이다.

3. 자료

이 연구는 2015년 고려대학교 한국사회연구소에서 시행한 "사회적기업의 사회적 가치 평가와 지표구성에 관한 탐색적 연구"에서 산출한 자료를 사용하였다. 해당 자료는 사회적기업이 만들어 내는 사회적 가치와 사회적기업의 사회적 기여를 평가하기 위한 지표를 탐색하고자 만들어졌다. 크게 사회적기업의 대표자와 직원 입장에서 사회적기업의 여러 측면을 조사하였다.

우선 사회적기업 대표자의 경우, 2015년 9월 기준으로 사회적기업진흥원에 의하여 인증을 받은 1,382개의 사회적기업 중 15.4%에 해당하는 213개 사회적기업의 대표자를 조사하였다. 대표자를 선정하는 과정에서, 전국의 다양한 지역에 있는 대표자들을 포괄함으로써 지역적인 특성을 반영할 수 있도록 하였다. 구체적으로, 대표자 설문조사에 포함된 사회적기업은 서울 10개, 인천 11개, 경기 8개, 충남 8개, 충북 15개, 세종 8개, 대전 2개, 경북 26개, 경남 7개, 대구 18

개, 부산 9개, 울산 10개, 광주 9개, 전남 18개, 전북 35개, 제주 5개이다. 사회적기업의 업종 또한 간병과 가사지원, 관광, 교육, 문화 및 예술, 사회복지 등 다양한 업종을 반영하였다. 대표자 조사에 포함된 사회적기업이 인증을 받은 시기도 2007년부터 2015년 사이에 걸쳐 다양하게 분포한다. 대표자들에게 질문한 구체적인 내용은 사회적기업의 설립과 인증과정, 고용과 노동, 사내제도, 가치관, 사회적기업의 목표와 가치, 지역공동체와의 관계, 사회적기업의 사회적 가치 측정 등에 관한 사항이다.

사회적기업의 다양한 요인들을 직원의 관점에서 살펴보기 위해 248개의 사회적기업에 종사하는 직원들을 대상으로 사내제도의 사용, 교육, 복지제도 용이성, 노사관계, 근로여건, 조직문화, 사회적 성과 측정, 지역자원 및 공동체와의 관계, 가치관, 사회활동 경험 등에 관한 사항을 질문하였다. 직원 조사 또한 모든 지역의 특성을 반영할 수 있도록 서울 44개, 인천 11개, 경기 29개, 충남 8개, 충북 10개, 세종 2개, 대전 7개, 경북 16개, 경남 18개, 대구 10개, 부산 10개, 울산 6개, 광주 12개, 전남 12개, 전북 19개, 제주 7개의 사회적기업 종사자에게 조사를 실시하였다. 업종 또한 간병과 가사지원 14개, 관광 8개, 교육 22개, 문화 및 예술 28개, 보건 4개, 보육 4개, 사회복지 20개, 산림관리 2개, 청소 17개, 환경 23개, 기타 104개로 다양한 업종을 반영하였다. 직원 조사에 포함된 사회적기업이 공식적인 사회적기업으로 인증을 받은 시기는 〈사회적기업육성법〉이 제정된 2007년부터 2015년 사이에 걸쳐 있다. 구체적으로 2007년에 인증받은 기업은 7개, 2008년에 20개, 2009년에 8개, 2010년에 31개,

2011년에 23개, 2012년에 24개, 2013년에 44개, 2014년에 62개, 2015년에 29개이다. **2**

4. 분석

1) 지역사회 공헌

이 절에서는 사회적기업이 지역사회에 공헌하는 방식과 중요성을 검토한다. 사회적기업의 활동분야가 다양하다는 점에서 구체적인 지역사회 공헌 내용은 통합적으로 분석되기 어렵다. 따라서 대표자와 직원들이 지역사회 공헌에 대해 어떻게 생각하는 지를 중심으로 사회적기업의 지역사회 공헌에 대해 알아보고자 하였다.

구체적으로는 사회적기업이 지역사회에 일자리를 제공하는 기능, 지역공동체 문제를 해결하는 기능을 중심으로 대표자와 직원들의 의견을 분석하였고, 대표자와 직원들이 지역사회 변화에 대한 보람을 얼마나 느끼고 있는지, 그리고 지역사회 공헌의 중요성을 어떻게 인식하고 있는지 알아보았다. 각 항목에 대해 어떤 특성을 가진 대표자와 직원들이 더 긍정적으로 응답했는지를 탐색적으로 알아보기 위해 연령, 사회경험, 가치관, 정치성향, 그리고 사회적기업의 조직특성

---

2 2010년에 한국사회적기업진흥원이 설립되어 현재까지 각종 인증 사업을 진행하고 있다.

등을 바탕으로 조사하였다. 또한 이에 대해 교차표 분석을 통해 결과 값의 추세를 살펴보았다.

(1) 일자리 제공

사회적기업 대표자들의 대다수는 사회적기업이 지역사회에 긍정적인 영향을 미치고 있다고 평가한다. 특히 지역사회 주민들에게 일자리를 제공한다는 점에서 지역공동체의 문제해결에 도움을 주고 있다고 평가한다. 72.8%에 달하는 대다수의 대표자들은 사회적기업이 지역주민에게 필요한 일자리를 제공한다고 생각한다. 구체적으로, 우리 회사(사회적기업)가 지역주민에게 필요한 일자리를 제공해 준다에 대해 '매우 그렇다'라고 답변한 대표자 비율은 24.4%이고, '그렇다'라고 답변한 대표자 비율은 48.8%로 나타났다.

다만, 대표자의 개인적 특성에 따라 사회적기업의 지역사회 공헌에 대한 평가 정도에 차이가 있다. 예컨대 높은 연령의 대표자가 낮은 연령의 대표자보다 지역주민들에게 필요한 일자리를 제공하고 있다고 답변하는 비율이 높았으며, 대학(원) 시절 학생회 활동 혹은 학생운동 경험이 있는 대표자(60.8%)가 경험이 없는 대표자(77.1%)보다 지역사회 일자리 제공에 대한 사회적기업의 사회적 목적과 성과에 상대적으로 부정적이었다. 대표자의 가치관에 따라서도 사회적기업의 사회적 목적 및 가치에 대한 평가가 달라졌는데, 일반적으로 생각되는 신자유주의적 가치관을 지닌 대표자(57.9%)가 그렇지 않은 대표자(25%)보다 지역에 일자리를 제공하고 있다고 응답했다.

대표자의 개인적 특성뿐만 아니라 사회적기업의 조직 특성에 따라서도 차이가 발견됐다. 예컨대, 최근 설립된 사회적기업의 대표자일수록 지역주민에게 일자리를 제공한다고 대답했으며, 직원을 공개적으로 채용할수록(25.5%) 그렇지 않은 경우보다(16%) 지역주민에게 일자리를 제공한다고 응답한 비율이 높게 나타났다.

(2) 지역공동체 문제해결

많은 대표자들(68%)은 사회적기업이 지역사회에 일자리를 제공하는 것 외에도 지역공동체의 문제를 해결하는 데 기여하고 있다고 대답했다. 구체적으로, 사회적기업이 지역공동체 문제를 해결하는 데 기여한다는 질문에 '매우 그렇다'라고 답변한 비율은 17.8%이고, '그렇다'라고 대답한 비율은 50.2%이었다. 다만, 지역공동체 문제해결에 대한 견해는 대표자의 특성에 따라 다르게 나타나는데, 대표자의 정치적 성향이 진보적일수록(23.4%) 보수적인 대표자들보다(7.7%) 사회적기업이 지역공동체의 문제를 해결하는 데 기여한다는 질문에 '매우 그렇다'라고 답하는 비율이 높게 나타났다.

사회적기업의 조직적 측면에 따라서도 지역사회 문제해결에 대한 응답은 다르게 나타났다. 사회적기업에서 교육훈련과정을 실시할수록 지역사회의 문제해결에 기여한다고 응답한 비율이 높았으며, 경력상담제도나 직무순환제와 같은 경력개발 관련 교육훈련과정이 제공될수록(32.0%) 그렇지 않은 경우(13.5%)보다 지역공동체 문제해결에 기여한다고 대답했다. 또한 멘토링이나 코칭이 제공되는 경우(20.0%)에도 그렇지 않은 경우(15.5%)보다 지역공동체 문제해결에 기여한다고 대답한 비율이 높게 나타났다. 또한 사회적기업의 경제적 상황이 좋을수록 지역공동체의 문제해결에 기여하는 것으로 드러났다. 사회적기업의 부채가 감소할수록 지역공동체 문제해결에 기여한 정도에 대해 "그렇다가 50.0%, '매우 그렇다'가 25.0%로 높았으며, 부채가 증가할수록 지역공동체 문제해결에 기여한 정도는 '그렇다'가 37.5%, '매우 그렇다'가 25.0%로 낮았다.

(3) 지역사회 공헌에 대한 보람

사회적기업의 대표자와 직원 모두 사회적기업이 만들어 내는 지역사회 공헌에 대체로 보람을 느끼는 것으로 나타났다. 다만, 대표자일수록(71.4%) 직원들에 비해(50.8%) 사회적기업이 만들어 내는 지역사회의 변화에 보람을 느낀다고 응답한 비율이 높게 나타났다(〈표 8-1〉 참조).

반면, 대표자와 직원 모두 가치관에 따라 지역사회 공헌에 대한 보람이 다르게 나타났다. 전반적으로 신자유주의적 가치관을 가지고 있을수록 대표자와 직원 모두에게서 지역사회 공헌에 대해 느끼는 보람의 정도가 높게 나타났다. 구체적으로 대표자의 경우, 노력하면 부자가 될 수 있다고 생각할수록 지역사회 공헌에 대한 보람을 느끼는 비율이 높았다. '매우 그렇다'고 답한 비율(52.6%)이 '전혀 아니다'라고 답한 비율(25.0%)보다 높게 나타났다. 직원의 경우에도 '매우 그렇다'로 답한 비율이 40.0%, '그렇다'로 답한 비율이 50.0%로, 반대의 가치관을 지닌 직원의 응답(매우 그렇다 0.0%, 그렇다 40.9%)보다 높게 나타났다.

복지에 대한 가치관에 있어서는 대표자와 직원의 응답이 반대로 나

<표 8-1> 사회적기업의 지역사회 공헌에 대한 보람

단위: 명, %

	대표자	직원	전체
전혀 그렇지 않다	2(0.9%)	2(0.8%)	4(0.87%)
그렇지 않다	7(3.3%)	12(4.8%)	19(4.12%)
보통이다	52(24.4%)	108(43.5%)	160(34.71%)
그렇다	114(53.5%)	111(44.8%)	225(48.81%)
매우 그렇다	38(17.8%)	15(6.0%)	53(11.50%)
전체	213	248	461

타났다. 대표자의 경우, 보편적 복지를 찬성할수록 지역사회 공헌에 대한 보람을 느낀다고 응답한 비율이 91.7%에 이를 정도로 높게 나타났다. 반대로 복지는 필요한 사람들에게만 선별적으로 제공되어야 한다고 생각하는 대표자의 경우에는 지역사회 공헌에 대한 보람을 긍정적으로 응답한 비율이 77.7%로 보편적 복지를 찬성하는 대표자에 비해 상대적으로 낮게 나타났다.

반면, 직원의 경우 복지가 선별적으로 제공되어야 한다고 생각할수록 사회적기업의 지역사회 공헌에 대해 보람을 느끼는 것으로 나타났다. 복지를 보편적으로 제공해야 한다고 응답한 직원의 긍정적인 응답 비율은 58.4%로 나타난 반면, 복지를 선별적으로 제공해야 한다고 생각하는 직원은 긍정적인 평가가 72.2%로 나타났다.

(4) 지역사회 공헌의 중요성

<표 8-2>는 사회적기업의 가치 평가에서 차지하는 지역사회 공헌의 중요성 평가를 제시하고 있다. 대표자와 직원 모두 사회적기업이 지역사회에 공헌하는 것에 대해 중요하다고 평가하고 있다. 사회적기

<표 8-2> 사회적기업의 가치 평가에 있어서 지역사회 공헌의 중요성

단위: 명, %

지역사회 공헌 \ 직위	대표자	직원	전체
전혀 중요하지 않음	1(0.5%)	0(0%)	1(0.22%)
중요하지 않음	1(0.5%)	0(0%)	1(0.22%)
보통	21(9.9%)	54(21.8%)	75(16.27%)
중요함	131(61.5%)	139(56.0%)	270(58.57%)
매우 중요함	59(27.7%)	55(22.2%)	114(24.73%)
전체	213(100%)	248(100%)	461(100%)

업의 지역사회 공헌을 중요하게 생각하는 직원은 78.2%였으며, 보통이라 답한 직원은 21.8%로, 사회적기업의 지역사회 공헌을 중요하지 않다고 생각하는 직원은 거의 없었다. 다만, 대표자들(89.2%)이 직원들(78.2%)에 비해 지역사회에 대한 사회적 성과를 좀더 중요하게 여기는 것으로 나타났다.

대표자와 직원 모두 사회적기업의 지역사회 공헌에 대해서 중요하다고 평가하고 있으나, 사회적기업 이전에 다른 직업에 종사했던 경험 여부에 따라 차이가 나타났다(〈표 8-3〉 참조). 대표자는 사회적기업 이전에 다른 직업에 종사한 경우(29%), 그렇지 않은 대표자들(16%)에 비해 지역사회 공헌을 더 중요시했다. 반면, 사회적기업 이전에 다른 직업에 종사했던 직원들(19.5%)은 대표자와 다르게 지역사회 공헌을 중요하다고 생각하는 정도가 다소 약하게 나타났다.

〈그림 8-1〉과 〈그림 8-2〉에 제시된 것처럼 지역에 따라서도 차이가 드러났다. 대표자의 경우, 대구, 세종, 제주 지역의 사회적기업들

<표 8-3> 직업 경험 여부별 대표자의 지역사회 공헌의 중요성

단위: 명, %

직업 경험 지역사회 공헌	예	아니오
전혀 중요하지 않음	1(1%)	0(0%)
중요하지 않음	1(1%)	0(0%)
보통	17(9%)	4(21%)
중요함	119(61%)	12(63%)
매우 중요함	56(29%)	3(16%)
전체	194(100%)	19(100%)

<그림 8-1> 지역별 사회적기업 대표자의 지역사회 공헌 중요성

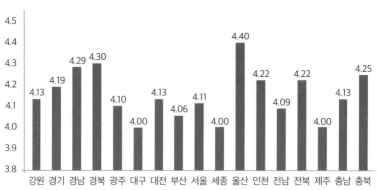

<그림 8-2> 지역별 사회적기업 직원의 지역사회 공헌 중요성

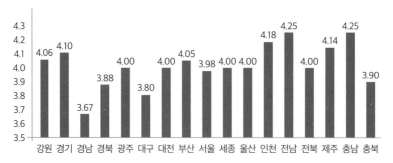

(4. 0)에 비해 울산 지역의 사회적기업들(4. 40)이 대체로 지역사회 공헌에 대해 더 중요하게 생각하는 것으로 나타났다. 직원들의 경우엔 경남 지역(3. 67)이 유독 낮은 평균을 보였고, 전남과 충남 지역(4. 25)은 비교적 지역사회 공헌을 더 중요하게 생각했다. 대표자와 직원들 간에는 경남 지역에서 지역사회 공헌의 중요성 정도에 대해 큰 차이를 보였다.

2) 사회적 가치 평가

사회적기업의 사회적 가치를 평가하는 데 있어서 가장 중요한 요소는 무엇을 측정할 것인가에 관한 것이다. 그런데 무엇을 측정할 것인가 만큼 중요한 요소는 어떻게 측정할 것인가에 관한 것이다. 특히 사회적기업의 사회적 가치를 평가하는 주체를 선택하는 일은 이러한 가치 평가의 지속가능성을 확보하는 데 중요한 작업이다. 사회적 가치를 평가하는 주체를 선정하기 위한 출발점으로 사회적기업 당사자의 생각을 기준으로 삼는 것도 하나의 방법이 될 것이다.

〈표 8-4〉는 사회적기업의 사회적 가치 평가기관에 대한 선호도를 보여 준다. 전체적으로 지방자치단체, 연구기관, 시민단체, 중앙정부 순으로 사회적기업의 사회적 가치 평가주체로 선호하고 있다. 그런데 문제는 사회적기업 대표자와 직원의 입장뿐만 아니라 대표자나 직원의 응답자 특성에 따라서도 차이가 난다는 것이다. 예를 들면, 사회적기업의 대표자는 사회적기업의 사회적 가치 평가주체로 연구기관을 34. 3%로 가장 많이 꼽았지만, 직원들은 지자체를 34. 7%로

<表 8-4> 사회적기업의 사회적 가치 주체 선호도

단위: 명, %

	대표자	직원	전체
중앙정부	31(14.6%)	41(16.5%)	72(15.62%)
지자체	57(26.8%)	86(34.7%)	143(31.02%)
연구기관	73(34.3%)	51(20.6%)	124(26.90%)
시민단체	46(21.6%)	65(26.2%)	111(24.08%)
대학	4(1.9%)	4(1.6%)	8(1.74%)
기타	2(0.9%)	1(0.4%)	3(0.65%)
전체	213(100%)	248(100%)	461(100%)

가장 많이 꼽았다.

또한 사회적기업 대표자와 직원의 응답자별로도 차이가 났다. 먼저 대표자의 특성에 따른 평가를 살펴보면, 차이가 다소 두드러지는 특성은 학생회활동이나 학생운동 경험 유무이다. 대학(원) 시절 학생회활동 및 학생운동 경험을 가지고 있지 않은 대표자는 연구기관(33.80%)과 지자체(30.60%)를 가장 많이 꼽았다. 반면에 학생회활동이나 학생운동 경험이 있는 대표자는 시민단체 역시 사회적기업의 사회적 성과를 평가하는 중요한 주체로 생각하는 비율이 높았다. 이들은 연구기관(35.70%)과 시민단체(28.60%)를 사회적기업의 사회적 성과를 평가하는 주체로 선택하였다.

직원들 사이에서는 응답자의 특성에 따라 차이가 났다. 성별로 살펴보면, 남성 직원은 시민단체(35.30%)라고 가장 많이 답했지만, 여성 직원은 지자체(37.20%)라고 답한 비율이 가장 높았다. 종교와 학력별로도 차이가 났다. 천주교를 믿는 직원일수록 연구기관이라 답

314

했으나(40.70%) 다른 종교인들의 대다수는 지자체라 답했다. 대학원에 재학 중이거나 졸업한 직원은 평가기관으로 연구기관(50%)을, 대학에 재학 중이거나 졸업한 직원은 지자체와 시민단체를 동등한 비율(32.30%)로 가장 많이 꼽았다.

그러면 각각의 기관이 사회적 가치를 평가하는 데 어떠한 장점과 단점을 가지고 있는가를 검토할 필요가 있다. 먼저 지방자치단체는 현재 사회적기업의 활동과 지원 현황을 고려할 때, 가장 적절하고 현실감 있는 평가를 할 가능성이 있다. 실제로 지방자치단체의 지원이 사회적기업의 활동에 결정적 역할을 하는 것으로 보인다. 그러나 문제는 지방자치단체의 평가가 객관성을 어느 정도 담보할 것인가에 대한 것이다. 자칫 잘못하면 지방자치단체장의 개인적인 선호에 따라 평가가 좌우될 가능성이 있고, 평가 자체가 지방자치단체의 특수한 상황에 전적으로 영향을 받을 가능성이 있다.

연구기관도 사회적기업의 사회적 가치 평가에 중요한 역할을 할 수 있다. 연구기관의 규모나 수준에 따라 달라지겠지만, 국책연구기관을 기준으로 보고자 한다. 이럴 경우 아무래도 연구기관이 보다 객관적인 기준으로 사회적 가치를 평가할 가능성이 크다. 아울러 지역사회 수준의 특정한 평가기준보다는 좀더 보편적인 평가기준을 적용할 수 있다. 다만 연구기관이 갖는 단점은 사회적기업의 사회적 가치를 평가하고 보상하는 데 제한이 될 수 있다는 것이다. 실제로 연구기관에서 유관기관을 평가할 경우, 해당 기관이 최소한의 기준을 갖추고 있는가를 평가하는 경우가 많다. 이러한 경우에 일정한 정도를 넘어선 기관에 대해 인증을 해주는 방식을 채택하고 있다.

반면에 시민단체의 경우는 다소 논란의 여지가 있다. 시민단체에 관해서는 응답자의 개인적인 특성에 따라 선호도가 많이 달라진다. 아마도 시민단체에 대해서 긍정적인 평가를 한 대표자나 직원의 경우에는 보다 현실적인 평가를 할 수 있다는 판단을 한 것으로 보이는데, 그럼에도 불구하고 적용 가능성이 높지 않다고 생각한다. 사회적기업의 사회적 가치에 대한 평가가 필요한 것은 시민사회 영역에서 사회적기업의 공헌을 '사회적'으로 평가하고 더 나아가 보상하기 위해서이다. 따라서 시민사회의 영역을 벗어나 공공의 수준에서 평가할 필요성이 있다.

마지막으로 평가주체로서 중앙정부에 대한 선호는 상대적으로 높지 않다. 전국적인 평가가 현실적이지 않고, 또 다른 형태의 중앙집권적 관리에 대한 사회적기업 관계자들의 부정적 평가가 있기 때문이다. 그러나 중앙정부의 역할은 사회적기업의 지속가능성이나 확장가능성의 측면에서 무시할 수 없다. 실제로 사회적기업에 대한 대규모 지원이나 지속적인 지원이 이루어지기 위해서는 중앙정부의 참여가 필수적이다.

5. 요약과 토의

이 연구는 사회적기업이 지역사회와 어떠한 유대를 가지고 있고, 어떠한 방식으로 공헌을 하는가를 살펴보았다. 사회적기업 종사자의 평가에 근거해 보면, 사회적기업이 지역사회에 공헌하는 것은 크게 두 가지 영역으로 나눌 수 있다. 하나는 하드웨어적인 측면이라면, 다른 하나는 소프트웨어적인 측면이 강하다. 하드웨어적인 측면은 주로 일자리 제공같이 사회적기업의 재무적인 성과는 아니지만, 사회적 성과와 관련이 있는 것으로 지역사회의 경제적 측면에 관한 공헌이다. 반면에 소프트웨어적인 측면은 주로 지역공동체 활성화와 같이 지역사회의 정서와 유대감을 확산하는 것이다. 이 부분에는 지역사회 주민뿐만 아니라 사회적기업 종사자의 정서와 유대감이 포함되어 있다.

분석결과는 크게 두 영역으로 요약해 볼 수 있다. 첫째, 사회적기업 종사자들은 지역사회의 활성화와 사회적 유대를 강화하는 측면에서 사회적기업이 대체로 지역사회에 긍정적인 사회적 가치를 창출한다고 평가하였다. 대부분의 사회적기업 종사자들은 지역사회주민들에게 일자리를 제공한다는 점에서 지역공동체의 문제해결에 도움을 주고 있다고 평가하였다. 아울러 많은 사회적기업 종사자들은 사회적기업이 지역사회에 미치는 영향에 대해 보람을 느낀다고 생각하고 있다. 둘째, 사회적기업 종사자들은 사회적 가치 평가가 필요하다고 생각하고 있으며, 사회적기업의 사회적 가치 평가주체는 지방자치단체, 연구기관, 시민단체, 중앙정부 순으로 선호하고 있다.

다만, 이 연구는 사회적기업과 지역사회 간의 관계를 탐색적으로 살펴본 연구로, 조사대상이 사회적기업 대표자와 직원으로 한정되었다는 한계가 있음을 밝힌다. 공급자인 사회적기업 대표자와 직원뿐만 아니라 수요자인 지역주민까지 포함하여 연구를 진행한다면 보다 객관적인 평가가 가능할 것이다. 추후 조사대상 및 조사방법을 다각화하여 사회적기업과 지역사회 간의 관계를 살펴본다면 사회적기업의 사회적 가치를 깊이 있게 논의할 수 있을 것이다.

구체적으로 향후 연구에서 사회적기업의 지역사회 내 사회적 가치와 관련하여 두 가지 측면에서 함의를 논의할 필요가 있다. 첫째, 현재 많은 사회적기업 종사자들의 긍정적인 평가에도 불구하고, 이러한 평가의 범위를 보다 확장한다면 어떠한 결과를 산출할 것인가에 대해서는 다소 의문이다. 지역사회의 활성화는 고용이라는 측면도 있지만 지역주민의 소비생활 향상이라는 측면도 간과해서는 안 된다. 더 나아가서 지역사회의 환경이라는 측면에서도 고려해야 할 필요가 있다. 사회적기업 종사자들이 느끼는 보람도 보다 확장된 시각에서 평가할 필요가 있다. 즉, 사회적기업의 사회적 가치는 단순하게 생산과 소비, 고용 그리고 환경 분야에서 경제적인 성과로만 연결되지 않는다. 소프트웨어적 측면인 각종 형태의 사회적 유대의 강화라는 긍정적인 효과도 창출할 수 있다. 이러한 사회적 유대는 크게 사회적기업이 관계를 맺고 있는 중요 행위자인 지방자치단체, 지역주민뿐만 아니라 사회적기업 내의 구성원 사이의 유대를 포함한다.

이러한 맥락에서 현재 사회적기업이 창출하는 사회적 가치는 다소 제한적이다. 고용을 통해 경제적인 측면에서 지역사회에 기여하는 사회적 가치에만 초점이 맞추어져 있다. 지방자치단체의 역할을 대신하여 각종 행정부담을 경감하거나 지역주민 및 사회적기업 종사자와 유대를 강화하는 등 적극적인 역할을 기대하기는 어렵다.

둘째, 결국 사회적기업의 사회적 가치를 평가하는 데 있어서, 개별 기관의 약점을 보완하기 위해서는 일정 수준 이상의 협업이 필요하다. 즉, 객관성을 담보하기 위해서는 연구기관이 주도하여 각종 지표를 평가할 필요가 있지만, 사회적 가치에 대한 대규모의 보상과 지속성을 보장하기 위해서는 중앙정부의 참여도 필수적이다. 아울러 지역사회의 특성을 고려한 현실적인 지원을 위해서는 지방자치단체와 시민단체의 참여도 중요하다.

따라서 현실적인 여러 상황을 고려할 때, 지속성, 현실성, 객관성, 세 가지 요소를 고려할 필요가 있다. 이를 위해 중앙정부, 지방정부/시민단체, 연구단체의 역할을 재정비할 필요가 있다. 우선 사회적기업이 지닌 사회적 가치 평가의 지속성을 위해선 중앙정부의 역할이 필요하다. 사회적 가치가 계속해서 발현되고 이에 대한 보상이나 지원을 하기 위해서는 중앙정부의 적극적인 역할이 필수적이다. 다시 말하자면, 사회적기업의 사회적 가치를 평가하기 위해서 무엇보다도 중앙정부가 기본적인 제도의 틀을 정립할 필요가 있다. 아울러 사회적기업의 사회적 가치 평가는 현실성이 담보되어야 한다. 지나치게 중앙정부 중심의 획일화된 평가를 지양하기 위하여, 지방자치단체와 시민단체의 개입과 참여를 통해 현실적이고 각 지역사회의 특수성을 담보하는 평가 방법이 모색될 필요가 있다. 마지막으로 사회적기업의 사회적 가치 평가는 객관성에 기반을 두어야 한다. 객관적이고 중립적인 평가를 위해서 평가기관은 연구역량을 갖춘 동시에 중립적인 판단을 할 수 있는 연구기관이 선정될 필요가 있다. 이러한 과정을 통해 사회적기업의 사회적 가치 평가가 일방적인 명령이나 특정한 이해관계로부터 떨어져서 보다 높은 수준의 객관성을 확보할 수 있을 것이다.

참고문헌

강현수(2002). "최근 지역산업정책의 흐름에 대한 평가와 제안". 〈환경논총〉,
40: 213~230.

권상집 · 박은일 · 김희태(2013). "사회적기업의 고용창출에 미치는 영향요인
분석 및 정책적 함의". 〈사회적기업연구〉, 6(2): 179~203.

김도균 · 정선기(2014). "사회적 경제조직의 활동과 지역의 사회자본 확장".
〈사회과학연구〉, 25(1): 281~306.

김동철 · 김정원(2016). "사회적 기업 성과분석에 관한 연구". 〈Korea Business
Review〉, 20(2): 143~162.

김성기(2011). "지방정부의 공공자원과 연계한 사회적기업 개발 방안". 〈사회
적기업연구〉, 4(1): 26~54.

김연정(2012). "사회적 기업의 현황 및 정책분석". 〈아시아연구〉, 15(3): 189
~210.

김정순 · 이효영(2009). "노인요양서비스 제공을 통한 사회적 일자리 창출".
〈사회적기업연구〉, 2(1): 101~124.

김진열 · 이규명(2015). "'지역기반 사회적기업'의 활성화를 위한 지방자치단체
의 역할". 〈한국행정학회 학술발표논문집〉, 521~538.

문순영(2010). "대구 · 경북 사회적 기업들의 지역사회와의 관계에 관한 연구".
〈사회과학연구〉, 26(4): 147~173.

백희영(2011). "〔우리동네 착한 기업: 에코라이프 살림〕 부산의 재활용 사회적
기업 1호". 〈사회적기업 매거진〉, (18): 12~15.

유효선 · 김생수(2012). "사회적 기업의 개념과 유형에 관한 고찰". 〈한국행정
과 정책연구〉, 10(1): 23~45.

이규천 · 김광선(2011). "한국의 사회적기업과 농촌지역 활성화". 〈한국농촌경
제연구원 연구자료〉, 52~91.

이도희(2012). "사회적기업 관련 제도 고찰". 〈경영경제연구〉, 35(1): 109~
138.

이종호(2013). "지역 사회적기업의 실태와 정책과제". 〈한국지역지리학회지〉,
19(4): 654~667.

이철우 · 박경숙(2014). "지역산업정책의 패러다임에 대한 재검토와 대안적 정

책방안 모색: 대구광역시 지역산업정책을 사례로". 〈한국경제지리학회
지〉, 17(2): 264~279.

이현정·이창섭·우소희(2017). "장애인 연계고용제도를 활용한 사회적기업의
성공적 이윤창출". 〈Korea Business Review〉, 21(1): 139~160.

이형출(2008). "[사회적기업 탐방1 - 에코그린] 사회적기업 인큐베이팅·재활
용 사회적기업의 가치와 목적 달성에 매진". 〈사회적기업 매거진〉, (6):
12~13.

임경수(2009). "지역사회공헌형 사회적 기업의 경영사례 연구". 〈한국사회복지
행정학회 학술대회 자료집〉, 59~77.

장영배(2009). "과학기술계 사회적 기업의 의의와 정책과제". 〈STEPI Insigh
t〉, (24): 1~30.

장우진(2011). "지역성에 기반한 도시재생과 사회적기업 연계의 기대효과".
〈한국지적정보학회지〉, 13(1): 129~146.

정대용·김민석(2010). "조직구성원의 사회적 가치추구와 경제적 가치추구가
사회적 기업 발전에 미치는 영향에 관한 연구". 〈산업경제연구〉, 23(5):
2299~2321.

조영복·신경철(2013). "사회적기업의 사회적 가치 측정을 위한 지표개발에 관
한 연구". 〈사회적기업연구〉, 6(1): 51~82.

한국사회적기업진흥원(2018). http://www.socialenterprise.or.kr.

Alter, K. (2007). "Social Enterprise Typology". *Virtue Ventures LLC*. 1~
124.

Cornelius, N., Todres, M., Janjuha-jivraj, S., Woods, A. & Wallace,
J. (2008). "Corporate Social Responsibility and the Social Enterprise".
Journal of Business Ethics, *81*(2), 355~370.

Dees, J. G. (2011). "The Meaning of Social Entrepreneurship". in
Hamschmidt, J. & Pirson, M. eds., *Case Studies in Social Entrepre-
neurship and Sustainability*. Taylor and Francis Ltd. 22~30.

Defourny, J. (2001). "From Third Sector to Social Enterprise." in Borzaga,
C. & Defourny, J. eds., *The Emergence of Social Enterprise*. London
and New York, Routledge. 1~18.

Kerlin, J. A. , ed. (2009). *Social Enterprise: A Global Comparison*. University
    Press of New England.

Nicholls, A. , ed. (2008). *Social Entrepreneurship: New Models of Sustainable
    Social Change*. Oxford: Oxford University Press.

OECD (1999). *Social Enterprises*. OECD Publishing.

Yunus, M. (1999). *Banker to the Poor*. United States: Public Affairs.

찾아보기

인명

장별 출처

제1부 사회적기업

2장 김수한(2018). "창립멤버 구성이 사회적기업의 성과에 미치는 영향".
〈노동연구〉, 36(1): 77~113.

3장 남윤철·진정란·김원섭(2018). "사회적기업 일자리 질과 결정요인에
관한 연구". 〈노동연구〉, 36(1): 5~43.

4장 심재만(2018). "사회적기업 종사자의 다차원적 직업만족도: 규범적·
가치론적 행위이론 접근". 〈노동연구〉, 36(1): 45~75.

제2부 사회적경제와 지역사회

5장 이해진(2015). "사회적경제와 지역발전: 혁신, 호혜, 협력의 원리를
중심으로". 〈한국사회학〉, 49(5): 77~111.

7장 김태완·김철규(2016). "지역먹거리 운동 조직과 농민 생활의 변화:
완주로컬푸드협동조합 사례를 중심으로". 〈농촌사회〉, 26(1): 117~
156.

8장 이명진·천희주(2018). "사회적기업의 지역사회 내 사회적 가치 평가
에 관한 탐색적 연구". 〈노동연구〉, 36(1): 115~142.